全国“八五”普法学习读本系列

领导干部
宪法知识应知应会

全国“八五”普法学习读本编写组　编

法律出版社
LAW PRESS · CHINA
北京

图书在版编目(CIP)数据

领导干部宪法知识应知应会 / 全国“八五”普法学习读本编写组编. -- 北京 : 法律出版社, 2021(2023.1 重印)
ISBN 978 -7 -5197 -5911 -7

Ⅰ. ①领… Ⅱ. ①全… Ⅲ. ①宪法-中国-干部教育-学习参考资料 Ⅳ. ①D921

中国版本图书馆 CIP 数据核字(2021)第 183049 号

领导干部宪法知识应知应会
LINGDAO GANBU XIANFA ZHISHI YINGZHI YINGHUI

全国“八五”普法学习读本编写组 编

策划编辑 沈小英
责任编辑 刘晓萌
装帧设计 汪奇峰

出版发行 法律出版社
编辑统筹 法治与经济出版分社
责任校对 王晓萍
责任印制 吕亚莉
经　　销 新华书店

开本 710 毫米×1000 毫米 1/16
印张 16.25 **字数** 266 千
版本 2021 年 11 月第 1 版
印次 2023 年 1 月第 2 次印刷
印刷 固安华明印业有限公司

地址:北京市丰台区莲花池西里 7 号(100073)
网址:www.lawpress.com.cn
投稿邮箱:info@lawpress.com.cn
举报盗版邮箱:jbwq@lawpress.com.cn

销售电话:010-83938349
客服电话:010-83938350
咨询电话:010-63939796

书号:ISBN 978-7-5197-5911-7　　**定价**:68.00 元
凡购买本社图书,如有印装错误,我社负责退换。电话:010-83938349

撰稿人

胡锦光　张　翔　王　锴　王　旭

编 写 说 明

2020年11月16日至17日召开的中央全面依法治国工作会议，明确了习近平法治思想在全面依法治国工作中的指导地位，这是我国社会主义法治建设中具有现实意义和深远意义的大事。习近平法治思想是马克思主义法治理论中国化的最新成果，是习近平新时代中国特色社会主义思想的重要组成部分，是全面依法治国的根本遵循和行动指南。

在习近平新时代中国特色社会主义思想指导下，深入学习贯彻习近平法治思想，我们编写《领导干部宪法知识应知应会》，以落实《中央宣传部、司法部关于开展法治宣传教育的第八个五年规划(2021—2025年)》，切实抓好普法学习宣传，增强广大领导干部的宪法意识和宪法观念。

第一，新时代实施宪法的重要性。我国现行宪法是符合国情、符合实际、符合时代发展要求的好宪法，为改革开放和社会主义现代化建设提供了根本法治保障。宪法公布施行后，根据我国改革开放和社会主义现代化建设的实践和发展，在党中央领导下，全国人大于1988年、1993年、1999年、2004年和2018年先后5次对1982年宪法即我国现行宪法的个别条款和部分内容作出必要的、重要的修正，共通过了52条宪法修正案。通过5次宪法修改，我国宪法在中国特色社会主义伟大实践中紧跟时代步伐，不断与时俱进，有力推动和保障了党和国家事业发展，有力推动和加强了我国社会主义法治建设。

制定宪法和修改宪法的目的都在于实施宪法。依法治国首先要坚持依宪治国，依法执政首先要坚持依宪执政。习近平总书记指出，宪法的生命在于实施，宪法的权威也在于实施。我国现行宪法决胜全面建成小康社会、开启全面建设社会主义现代化国家新征程、实现中华民族伟大复兴的中国梦,推进国家治理体系和治理能力现代化、提高党长期执政能力,必须更加注重发挥宪法的重要作用。加强宪法实施和监督,把国家各项事业和各项工作全面纳入依法治国、依宪治国的轨道,把实施宪法提高到新的水平。党领导人民制定和完善宪法,就是要发挥宪法在治国理政中的重要作用。要用科学有效、系统完备的制度体系保证宪法实施,加强宪法监督,维护宪法尊严,把实施宪法提高到新水平。要在全党全社会深入开展尊崇宪法、学习宪法、遵守宪法、维护宪法、运用宪法的宣传教育活动,弘扬宪法精神,树立宪法权威,使全体人民都成为社会主义法治的忠实崇尚者、自觉遵守者、坚定捍卫者。党的十九届四中全会决定要求健全保证宪法全面实施的体制机制。加强宪法实施和监督,落实宪法解释程序机制,推进合宪性审查工作,加强备案审查制度和能力建设,依法撤销和纠正违宪违法的规范性文件。坚持宪法法律至上,健全法律面前人人平等保障机制,维护国家法制统一、尊严、权威,一切违反宪法法律的行为都必须予以追究。

第二,新时代领导干部学习宪法的重要性。宪法的每一个条款、每一项制度都与领导干部有着最密切的关系:(1)领导干部必须自觉拥护中国共产党的领导、维护中国共产党的领导,宪法明确规定了中国共产党在我国领导地位的正当性和合法性,规定了中国共产党在我国国家事务和社会事务中的全面地位;(2)国家的一切权力属于人民,人民行使权力的制度即民主制度,我国实行全过程民主,保证人民当家作主,宪法规定了全过程民主的基本形式;(3)领导干部手中的权力是人民赋予的,人民赋予权力的载体和依据就是宪法;(4)领导干部必须严格遵守和执行制度,宪法规定了我国的根本制度、基本制度和重要制度;(5)领导干部必须尊重和保障人权,宪法以清单的方式明确列举了我国公民的基本权利体系;(6)领导干部都身处某个国家机关,宪法规定了我国的国家机构体系及不同国家机关的关系;(7)权力是把"双刃剑",任何权力都必须接受监督,宪法规定了具有中国特色的权力监督体系;(8)宪法的生命在于实施、宪法的权威也在于实施,宪法规定了领导干部负有的实施宪法的职责;(9)领导干部在工作中主要是依据法律行使职权,法律是依据宪法制定的,法律符合宪法才具有效力。正是在这一意义上,党中央提出,依法治国首先是依宪治国、依法执政首先是依宪执政;领导干部这个“关键少数”要带头学习宪法。领导干部只有认真学习宪法,才能模范遵守宪法、维护宪法权威,才能运用好宪法、准确行使好自己手中的权力。

第三,本书的编写特色和特点。(1)采用问答式阐述宪法知识。问答式与宪法教材、宪法文本学习相比较具有自身的优势和特点,能够提炼出核心问题,根据问题的需要进行阐述,便于领导干部有针对性地学习宪法知识。(2)设计的问题基本涵盖了我国现行宪法的基本知识。宪法知识包括宪法原理、宪法制度、宪法概念及相关的宪法案例。本书设计的问题就是根据领导干部学习宪法知识的需要,包含了这些宪法知识的内容。(3)内容的准确性。本书中对问题的阐述依据我国现行宪法和相关法律、党的十八大以来党中央有关决定报告文件、党和国家领导人关于宪法的重要论述等。(4)阐述的通俗性。为了便于领导干部了解和掌握宪法知识,本书采用通俗易懂的语言表述方式,虽然在理论深度上有所不足,但能够保证宪法知识的普及性。(5)我国典型宪法案例介绍。党的十八大以来特别是十九大报告要求推进我国的合宪性审查工作以维护宪法权威,我国在合宪性审查制度方面、合宪性审查组织机构方面及合宪性审查实践方面都取得了积极的成果和进步。实践中,全国人大常委会依据宪法对规范性文件的合宪性进行了审查,形成了具有中国特色的典型宪法案例。本书希望通过这些宪法案例的介绍,使广大领导干部能够形成宪法是国家根本法、违反宪法也要承担相应的宪法责任的认识。

普法宣传是一个长期、持续的过程,任重道远。2020 年 12 月,中共中央印发了《法治社会建设实施纲要(2020—2025 年)》,明确提出到 2025 年,“八五”普法规划实施完成,法治观念深入人心,社会领域制度规范更加健全,社会主义核心价值观要求融入法治建设和社会治理成效显著,公民、法人和其他组织合法权益得到切实保障。希望本书能为作为“关键少数”的领导干部在尊崇宪法、学习宪法、遵守宪法、维护宪法、运用宪法方面起到模范带头作用,作出应有的贡献。

全国“八五”普法学习读本编写组

2021 年 10 月

前言　领导干部为什么必须学习宪法知识

中共中央印发的《法治中国建设规划(2020—2025年)》要求,推进宪法学习宣传教育。在全社会深入开展尊崇宪法、学习宪法、遵守宪法、维护宪法、运用宪法的宪法学习宣传教育活动,普及宪法知识,弘扬宪法精神。抓住领导干部这个"关键少数",把宪法法律学习列为党委(党组)理论学习中心组学习的重要内容,纳入党和国家工作人员培训教育体系。全面落实宪法宣誓制度。加强青少年宪法法律教育,增强青少年的规则意识、法治观念。在"五四宪法"历史资料陈列馆基础上,建设国家宪法宣传教育馆。加强宪法理论研究和教材编写、修订、使用,凝练我国宪法的时代特色和实践特色,形成中国特色社会主义宪法理论和宪法话语体系。

中共中央、国务院转发的《中央宣传部、司法部关于开展法治宣传教育的第八个五年规划(2021—2025年)》中,特别明确地指出,"八五"普法的第二个重点内容是突出宣传宪法。要求"在全社会深入持久开展宪法宣传教育活动,阐释好'中国之治'的制度基础,阐释好新时代依宪治国、依宪执政的内涵和意义,阐释好宪法精神。加强国旗法、国歌法等宪法相关法的学习宣传,强化国家认同。全面落实宪法宣誓制度。加强宪法实施案例宣传"。

一、习近平法治思想的重要内涵是关于宪法的系列论述

2020年11月召开的中央全面依法治国工作会议,是新中国历史上首次就全面依法治国举办的工作会议。会议的召开,意味着党对法治的重视达到新的高度,党对法治的领导进入新的阶段。会议的重要成果是

明确提出了习近平法治思想，这是新时代中国特色社会主义法治建设具有里程碑意义的事件。习近平法治思想是顺应实现中华民族伟大复兴时代要求应运而生的重大理论创新成果，是马克思主义法治理论中国化的最新成果，是习近平新时代中国特色社会主义思想的重要组成部分，是全面依法治国的根本遵循和行动指南。习近平总书记关于宪法的重要论述是习近平法治思想的重要组成部分，构成了一整套科学完备的宪法理论体系，丰富和发展了中国特色社会主义宪法理论和实践。

习近平总书记关于宪法的重要论述与关于法治建设的其他论述，要求有机融合、相互促进，共同引领新时代依法治国、依宪治国。栗战书委员长在2020年12月4日举行的国家宪法日座谈会上，从七个方面高度概括了习近平总书记关于宪法的重要论述：一是深刻论述了我国宪法根本的政治原则，这就是坚持党的领导。二是深刻论述了我国宪法至上的法制地位。三是深刻论述了我国宪法的人民属性，这就是国家一切权力属于人民。四是深刻论述了我国宪法的独特优势，这就是明确规定了国家的根本任务、发展道路、奋斗目标，经济建设、政治建设、文化建设、社会建设、生态文明建设和国家各方面事业在宪法中都有体现、都有要求。五是深刻论述了我国宪法在国家制度和国家治理体系中的重大作用。六是深刻论述了我国宪法的实施和监督机制。七是深刻论述了我国宪法的实施保障措施。习近平总书记就宪法法律相关问题的重要讲话和指示，涵盖了宪法的发展历程、性质特点、地位作用等各方面和宪法的修改、实施、监督、宣传等各环节，有许多重大理论创新和重大战略部署，标志着我们党对宪法的认识和实践达到了一个新的高度；关于宪法的重要论述，构成了一整套科学完备的宪法理论体系，丰富和发展了中国特色社会主义宪法理论和实践。

栗战书委员长同时要求，加强宪法制度和实践宣传。要把宪法宣传教育作为实施宪法、推进全面依法治国的重要基础，学习宣传习近平法治思想和总书记关于宪法的重要论述，讲清楚依法治国、依宪治国的必要性、重要性和丰富内涵、实践要求，解读好宪法的精神、原则、要义。抓住领导干部这个“关键少数”，组织好宪法宣誓，推动各级干部原原本本学习宪法，带头尊法学法守法用法，不断增强宪法意识、法治意识和依法办事能力。加大全面普法力度，特别是加强青少年法治教育，使法治成为社会共识和基本准则，培育全社会办事依法、遇事找法、解决问题用法、化解矛盾靠法的法治环境。通过灵活多样的方式、喜闻乐见的语言、鲜活生动的事例，讲好中国宪法故事、中国法治故事。学习宣传实施宪法，是一项长期任务。我们要紧密团结在以习近平同志为核心的党中央周围，认真学习贯彻习近平法治思想，弘扬宪法精神，履行宪法使命，维护宪法权威，为全面建设社会主义现代化国家提供有力的宪法保障。

二、依法治国首先是依宪治国，依法执政首先是依宪执政

党的十八届四中全会《中共中央关于全面推进依法治国若干重大问题的决定》指出，依法治国，是坚持和发展中国特色社会主义的本质要求和重要保障，是实现国家治理体系和治理能力现代化的必然要求，事关我们党执政兴国，事关人民幸福安康，事关党和国家长治久安。全面建成小康社会、实现中华民族伟大复兴的中国梦，全面深化改革、完善和发展中国特色社会主义制度，提高党的执政能力和执政水平，必须全面推进依法治国。我国正处于社会主义初级阶段，改革进入攻坚期和深水区，国际形势复杂多变，我们党面对的改革发展稳定任务之重前所未有、矛盾风险挑战之多前所未有，依法治国在党和国家工作全局中的地位更加突出、作用更加重大。面对新形势新任务，我们党要更好统筹国内国际两个大局，更好维护和运用我国发展的重要战略机遇期，更好统筹社会力量、平衡社会利益、调节社会关系、规范社会行为，使我国社会在深刻变革中既生机勃勃又井然有序，实现经济发展、政治清明、文化昌盛、社会公正、生态良好，实现我国和平发展的战略目标，必须更好发挥法治的引领和规范作用。

党的十五大报告明确将依法治国确定为党领导人民治理国家的基本方略。全国人民代表大会于 1999 年通过修改《宪法》将“中华人民共和国实行依法治国，建设社会主义法治国家”载入宪法。党的十八届四中全会专门就全面推进依法治国作出决定，对全面推进依法治国作出了宏观、系统的部署，这在中国共产党历史上尚属首次，表明了中国共产党实行依法治国、建设法治国家的坚定决心、勇气和意志。

习近平总书记在2018年举行的中央全面依法治国委员会第一次会议上强调，全面依法治国具有基础性、保障性作用，在统筹推进伟大斗争、伟大工程、伟大事业、伟大梦想，全面建设社会主义现代化国家的新征程上，要加强党对全面依法治国的集中统一领导，坚持以全面依法治国新理念新思想新战略为指导，坚定不移走中国特色社会主义法治道路，更好发挥法治固根本、稳预期、利长远的保障作用。

党的十八届四中全会《中共中央关于全面推进依法治国若干重大问题的决定》指出，坚持依法治国首先要坚持依宪治国，坚持依法执政首先要坚持依宪执政。此处的“首先”，并不是说国家机关在作出决定、决议时必须首先依据宪法或者引用宪法，而是指作为国家机关作出决定、决议依据的法律文件首先必须符合宪法，才是有效的法律文件，才能作为依据；一切违反宪法的法律文件都是无效的。可见，宪法如果不发挥作用，规则之治和良法之治都无法实现。

三、宪法是治国理政的总章程、总依据

宪法是治国理政的总章程、总依据，这是宪法在国家治理和社会治理的作用上的定位。

毛泽东同志说：“一个团体要有一个章程，一个国家也要有一个章程，宪法就是一个总章程，是根本大法。”习近平总书记指出，宪法是国家的根本法，是治国安邦的总章程，具有最高的法律地位、法律权威、法律效力，具有根本性、全局性、稳定性、长期性。我国宪法以国家根本法的形式，确立了中国特色社会主义道路、中国特色社会主义理论体系、中国特色社会主义制度的发展成果，反映了我国各族人民的共同意志和根本利益，成为历史新时期党和国家的中心工作、基本原则、重大方针、重要政策在国家法制上的最高体现。

宪法的内容涉及一个国家的政治、经济、文化、社会、民族关系、对外交往等各个方面的重大原则性问题，涉及一个国家的根本制度和基本制度问题，涉及国家与公民的关系。而法律所规定的内容，只涉及国家生活或者社会生活中某一方面的重要问题。宪法基于制宪的基本理念，从根本上体现着人民主权原则、国家权力制约与监督原则、基本人权保障原则和法治原则，从宏观上、总体性地规定限制、合理分配和保障国家权力运行的基本规则，以保障人权。而其他法律则是依据宪法的基本原则、基本精神和基本规范，从所调整的具体社会关系的特点出发，具体地规定着限制、合理分配和保障国家权力运行的规则，以保障人权。

我国现行《宪法》主要规定了以下内容：

1. 宪法确认了中国共产党领导地位的正当性、合法性及中国共产党对国家事务和社会事务的全面领导。《宪法》序言从中国近代历史、新民主主义革命、新中国建设、改革开放的伟大成果及完成建设社会主义现代化强国和实现中华民族伟大复兴目标等维度，论证了中国共产党领导地位的正当性和合法性。2018年《宪法修正案》又明确规定，中国共产党的领导是中国特色社会主义制度的最本质特征。社会主义制度是我国的根本制度，而这一根本制度的最本质特征就是中国共产党的领导，基本制度、重要制度和其他制度都是由这一根本制度派生的，由此产生的应有之义是，中国共产党在中国的全面领导地位和作用。

2. 宪法规定了国家的指导思想。《宪法》序言规定，我国的指导思想是，马克思列宁主义、毛泽东思想、邓小平理论、“三个代表”重要思想、科学发展观、习近平新时代中国特色社会主义思想。

3. 宪法规定了我国的根本制度。《宪法》第1条第2款规定，社会主义制度是中华人民共和国的根本制度。中国共产党领导是中国特色社会主义最本质的特征。禁止任何组织或者个人破坏社会主义制度。

4. 宪法规定了我国的根本任务。《宪法》序言规定，坚持人民民主专政，坚持社会主义道路，坚持改革开放，不断完善社会主义的各项制度，发展社会主义市场经济，发展社会主义民主，健全社会主义法治，贯彻新发展理念，自力更生，艰苦奋斗，逐步实现工业、农业、国防和科学技术的现代化，推动物质文明、政治文明、精神文明、社会文明、生态文明协调发展，把我国建设成为富强民主文明和谐美丽的社会主义现代化强国，实现中华民族伟大复兴。

5. 宪法规定了我国的国家性质。《宪法》第 1 条第 1 款规定，中华人民共和国是工人阶级领导的、以工农联盟为基础的人民民主专政的社会主义国家。《宪法》序言规定，社会主义的建设事业必须依靠工人、农民和知识分子，团结一切可以团结的力量。在长期的革命、建设、改革过程中，已经结成由中国共产党领导的，有各民主党派和各人民团体参加的，包括全体社会主义劳动者、社会主义事业的建设者、拥护社会主义的爱国者、拥护祖国统一和致力于中华民族伟大复兴的爱国者的广泛的爱国统一战线，这个统一战线将继续巩固和发展。中国人民政治协商会议是具有广泛代表性的统一战线组织，过去发挥了重要的历史作用，今后在国家政治生活、社会生活和对外友好活动中，在进行社会主义现代化建设、维护国家的统一和团结的斗争中，将进一步发挥它的重要作用。中国共产党领导的多党合作和政治协商制度将长期存在和发展。《宪法》序言还规定，在我国，剥削阶级作为阶级已经消灭，但是阶级斗争还将在一定范围内长期存在。中国人民对敌视和破坏我国社会主义制度的国内外的敌对势力和敌对分子，必须进行斗争。

6. 宪法规定了我国的基本经济制度和分配制度。《宪法》第 6 条规定，中华人民共和国的社会主义经济制度的基础是生产资料的社会主义公有制，即全民所有制和劳动群众集体所有制。社会主义公有制消灭人剥削人的制度，实行各尽所能、按劳分配的原则。国家在社会主义初级阶段，坚持公有制为主体、多种所有制经济共同发展的基本经济制度，坚持按劳分配为主体、多种分配方式并存的分配制度。

7. 宪法规定了我国的根本政治制度。《宪法》第 2 条规定,中华人民共和国的一切权力属于人民。人民行使国家权力的机关是全国人民代表大会和地方各级人民代表大会。人民依照法律规定,通过各种途径和形式,管理国家事务,管理经济和文化事业,管理社会事务。第 3 条规定,中华人民共和国的国家机构实行民主集中制的原则。全国人民代表大会和地方各级人民代表大会都由民主选举产生,对人民负责,受人民监督。国家行政机关、监察机关、审判机关、检察机关都由人民代表大会产生,对它负责,受它监督。

8. 宪法规定了社会主义精神文明建设。《宪法》第 24 条规定,国家通过普及理想教育、道德教育、文化教育、纪律和法制教育,通过在城乡不同范围的群众中制定和执行各种守则、公约,加强社会主义精神文明的建设。国家倡导社会主义核心价值观,提倡爱祖国、爱人民、爱劳动、爱科学、爱社会主义的公德,在人民中进行爱国主义、集体主义和国际主义、共产主义的教育,进行辩证唯物主义和历史唯物主义的教育,反对资本主义的、封建主义的和其他的腐朽思想。

9. 宪法规定了我国的国家结构形式及中央与地方的关系。《宪法》序言规定,中华人民共和国是全国各族人民共同缔造的统一的多民族国家。《宪法》第 3 条第 3 款规定,中央和地方的国家机构职权的划分,遵循在中央的统一领导下,充分发挥地方的主动性、积极性的原则。

10. 宪法规定了我国处理民族关系的原则和基本制度。《宪法》序言规定,平等团结互助和谐的社会主义民族关系已经确立,并将继续加强。在维护民族团结的斗争中,要反对大民族主义,主要是大汉族主义,也要反对地方民族主义。国家尽一切努力,促进全国各民族的共同繁荣。《宪法》第 4 条规定,中华人民共和国各民族一律平等。国家保障各少数民族的合法的权利和利益,维护和发展各民族的平等团结互助和谐关系。禁止对任何民族的歧视和压迫,禁止破坏民族团结和制造民族分裂的行为。国家根据各少数民族的特点和需要,帮助各少数民族地区加速经济和文化的发展。各少数民族聚居的地方实行区域自治,设立自治机关,行使自治权。各民族自治地方都是中华人民共和国不可分离的部分。各民族都有使用和发展自己的语言文字的自由,都有保持或者改革自己的风俗习惯的自由。

11. 宪法规定了以“一国两制”构想处理历史遗留问题。《宪法》序言规定,台湾是中华人民共和国的神圣领土的一部分。完成统一祖国的大业是包括台湾同胞在内的全中国人民的神圣职责。《宪法》第 31 条规定,国家在必要时得设立特别行政区。在特别行政区内实行的制度按照具体情况由全国人民代表大会以法律规定。《宪法》第 62 条规定,全国人大决定特别行政区的设立及其制度。

12. 宪法规定了我国的基层群众自治制度。《宪法》第 111 条规定,城市和农村按居民居住地区设立的居民委员会或者村民委员会是基层群众性自治组织。居民委员会、村民委员会的主任、副主任和委员由居民选举。居民委员会、村民委员会同基层政权的相互关系由法律规定。居民委员会、村民委员会设人民调解、治安保卫、公共卫生等委员会,办理本居住地区的公共事务和公益事业,调解民间纠纷,协助维护社会治安,并且向人民政府反映群众的意见、要求和提出建议。

13. 宪法规定了我国处理国际关系的基本原则。《宪法》序言规定,中国革命、建设、改革的成就是同世界人民的支持分不开的。中国的前途是同世界的前途紧密地联系在一起的。中国坚持独立自主的对外政策,坚持互相尊重主权和领土完整、互不侵犯、互不干涉内政、平等互利、和平共处的五项原则,坚持和平发展道路,坚持互利共赢开放战略,发展同各国的外交关系和经济、文化交流,推动构建人类命运共同体;坚持反对帝国主义、霸权主义、殖民主义,加强同世界各国人民的团结,支持被压迫民族和发展中国家争取和维护民族独立、发展民族经济的正义斗争,为维护世界和平和促进人类进步事业而努力。

14. 宪法规定了国家治理和社会治理的基本方略。《宪法》第 5 条规定，中华人民共和国实行依法治国，建设社会主义法治国家。

15. 宪法规定了国家治理和社会治理的基本理念。《宪法》第 33 条第 3 款规定，国家尊重和保障人权。

16. 宪法规定了公民的基本权利和义务。《宪法》第 33 条至第 55 条规定了公民的平等权、选举权和被选举权、言论出版集会游行示威等政治自由、宗教信仰自由、人身自由、人格尊严不受侵犯、住宅安全权、通信自由和通信秘密受保护、对国家机关及其工作人员的各种监督权、国家赔偿请求权、劳动权、休息权、退休生活保障权、物资帮助权、受教育权、科学研究及文学艺术创作和其他文化活动的自由、男女平等、母亲及儿童等特殊主体权利保护、华侨及归侨侨眷的权利保护。同时，宪法规定了公民必须履行的一系列基本义务。

17. 宪法规定了我国的国家机构体系及相互关系。宪法规定了全国人大及其常委会、国家主席、国务院、中央军委、地方各级人大和各级政府、民族区域自治地方的自治机关、监察委员会、人民法院和人民检察院的性质、地位和职权。

18. 宪法规定了我国的国家标志。《宪法》第 141 条规定，中华人民共和国国旗是五星红旗。中华人民共和国国歌是《义勇军进行曲》。《宪法》第 142 条规定，中华人民共和国国徽，中间是五星照耀下的天安门，周围是谷穗和齿轮。《宪法》第 143 条规定，中华人民共和国首都是北京。

19. 宪法规定了自身的最高地位和法律效力。《宪法》序言规定，本宪法以法律的形式确认了中国各族人民奋斗的成果，规定了国家的根本制度和根本任务，是国家的根本法，具有最高的法律效力。全国各族人民、一切国家机关和武装力量、各政党和各社会团体、各企业事业组织，都必须以宪法为根本的活动准则，并且负有维护宪法尊严、保证宪法实施的职责。《宪法》第 5 条规定，国家维护社会主义法制的统一和尊严。一切法律、行政法规和地方性法规都不得同宪法相抵触。一切国家机关和武装力量、各政党和各社会团体、各企业事业组织都必须遵守宪法和法律。

一切违反宪法和法律的行为,必须予以追究。任何组织或者个人都不得有超越宪法和法律的特权。

20. 宪法规定了宪法监督制度。《宪法》第 62 条规定,全国人大监督宪法的实施;第 67 条规定,全国人大常委会监督宪法的实施。《宪法》第 70 条规定,全国人大设立宪法和法律委员会。

普通法律规定的内容只涉及国家生活或者社会生活中某一方面的问题。例如,刑法依据宪法的规定、原则、精神,具体规定了什么是犯罪、如何惩罚犯罪两大问题;民法典依据宪法的规定、原则、精神,具体规定了平等主体之间的人身关系和财产关系。

四、国家工作人员向宪法宣誓的实质要求

宪法宣誓制度是党的十八届四中全会《中共中央关于全面推进依法治国若干重大问题的决定》提出的要求。该决定提出:"建立宪法宣誓制度,凡经人大及其常委会选举或者决定任命的国家工作人员正式就职时公开向宪法宣誓。"宪法宣誓是一种庄严的法定仪式,是国家法律制度的重要组成部分。

为了落实党的十八届四中全会《中共中央关于全面推进依法治国若干重大问题的决定》的要求,2015 年 7 月 1 日第十二届全国人民代表大会常务委员会第十五次会议通过了《关于实行宪法宣誓制度的决定》(2018 年 2 月 24 日修订)。

2018 年《宪法》第 27 条增加一款,作为第 3 款:"国家工作人员就职时应当依照法律规定公开进行宪法宣誓。"

习近平总书记就党的十八届四中全会《中共中央关于全面推进依法治国若干重大问题的决定》提出建立宪法宣誓制度指出,"这样做,有利于彰显宪法权威,增强公职人员宪法观念,激励公职人员忠于和维护宪法,也有利于在全社会增强宪法意识、树立宪法权威"。王晨副委员长在第十三届全国人民代表大会第一次会议上,在关于《宪法修正案(草案)》的说明中指出,"将宪法宣誓制度在宪法中确认下来,有利于促使国家工作人员树立宪法意识、恪守宪法原则、弘扬宪法精神、履行宪法使命，也有利于彰显宪法权威，激励和教育国家工作人员忠于宪法、遵守宪法、维护宪法，加强宪法实施”。作为宪法实施的重要形式，宪法宣誓是推进宪法从文本走向现实的一场庄严的仪式，是政治文明和法治进步的重要标志。

国家工作人员就职时必须向宪法宣誓，不能将宣誓仅仅理解为一种就职仪式，其实质是要求国家工作人员从内心尊崇宪法，认同宪法作为国家根本法的价值及宪法中所确认的价值，严格依据宪法的理念和按照宪法思维行使权力。

有的国家工作人员可能从来没有系统地阅读过宪法文本，不了解宪法的基本内容、基本原理、基本原则、基本理念，只把宣誓当作一种走过场的仪式。针对这种状态，习近平总书记在2018年中央政治局第四次集体学习时指出，要加强宪法学习宣传教育，弘扬宪法精神、普及宪法知识，为加强宪法实施和监督营造良好氛围。宪法法律的权威源自人民的内心拥护和真诚信仰，加强宪法学习宣传教育是实施宪法的重要基础。要在全社会广泛开展尊崇宪法、学习宪法、遵守宪法、维护宪法、运用宪法的宣传教育，弘扬宪法精神，弘扬社会主义法治意识，增强广大干部群众的宪法意识，使全体人民成为宪法的忠实崇尚者、自觉遵守者、坚定捍卫者。要坚持从青少年抓起，把宪法法律教育纳入国民教育体系，引导青少年从小掌握宪法法律知识、树立宪法法律意识、养成尊法守法习惯。要完善国家工作人员学习宪法法律的制度，推动领导干部加强宪法学习，增强宪法意识，带头尊崇宪法、学习宪法、遵守宪法、维护宪法、运用宪法，做尊法学法守法用法的模范。

栗战书委员长在2018年3月举行的“深入学习宣传和贯彻实施宪法座谈会”上强调，加强宪法学习宣传教育是实施宪法的重要基础。并提出四点要求：一要抓住党员领导干部这个“关键少数”，推动领导干部带头尊崇宪法、学习宪法、遵守宪法、维护宪法、运用宪法；二要加强宪法理论研究，增强我国宪法的时代特色和实践特色；三要丰富宪法宣传教育形式，使宪法走入日常生活、走入人民群众；四要做好解疑释惑工作。栗战书委员长在第十三届全国人民代表大会常务委员会组成人员履职学习专题讲座上要求全国人民代表大会常务委员会组成人员要带头学习宣传宪法和法律，自觉作尊崇宪法、学习宪法、遵守宪法、维护宪法、运用宪法的表率，提高运用法治思维和法治方式推动工作的能力。

目录

Contents

第一篇　宪法基本原理

第二篇　国家制度

第三篇　公民的基本权利与义务

第四篇　国家机构

第一篇
宪法基本原理

▶ 1. 宪法是什么?

毛泽东同志说:“一个团体要有一个章程,一个国家也要有一个章程,宪法就是一个总章程,是根本大法。”习近平总书记指出,宪法是国家的根本法,是治国安邦的总章程,具有最高的法律地位、法律权威、法律效力,具有根本性、全局性、稳定性、长期性。

第一,宪法是治国理政、治国安邦的总章程。宪法设定了国家的根本制度、基本制度及国家政策,规定了国家机构体系,规定了公民的基本权利和义务,规定了国家的外交政策,规定了国家的标志和象征等治国理政的基本内容,是治国安邦的总章程。

第二,宪法是国家的根本法,具有最高法律效力。宪法因规定了国家的根本制度和根本任务,是国家的根本法,在一个国家中具有最高法律效力。任何国家机关、企业事业组织、社会团体和个人都在宪法之下,任何法律、法规都不得与宪法相抵触。

第三,宪法赋予国家权力、保障国家权力及限制国家权力。宪法是人民主权原则的产物,人民通过宪法赋予国家权力,以保证国家权力的合法性和正当性;宪法通过一系列原则和制度,以保证国家权力充分有效行使;宪法也通过一系列的原则和制度,防止国家权力滥用。

第四,宪法的核心价值是尊重和保障人权。我国2004年《宪法修正案》增加规定“国家尊重和保障人权”。宪法的主体内容包括两大部分,即公民的基本权利和国家机构。公民基本权利部分以权利清单的方式列举了公民在国家中的最主要和最重要的权利;国家机构部分涉及国家权力的分配和相互关系、国家权力的行使原则、国家权力的目的、国家机构内部国家机关之间的相互关系等,都是为了更好地尊重和保障人权。习近平总书记指出,中国共产党和中国政府始终尊重和保障人权。长期以来,中国坚持把人权的普遍性原则同中国实际相结合,不断推动经济社会发展，增进人民福祉，促进社会公平正义，加强人权法治保障，努力促进经济、社会、文化权利和公民、政治权利全面协调发展，显著提高了人民生存权、发展权的保障水平，走出了一条适合中国国情的人权发展道路。

第五，宪法的内容是民主的制度化、法律化。资产阶级也好，无产阶级也好，都是在通过革命取得政权以后，将革命过程中取得的民主事实，经过法律程序，以制度化、法律化。因此，宪法的内容是通过革命、取得政权的阶级将有利于自己统治的民主予以确认的结果。我国宪法的内容就是无产阶级民主或者社会主义民主、人民民主，这一民主的基本形式是人民代表大会制度。

第六，宪法的实质是党的意志和人民意志的高度统一。习近平总书记指出，维护宪法权威，就是维护党和人民共同意志的权威。捍卫宪法尊严，就是捍卫党和人民共同意志的尊严。保证宪法实施，就是保证人民根本利益的实现。只要我们切实尊重和有效实施宪法，人民当家作主就有保证，党和国家事业就能顺利发展。

▶ 2. 为什么说宪法是国家根本法？

宪法是国家根本法，这是从宪法在内容上与其他法律的关系而言的。我国现行《宪法》序言规定，本宪法以法律的形式确认了中国各族人民奋斗的成果，规定了国家的根本制度和根本任务，是国家的根本法，具有最高的法律效力。宪法成为国家根本法的根本原因在于，其规定了国家的根本任务、根本制度及基本制度，规定了国家生活和社会生活中的重大问题。

我国现行《宪法》序言规定，国家的根本任务是，沿着中国特色社会主义道路，集中力量进行社会主义现代化建设。

现行《宪法》第 1 条第 2 款规定，社会主义制度是中华人民共和国的根本制度。中国共产党领导是中国特色社会主义最本质的特征。禁止任何组织或者个人破坏社会主义制度。

国家的根本任务决定了国家的根本制度，而根本制度决定着其他基本制度，基本制度又决定着其他制度。国家的任何其他制度都是由作为根本制度的中国特色社会主义制度派生的，其他法律都是以宪法为基础和根据制定的。在这一意义上说，宪法是"母法"，其他法律是"子法"。例如，人民代表大会制度是中国特色社会主义制度在政治领域的根本制度，以公有制为主体、多种所有制共同发展是中国特色社会主义制度在经济领域的基本制度。

宪法规定了一个国家最根本的问题，宪法的内容涉及国家的政治、经济、文化、社会、对外交往等各方面的重大原则性问题和根本性问题。例如，我国宪法规定了国家的指导思想、根本制度、根本任务、国家性质、中国共产党的领导、国家政权组织形式、国家结构形式、基本经济制度、基本文化制度、外交政策和处理国际关系的基本原则、公民的基本权利和义务、中央和地方国家机构的设置以及各国家机关之间的相互关系等。这些内容是我国国家生活和社会生活中最根本、最重要的问题，是治国理政的总依据。而普通法律规定的内容只涉及国家生活或者社会生活中某一方面的问题。例如，刑法只是规定犯罪和刑罚的问题，民法典只是规定平等主体之间的人身权和财产权的问题。

因此，我国绝大多数法律的第 1 条都明确规定，"根据宪法，制定本法"。即使法律的第 1 条没有这一规定，其也是根据宪法、以宪法为基础制定的。"根据宪法，制定本法"的基本含义是：立法必须依据宪法的理念、精神和基本原则；立法必须依据宪法规范的内涵；立法必须依据宪法的立法授权；立法必须依据宪法规定的立法程序。正如党的十八届四中全会决定所要求的，要使每一部立法都符合宪法精神。

▶ 3. 为什么说宪法是国家的最高法？

宪法是国家的最高法，这是从宪法在法律效力上与其他法律的关系而言的。

我国现行《宪法》序言规定,宪法具有最高的法律效力。《宪法》第5条对宪法的最高法律效力作出了更为明确、具体、细致的规定:一切法律、行政法规和地方性法规都不得同宪法相抵触。一切国家机关和武装力量、各政党和各社会团体、各企业事业组织都必须遵守宪法和法律。一切违反宪法和法律的行为,必须予以追究。任何组织或者个人都不得有超越宪法和法律的特权。《立法法》第87条也作出规定,宪法具有最高的法律效力,一切法律、行政法规、地方性法规、自治条例和单行条例、规章都不得同宪法相抵触。

现行《宪法》第5条关于宪法最高法律效力的规定,其全面性、明确性在世界各国宪法中是非常少见的。这一规定涵盖了我国国家和社会所有的主体,包括所有的国家机关、各政党、社会团体、企业事业组织和个人。所有的这些主体都在宪法之下,都必须服从宪法。

第一,所有国家权力都在宪法之下。在人民主权原则下,国家的一切权力属于人民,人民通过宪法设定国家权力,并赋予国家机关以国家权力,宪法保证了国家权力的合法性和正当性。正因如此,所有国家权力均来自宪法的赋予或者授予,都具有一种从属性,都在宪法之下,也就都必须符合宪法,依据宪法行使。

第二,所有国家机关都在宪法之下。宪法设定了国家机构体系,包括国家机构中的所有国家机关,保证了国家机关的合法性;宪法将国家权力在不同国家机关之间进行分配,国家机关由此获得了相应的国家权力,并形成了国家机关之间的权力关系;宪法规定了国家权力行使的原则和宗旨等。所有国家机关由宪法设定,所有国家机关的权力由宪法分配,所有国家机关之间的关系由宪法规定,因此,所有国家机关都必须服从宪法。

第三,所有企业事业组织、社会团体和公民个人都在宪法之下。现行《宪法》序言规定,全国各族人民、一切国家机关和武装力量、各政党和各社会团体、各企业事业组织,都必须以宪法为根本的活动准则;《宪法》第

5 条规定,任何组织或者个人都不得有超越宪法和法律的特权。立法机关通常通过立法将宪法的原则规定具体化,法律、法规是组织和个人的直接行为准则,但法律、法规必须符合宪法才具有法律效力。当组织和个人认为法律文件与宪法相抵触时,有权请求全国人大常委会对其进行合宪性审查。因此,宪法是一切组织和个人的根本活动准则。

第四,任何法律文件都在宪法之下。任何法律、法规、规章都具有法律效力,但宪法具有最高法律效力。与普通法律相比较,宪法的最高法律效力主要表现在:(1)宪法是普通法律制定的基础和依据。宪法确定了国家生活和社会生活中的根本制度、基本制度和基本原则,从宏观上和总体上确定规范、限制和保障国家权力运行的规则,规定公民的基本权利和义务。立法机关通过立法将宪法的规定具体化,使之成为国家生活和社会生活的具体规范。因此,立法机关在立法时,必须依据宪法的规定,以宪法的规定为基础。无论普通法律是否明确规定其是依据宪法而制定的,事实上它们都是依据宪法的规定制定的。(2)与宪法相抵触的普通法律无效。立法机关制定的任何法律文件都具有法律效力,但其前提必须是与宪法不相抵触,这是保证一个国家具有统一宪法秩序的需要,也是从根本上保障人权的需要。如果法律文件与宪法相抵触,则或者全部无效,或者相抵触的部分无效。违反宪法的法律文件不是法律文件,当然也就没有法律效力。

为了保证宪法的最高法律效力,各国根据本国的具体国情,建立了各具特色的合宪性审查制度,以审查判断法律文件是否与宪法相抵触。合宪性审查机关如果判定某项法律文件违反宪法,或者直接撤销该法律文件,或者在具体案件中拒绝适用该法律文件。我国也建立了由作为最高国家权力机关的全国人大及其常委会行使合宪性审查权的制度,以保证法律文件与宪法的一致性,维护宪法的权威和尊严。

▶ 4. 为什么说我国《宪法》序言具有最高法律效力?

世界上绝大多数国家的宪法都有序言,我国1954年《宪法》、1975年《宪法》、1978年《宪法》及1982年《宪法》即现行《宪法》都设有“序言”的部分。我国现行《宪法》的序言共有13个自然段,约1900字,主要记载了国家的斗争历史和成就、建国宗旨和国家的奋斗目标、制宪目的、国家活动的指导原则等。主要有以下六点内容:一是简述国家的斗争历史。二是记载了20世纪以来在中国发生的四件大事。三是规定国家今后的根本任务。四是肯定四项基本原则。五是指明实现社会主义现代化建设的国内外条件(搞好国内的大团结,完成祖国的统一;团结各国人民,争取世界和平,反对霸权主义)。六是确认宪法的地位和作用。

因宪法序言与宪法正文的表述方式不同,它是以叙述的方式而非以规范的方式表述内容,则产生了宪法序言是否具有最高法律效力的疑惑。实际上,宪法序言和宪法正文构成了一个宪法的有机整体,宪法序言作为宪法的重要组成部分,与正文一起作为宪法整体具有最高法律效力。

第一,宪法序言和正文的制定、修改主体和程序是完全相同的。在我国,根据现行《宪法》第64条的规定,宪法的修改由全国人大常委会或者五分之一以上的全国人大代表提议,由全国人大以全体代表的三分之二以上的多数通过。宪法修改的对象包括宪法序言和宪法正文,我国每一次宪法序言的修改都是由全国人大按照这一修改程序进行的。这是宪法具有最高法律效力的主体保障和程序保障。宪法序言和正文都是由同一主体按照完全相同的程序进行的修改,因此,很难得出这样的结论:宪法序言没有法律效力,而正文才具有法律效力。

第二,现行《宪法》序言规定了宪法的最高法律效力及其理由。《宪法》序言明确规定:本宪法以法律的形式确认了中国各族人民奋斗的成果,规定了国家的根本制度和根本任务,是国家的根本法,具有最高的法律效力。全国各族人民、一切国家机关和武装力量、各政党和各社会团体、各企业事业组织，都必须以宪法为根本的活动准则，并且负有维护宪法尊严、保证宪法实施的职责。宪法正文具有最高法律效力的根据是宪法序言，如果否定了序言的法律效力，当然就否定了宪法正文的法律效力。

第三，宪法序言确认了中国共产党在我国领导地位的合法性和正当性。我国《宪法》序言在内容上与其他国家存在的重大区别就是，序言重点论证了中国共产党在中国居于领导地位的合法性和正当性，即中国共产党在中国居于领导地位的人民选择和历史选择的必然性。序言从20世纪中国发生的四件大事出发，得出“只有中国共产党才能救中国”的结论；从1949年中华人民共和国成立以后的社会主义革命、建设，特别是改革开放伟大成就出发，得出“只有中国共产党才能使中国站起来、富起来、强起来”的结论。我国的政党制度与其他国家完全不同，即中国共产党的领导是中国特色社会主义最本质的特征，实行中国共产党领导的多党合作和政治协商制度。中国共产党的领导是人民的选择和历史的选择，而作为人民选择和历史选择的载体即是宪法。如果否定了宪法序言的法律效力，也就否定了中国共产党的领导地位。这一结论与人民的选择和历史的选择是根本相违背的，也是与我国宪法作为社会主义宪法的性质相违背的。

第四，宪法序言对宪法正文具有不可或缺的指导意义。我国宪法序言除规定了制宪的目的和原则，还规定了国家的根本任务、奋斗目标、外交政策、处理国际关系的基本原则、宪法效力等内容。实际上，宪法正文的内容是宪法序言规定的具体化，因此，在理解宪法正文的规范内涵时必须基于宪法序言、从宪法序言的规定出发。

▶ 5. 为什么说宪法是治国理政的总章程和总依据？

宪法是治国理政的总章程和总依据，是从宪法所规定内容的根本性和宏观性而言的。

习近平总书记指出，我国宪法是治国理政的总章程，必须体现党和人民事业的历史进步，必须随着党领导人民建设中国特色社会主义实践的发展而不断完善发展。我国宪法实现了党的主张和人民意志的高度统一，具有显著优势、坚实基础、强大生命力。宪法是国家根本法，是国家各种制度和法律法规的总依据。

宪法规定了国家的根本任务和根本制度，宏观地、原则性地规定了治国理政所涉及和需要的政治、经济、文化、外交等各方面的基本制度和基本国策，设定了国家权力及其相互关系、国家机构体系、中央与地方的关系、国家与公民的关系、公民的基本权利与义务等内容。

宪法规定了国家的根本任务是，沿着中国特色社会主义道路，集中力量进行社会主义现代化建设，逐步实现工业、农业、国防和科学技术的现代化，推动物质文明、政治文明、精神文明、社会文明、生态文明协调发展，把我国建设成为富强民主文明和谐美丽的社会主义现代化强国，实现中华民族伟大复兴。社会主义制度是中华人民共和国的根本制度。

宪法规定了中国共产党的领导在我国的合法性和正当性，中国共产党领导是中国特色社会主义最本质的特征。

宪法规定了国家的指导思想是，马克思列宁主义、毛泽东思想、邓小平理论、“三个代表”重要思想、科学发展观、习近平新时代中国特色社会主义思想。

宪法规定了我国的国家性质是，工人阶级领导的、以工农联盟为基础的人民民主专政的社会主义国家。

宪法规定我国的根本政治制度是人民代表大会制度，即中华人民共和国的一切权力属于人民。人民行使国家权力的机关是全国人民代表大会和地方各级人民代表大会。人民依照法律规定，通过各种途径和形式，管理国家事务，管理经济和文化事业，管理社会事务。中华人民共和国的国家机构实行民主集中制的原则。全国人民代表大会和地方各级人民代表大会都由民主选举产生，对人民负责，受人民监督。国家行政机关、监察机关、审判机关、检察机关都由人民代表大会产生，对它负责，受它监督。中央和地方的国家机构职权的划分，遵循在中央的统一领导下，充分发挥地方的主动性、积极性的原则。

宪法规定我国的基本经济制度是，以公有制为主体、多种所有制经济共同发展，并规定坚持按劳分配为主体、多种分配方式并存的分配制度。

宪法规定我国的国家结构形式是，全国各族人民共同缔造的统一的多民族国家。在国家统一的前提下，各少数民族聚居的地方实行区域自治，设立自治机关，行使自治权。各民族自治地方都是中华人民共和国不可分离的部分。国家在必要时得设立特别行政区。在特别行政区内实行的制度按照具体情况由全国人民代表大会以法律规定。

宪法规定我国的基本外交政策是，坚持独立自主的对外政策，坚持互相尊重主权和领土完整、互不侵犯、互不干涉内政、平等互利、和平共处的五项原则，坚持和平发展道路，坚持互利共赢开放战略，发展同各国的外交关系和经济、文化交流，推动构建人类命运共同体；坚持反对帝国主义、霸权主义、殖民主义，加强同世界各国人民的团结，支持被压迫民族和发展中国家争取和维护民族独立、发展民族经济的正义斗争，为维护世界和平和促进人类进步事业而努力。

宪法规定我国公民的基本权利有平等权、政治权利、宗教信仰自由、人身自由不受侵犯、人格尊严不受侵犯、住宅不受侵犯、通信自由和通信秘密受法律保护、对国家机关及其工作人员有各项监督权、财产权、受教育权、劳动权、休息权、社会保障权、获得物质帮助权等。公民的基本义务有维护国家统一和全国各民族团结；遵守宪法和法律，保守国家秘密，爱护公共财产，遵守劳动纪律，遵守公共秩序，尊重社会公德；维护祖国的安全、荣誉和利益，不得有危害祖国的安全、荣誉和利益的行为；依照法律服兵役；依照法律纳税等。

宪法规定我国中央与地方的关系是，遵循在中央的统一领导下，充分发挥地方的主动性、积极性的原则。

宪法规定我国的国家机构体系包括国家权力机关、国家行政机关、国家监察机关、国家审判机关和国家检察机关等。中央国家机关还包括国家主席、中央军委。实行民族区域自治的少数民族地区还设立民族自治机关。特别行政区设立行使高度自治权的特别行政区行政长官、立法机关、行政机关和司法机关。

宪法规定在农村和城市的基层实行基层群众自治,设立村民委员会和居民委员会,行使自治权。

宪法规定了作为国家象征和标志的国旗、国徽、国歌和首都。

宪法对上述原则和制度的规定只是宏观的、概括性的,全国人大及其常委会依据宪法制定法律,将这些原则和制度进一步具体化,形成以宪法为核心的社会主义法律体系,也就是国家制度和国家治理体系。国家治理所涉及的各方面的根本依据只能是作为国家根本法、具有最高法律效力的宪法。

▶ 6. 为什么说依法治国首先是依宪治国?

党的十八届四中全会决定、党的十九大报告及党的十九届四中全会决定明确指出,依法治国首先是依宪治国、依法执政首先是依宪执政。习近平总书记在作党的十八届四中全会决定说明时指出,依法治国,首先是依宪治国;依法执政,关键是依宪执政。

依宪治国重要性的基本前提是依法治国的重要性。关于法治的重要性,习近平总书记强调,全面依法治国具有基础性、保障性作用,在统筹推进伟大斗争、伟大工程、伟大事业、伟大梦想,全面建设社会主义现代化国家的新征程上,要加强党对全面依法治国的集中统一领导,坚持以全面依法治国新理念新思想新战略为指导,坚定不移走中国特色社会主义法治道路,更好发挥法治固根本、稳预期、利长远的保障作用。改革开放 40 余年的经验告诉我们,做好改革发展稳定各项工作离不开法治,改革开放越深入越要强调法治。

法治的内涵中有两个基本的内容,即规则之治和良法之治。宪法在这两个基本内容中都起着核心作用。

第一,规则之治的核心是宪法至上。规则之治要求所有的国家机关、社会团体、企业事业组织、公民个人都必须在法治之下,不能在法治之外和法治之上,都必须服从宪法和法律,必须依据宪法和法律办事,即规则至上。习近平总书记说,领导干部要把对法治的尊崇、对法律的敬畏转化成思维方式和行为方式,做到在法治之下、而不是法治之外、更不是法治之上想问题、作决策、办事情。

规则至上的"规则"主要表现为宪法和法律,规则至上就是宪法和法律至上。正是在这一意义上,党的十九大报告要求,树立宪法法律至上。宪法具有最高的法律效力,法律的效力低于宪法,必须符合宪法。因此,宪法和法律至上最重要的是宪法至上,要维护宪法的权威和尊严。因此,习近平总书记要求,要在全党全社会深入开展尊崇宪法、学习宪法、遵守宪法、维护宪法、运用宪法的宣传教育活动,弘扬宪法精神,树立宪法权威,使全体人民都成为社会主义法治的忠实崇尚者、自觉遵守者、坚定捍卫者。

第二,良法之治的保证是合宪性审查。良法之治要求立法必须科学、符合客观实际情况、符合规律、符合人性;立法必须符合民主要求,充分听取不同意见,让不同利益主体能够通过有效途径充分反映自己的利益诉求,能够平衡和兼顾社会不同利益之间的关系;立法必须符合正当程序的要求;立法必须依法立法,符合立法授权,在权限范围内进行立法,不违反宪法保留和法律保留原则;立法必须符合宪法的精神、基本原则、基本理念和宪法规范的要求。宪法是国家的根本法和最高法,判断法律文件是否为良法的最高依据是宪法。换言之,符合宪法的法律文件即为良法,违反宪法的法律文件即为恶法。依法治国所依之"法"首先必须符合宪法,违反宪法的法律文件是无效的。

习近平总书记指出,决胜全面建成小康社会、开启全面建设社会主义现代化国家新征程、实现中华民族伟大复兴的中国梦,推进国家治理体系和治理能力现代化、提高党长期执政能力,必须更加注重发挥宪法的重要作用。加强宪法实施和监督,把国家各项事业和各项工作全面纳入依法治国、依宪治国的轨道,把实施宪法提高到新的水平。

▶ 7. 为什么说宪法是民主制度化、法律化的基本形式?

人民主权观念的形成和普及是宪法产生的基础。世界上大多数国家宪法上都规定了"人民主权原则"。我国历部宪法均明确规定:"中华人民共和国的一切权力属于人民。"在人民主权原则下,需要制定宪法、实施宪法,以保证人民主权的实现,保障人权的实现。人民主权原则在制度上的展开,也就是民主制度。因此,不同性质的宪法是不同性质的民主事实的制度化、法律化。在我国,宪法通过确认人民民主事实、创制各种民主制度来保证人民当家作主的实现。

宪法与民主存在密切的联系。宪法存在的基本前提是民主事实的存在,宪法运行的基础也是民主事实的存在。由于民主事实的性质和内容不同,资本主义宪法与社会主义宪法的性质和内容也存在重大差异。换言之,各国宪法存在差异的根本原因在于民主事实的不同。当民主事实发生质的变化时,宪法也发生性质上的变化;当民主事实的内容发生量的变化时,宪法也发生相应的量变。

新中国宪法就是在中国共产党领导人民经过艰苦卓绝的浴血奋战、取得全国革命胜利,确立了人民掌握国家政权这一事实之后,对这一民主事实的确认。中国共产党领导中国人民根据我国的具体国情,建立了具有中国特色的社会主义民主制度,即人民民主制度。这一民主制度的基本内容是:

第一,人民代表大会制度。人民在民主的基础上选举产生人大代表,由人大代表组成我国人民代表大会和地方各级人民代表大会,由人民代表大会代表人民行使管理权力;由人民代表大会代表人民产生其他国家机关,监督其他国家机关,这些国家机关必须向人民代表大会负责、受人民代表大会的监督;人民监督所有的国家机关。这是中国行使当家作主权力的主要途径和形式。

第二,协商民主制度。在长期的革命、建设、改革过程中,已经结成由中国共产党领导的,有各民主党派和各人民团体参加的,包括全体社会主义劳动者、社会主义事业的建设者、拥护社会主义的爱国者、拥护祖国统一和致力于中华民族伟大复兴的爱国者的广泛的爱国统一战线,这个统一战线将继续巩固和发展。中国人民政治协商会议是有广泛代表性的统一战线组织,过去发挥了重要的历史作用,今后在国家政治生活、社会生活和对外友好活动中,在进行社会主义现代化建设、维护国家的统一和团结的斗争中,将进一步发挥它的重要作用。中国共产党领导的多党合作和政治协商制度将长期存在和发展。

协商民主是我国社会主义民主政治的特有形式和独特优势。中国人民政治协商会议是社会主义协商民主的重要渠道和专门协商机构。中国特色社会主义新时代,协商民主全面展开,实践形式丰富多样,包括政党协商、人大协商、政府协商、政协协商、人民团体协商、基层协商和社会组织协商等具体形式。在中国,协商民主是党领导人民治理国家、保证人民当家作主的重要制度设计,协商民主与选举民主相互补充、相得益彰。中国特色社会主义协商民主具有独特优势和显著中国特色。

第三,基层民主制度。城市和农村按居民居住地区设立的居民委员会或者村民委员会是基层群众性自治组织。居民委员会和村民委员会是居民和村民自我管理、自我教育、自我服务的基层群众性自治组织,实行民主选举、民主决策、民主管理、民主监督。居民委员会、村民委员会的主任、副主任和委员由居民选举。居民委员会、村民委员会设人民调解、治安保卫、公共卫生等委员会，办理本居住地区的公共事务和公益事业，调解民间纠纷，协助维护社会治安，并向人民政府反映群众的意见、要求和提出建议。为了保障城市居民和农村村民实行自治，由居民和村民依法办理自己的事情，发展城市和农村基层民主，维护居民和村民的合法权益，根据宪法，制定了城市居民委员会组织法和村民委员会组织法。

第四，公民享有广泛的民主权利。除人民代表大会代表人民管理国家的权力之外，人民还有管理国家的民主权利。例如，人民有参政权、知情权、选举权、被选举权、对国家机关及其工作人员的各项监督权、言论出版集会结社游行示威自由等。

第五，其他民主形式。人民依照法律规定，通过各种途径和形式，管理国家事务，管理经济和文化事业，管理社会事务。

我国宪法对上述具有中国特色的社会主义民主制度作出了全面系统的规定，以保证人民当家作主权力的实现。习近平总书记强调，民主是全人类的共同价值，是中国共产党和中国人民始终不渝坚持的重要理念。评价一个国家政治制度是不是民主的、有效的，主要看国家领导层能否依法有序更替，全体人民能否依法管理国家事务和社会事务、管理经济和文化事业，人民群众能否畅通表达利益要求，社会各方面能否有效参与国家政治生活，国家决策能否实现科学化、民主化，各方面人才能否通过公平竞争进入国家领导和管理体系，执政党能否依照宪法法律规定实现对国家事务的领导，权力运用能否得到有效制约和监督。一个国家民主不民主，关键在于是不是真正做到了人民当家作主，要看人民有没有投票权，更要看人民有没有广泛参与权；要看人民在选举过程中得到了什么口头许诺，更要看选举后这些承诺实现了多少；要看制度和法律规定了什么样的政治程序和政治规则，更要看这些制度和法律是不是真正得到了执行；要看权力运行规则和程序是否民主，更要看权力是否真正受到人民监督和制约。

习近平总书记指出，党的十八大以来，我们深化对民主政治发展规律的认识,提出全过程人民民主的重大理念。我国全过程人民民主不仅有完整的制度程序,而且有完整的参与实践。我国全过程人民民主实现了过程民主和成果民主、程序民主和实质民主、直接民主和间接民主、人民民主和国家意志相统一,是全链条、全方位、全覆盖的民主,是最广泛、最真实、最管用的社会主义民主。我们要继续推进全过程人民民主建设,把人民当家作主具体地、现实地体现到党治国理政的政策措施上来,具体地、现实地体现到党和国家机关各个方面各个层级工作上来,具体地、现实地体现到实现人民对美好生活向往的工作上来。人民代表大会制度是实现我国全过程人民民主的重要制度载体。

8. 我国宪法的指导思想是什么?

现行《宪法》序言明确规定了马克思列宁主义、毛泽东思想、邓小平理论、“三个代表”重要思想、科学发展观、习近平新时代中国特色社会主义思想在国家和社会生活中的指导地位。这一根本规定,是近代以来我国历史发展的必然结果,是总结中国革命、建设和改革长期历史经验的必然结果。

近代以来,为拯救民族危亡,许多仁人志士尝试过各种思想武器,但都不能解决中国的问题。十月革命一声炮响,给我们送来了马克思列宁主义。马克思列宁主义作为人类社会发展与解放的科学理论和思想体系,作为无产阶级及其政党的科学世界观和根本方法论,是我们认识世界、改造世界的强大思想武器。以毛泽东为主要代表的中国共产党人,把马克思列宁主义的基本原理同中国革命的具体实践结合起来,创立了毛泽东思想。毛泽东思想是马克思列宁主义在中国的运用和发展,是被实践证明了的关于中国革命和建设的正确的理论原则和经验总结,是中国共产党集体智慧的结晶。

党的十一届三中全会以来,以邓小平为主要代表的中国共产党人,总结新中国成立以来正反两方面的经验和教训,解放思想,实事求是,实现全党工作中心向经济建设的转移,实行改革开放,开辟了社会主义事业发展的新时期,逐步形成了建设中国特色社会主义的路线、方针、政策,阐明了在中国建设社会主义、巩固和发展社会主义的基本问题,创立了邓小平理论。邓小平理论是马克思列宁主义的基本原理同当代中国实践和时代特征相结合的产物,是毛泽东思想在新的历史条件下的继承和发展,是马克思主义在中国发展的新阶段,是当代中国的马克思主义,是中国共产党集体智慧的结晶,引导着我国社会主义现代化事业不断前进。

党的十三届四中全会以来,以江泽民同志为主要代表的中国共产党人,在建设中国特色社会主义的实践中,加深了对什么是社会主义、怎样建设社会主义和建设什么样的党、怎样建设党的认识,积累了治党治国新的宝贵经验,形成了"三个代表"重要思想。"三个代表"重要思想是对马克思列宁主义、毛泽东思想、邓小平理论的继承和发展,反映了当代世界和中国的发展变化对党和国家工作的新要求,是加强和改进党的建设、推进我国社会主义自我完善和发展的强大理论武器,是中国共产党集体智慧的结晶,是党必须长期坚持的指导思想。始终做到"三个代表",是我们党的立党之本、执政之基、力量之源。

党的十六大以来,以胡锦涛同志为主要代表的中国共产党人,坚持以邓小平理论和"三个代表"重要思想为指导,根据新的发展要求,深刻认识和回答了新形势下实现什么样的发展、怎样发展等重大问题,形成了以人为本、全面协调可持续发展的科学发展观。科学发展观是同马克思列宁主义、毛泽东思想、邓小平理论、"三个代表"重要思想既一脉相承又与时俱进的科学理论,是马克思主义关于发展的世界观和方法论的集中体现,是马克思主义中国化重大成果,是中国共产党集体智慧的结晶,是发展中国特色社会主义必须长期坚持的指导思想。

党的十八大以来,以习近平同志为主要代表的中国共产党人,顺应时代发展,从理论和实践结合上系统回答了新时代坚持和发展什么样的中国特色社会主义、怎样坚持和发展中国特色社会主义这个重大时代课题，创立了习近平新时代中国特色社会主义思想。在习近平新时代中国特色社会主义思想指导下，中国共产党领导全国各族人民，统揽伟大斗争、伟大工程、伟大事业、伟大梦想，推动中国特色社会主义进入了新时代。习近平新时代中国特色社会主义思想是中国特色社会主义进入新时代的最新理论成果，是开启新征程的指导思想和行动指南。把习近平新时代中国特色社会主义思想载入宪法，进一步明确新时代国家发展的根本任务、奋斗目标、战略步骤，有利于更好地团结激励全党全国各族人民为实现中华民族伟大复兴的中国梦而奋斗；进一步明确坚持党对一切工作的领导这一最高政治原则，有利于巩固党的执政地位和执政基础，为国家发展和民族振兴提供坚强的政治保证。

▶ 9. 我国宪法的基本原则是什么？

我国现行《宪法》的基本原则，反映了我国社会主义初级阶段的基本国情，体现了新中国成立以来中华民族从站起来、富起来到强起来的历史跨越，总结了我国宪法理论创新和实践发展的基本经验，是我国制定、修改和实施宪法的基本准则。我国现行《宪法》的基本原则包括以下内容：

第一，坚持中国共产党的领导。中国共产党是中国工人阶级的先锋队，也是中国人民和中华民族的先锋队，是中国特色社会主义事业的领导核心，代表中国先进生产力的发展要求，代表中国先进文化的前进方向，代表中国最广大人民群众的根本利益。“党政军民学，东西南北中，党是领导一切的”。坚持中国共产党领导，是我国宪法最鲜明的政治特征，是中国特色社会主义的最本质特征。我国现行《宪法》从历史、现实和未来3个维度，确立了中国共产党是我们一切事业领导核心的宪法地位。

第二，人民当家作主。现行《宪法》第2条第1款规定：“中华人民共和国的一切权力属于人民。”这一规定既是我国国家制度的核心内容和根本准则,也是人民当家作主原则的根本依据。人民当家作主原则主要通过宪法规定得以实现,具体内容包括:(1)确认人民民主专政的国家性质,保障一切权力属于人民;(2)规定社会主义经济制度,奠定人民当家作主原则的社会主义经济基础;(3)规定社会主义政治制度,保障广大人民通过全国人民代表大会和地方各级人民代表大会实现对国家权力的行使;(4)规定中华人民共和国武装力量属于人民,捍卫国家主权,防止国内外敌对势力颠覆,保障人民当家作主原则的实现;(5)根据宪法和法律的规定,人民通过各种民主途径和形式,如民族区域自治、基层群众自治、职工代表大会等,管理国家事务,管理经济和文化事业,管理社会事务,保障各民族一律平等,将人民当家作主原则贯彻于国家与社会生活的各个领域、各个方面;(6)规定广泛的公民基本权利及其保障措施,切实尊重和保障人权,保障人民当家作主原则得以实现。

第三,社会主义法治。1999 年通过的《宪法修正案》,把“中华人民共和国实行依法治国,建设社会主义法治国家”载入《宪法》总纲第 5 条,使之成为一项宪法基本原则。坚持社会主义法治,推进全面依法治国,是坚持和发展中国特色社会主义的本质要求和重要保障,是党领导人民治理国家的一项基本方略,是我国宪法制度体系的重要原则。我国宪法确立了社会主义法治的基本原则,明确规定中华人民共和国实行依法治国,建设社会主义法治国家,国家维护社会主义法制的统一和尊严;规定任何组织或者个人都不得有超越宪法和法律的特权,一切违反宪法和法律的行为,必须予以追究;规定不同国家机构的职权范围,保证国家的立法、行政、监察和司法等公权力在宪法框架下和法治轨道上有序运行。现行《宪法》序言明确规定,宪法是国家的根本法,具有最高的法律效力。全国各族人民、一切国家机关和武装力量、各政党和各社会团体、各企业事业组织,都必须以宪法为根本的活动准则,并且负有维护宪法尊严、保证宪法实施的职责。国家维护社会主义法制的统一和尊严。一切法律、行政法规和地方性法规都不得同宪法相抵触。一切国家机关和武装力量、各政党和各社会团体、各企业事业组织都必须遵守宪法和法律。一切违反宪法和法律的行为,必须予以追究。任何组织或者个人都不得有超越宪法和法律的特权。

第四,尊重和保障人权。我国宪法尊重和保障人权原则,集中体现了中国特色社会主义人权观,与西方国家的人权观有重大区别。从宪法的规定和实施来看,这一原则的特点主要表现在:(1)宪法一方面规定国家尊重和保障人权,另一方面根据国情和社会发展状况具体列举了公民的基本权利和义务,体现了人权的普遍性和中国具体国情的结合,使国家尊重和保障人权的宪法原则具有真实性。(2)宪法规定了公民广泛的基本权利,不仅包括狭义的公民权利和政治权利,还包括公民的经济、社会和文化权利;不仅包括个人人权,还包括集体人权,充分体现了我国宪法规定的尊重和保障人权的广泛性。(3)从宪法规定的权利内容和保障措施看,尊重和保障人权的宪法原则突出了生存权和发展权的重要性,体现了我国人权观以生存权和发展权为首要人权的立场。我们一贯主张,人权实现的根本途径是经济发展和社会进步。对于发展中国家,生存权、发展权是最基本、最重要的人权。我国有 13 亿多人口,保护和促进人权,必须从这些权利入手,否则其他一切权利都无从谈起。(4)宪法不仅规定公民的基本权利,而且规定公民的基本义务,体现了人权是权利与义务相统一的基本观念。(5)尊重和保障人权的宪法原则注重人权在社会主义中国实现的基本条件,强调稳定是实现人权的前提,发展是实现人权的关键,法治是实现人权的保障。此外,尊重和保障人权的宪法原则,必须强调人权是一个国家主权范围内的问题,反对借人权问题干涉一个国家的内政,也反对把人权作为实现对别国的某种政治企图的工具;强调国家尊重和保障人权的义务和责任,体现了国家主权在实现和保护人权方面的重要作用;强调国际社会应在平等和相互尊重的基础上进行合作,共同推进世界人权事业。

第五,权力监督与制约。根据我国宪法的相关规定,权力监督与制约原则主要体现在以下三个方面:第一,人民对国家权力的监督。其理论依据在于一切权力属于人民。第二,公民对国家机关和国家工作人员的监督。现行《宪法》第 41 条规定,公民"对于任何国家机关和国家工作人员,有提出批评和建议的权利;对于任何国家机关和国家工作人员的违法失职行为,有向有关国家机关提出申诉、控告或者检举的权利"。第三,国家机关之间的监督。由于国家机构的性质和层级不同,国家机关之间的监督主要表现为不同的监督关系:一是不同工作性质和职能的国家机关之间的监督关系。即人民代表大会在国家机构中处于核心地位,国家行政机关、监察机关、审判机关、检察机关都由人民代表大会产生,对它负责,受它监督。二是同一性质不同层级国家机关之间的监督关系。如现行《宪法》第 108 条规定,县级以上的地方各级人民政府有权改变或者撤销所属各工作部门和下级人民政府的不适当的决定;第 132 条规定,上级人民法院监督下级人民法院的审判工作;第 137 条规定,上级人民检察院领导下级人民检察院的工作。三是处理某一类型事务时国家机关之间的监督关系。如现行《宪法》第 140 条规定,人民法院、人民检察院和公安机关办理刑事案件,应当分工负责,互相配合,互相制约,以保证准确有效地执行法律;第 127 条规定,监察委员会依照法律规定独立行使监察权,不受行政机关、社会团体和个人的干涉。监察机关办理职务违法和职务犯罪案件,应当与审判机关、检察机关、执法部门互相配合,互相制约。

▶ 10. 为什么说《中国人民政治协商会议共同纲领》是新中国的临时宪法?

1949 年 2 月,中共中央发布《关于废除国民党的六法全书与确定解放区的司法原则的指示》,为新中国的立宪工作创造了条件。但在新中国成立前期,由于人民解放战争仍在继续,土地制度改革在新解放区尚未开始,被战争破坏的国民经济有待恢复,人民群众的组织程度还有待提高，全民选举尚无法实现，召开全国人民代表大会制定宪法的时机还不成熟。中国共产党发出“五一号召”，邀请各民主党派、人民团体、中国人民解放军、各地区、各民族以及国外华侨等各方面代表组成了中国人民政治协商会议，决定由中国人民政治协商会议全体会议执行全国人民代表大会的职权，制定宪法性文件以规范和统一全国人民的行动，指导当时各项重大任务的完成。1949 年 9 月 29 日，中国人民政治协商会议第一届全体会议正式通过《中国人民政治协商会议共同纲领》（以下简称《共同纲领》）。

《共同纲领》除序言外，分为总纲、政权机关、军事制度、经济政策、文化教育政策、民族政策和外交政策共 7 章，总计 60 条，主要内容是：

第一，规定我国的国家性质为新民主主义国家，即人民民主主义国家，实行工人阶级领导的、以工农联盟为基础的、团结各民主阶级和国内各民族的人民民主专政，反对帝国主义、封建主义和官僚资本主义，为中国的独立、民主、和平、统一和富强而奋斗。

第二，确认人民代表大会制度为我国的政权组织形式，在普选的全国人民代表大会召开以前，由中国人民政治协商会议全体会议执行全国人民代表大会的职权。

第三，宣布取消帝国主义在华的一切特权，没收官僚资本，进行土地改革。

第四，规定军事制度以及经济政策、文化教育政策、民族政策和外交政策的总原则，实行新民主主义的经济和文化教育政策，实行平等、团结、互助的民族政策和民族区域自治制度，在外交上坚持独立、自由和领土主权完整，反对侵略等。

第五，规定人民享有广泛的民主权利，如选举权和被选举权、居住和迁徙自由等。

《共同纲领》从中国政治、经济、社会的实际情况出发，规定了新中国在成立初期的任务、国家的基本政策、基本政治制度、基本经济制度、基本文化制度、国家机构体系及公民的基本权利和义务等，为新中国的建立准备了宪法条件。

▶ 11. 为什么说1954年《宪法》是我国第一部社会主义类型的宪法？

新中国成立后，在贯彻、执行《共同纲领》的5年内，我国的政治、经济形势发生了深刻的变化，主要体现为：(1)土地改革在全国大部分地区已经完成，封建制度基本被消灭；(2)国民经济初步恢复，对农业、手工业和资本主义工商业的社会主义改造开始实行；(3)抗美援朝军事行动基本结束，新生的国家政权得到巩固；(4)通过镇压反革命和"三反""五反"运动，提高了人民的觉悟，加强了人民民主专政政权。总之，通过《共同纲领》的有效实施，国家政权逐渐得到巩固，社会秩序逐步好转，人民安定团结的局面已经形成。在这种形势下，召开全国人民代表大会制定宪法的条件趋于成熟。同时，制定一部正式的宪法确认中国共产党领导的人民政权的合法性，也是非常有必要的。1953年3月1日，《全国人民代表大会及地方各级人民代表大会选举法》(以下简称1953年《选举法》)公布施行，为全国范围内的基层普选工作提供了法律依据。

1953年1月13日，中央人民政府委员会第二十次会议通过《关于召开全国人民代表大会及地方各级人民代表大会的决议》，决定成立以毛泽东为主席的中华人民共和国宪法起草委员会，负责宪法的起草工作。1954年3月，毛泽东向宪法起草委员会提交了中共中央拟订的宪法草案初稿，作为宪法起草的基础，由宪法起草委员会充分讨论并广泛征求各方面意见进行多次修改，于1954年6月又向全国公布，交付全国人民讨论。经过全国人民的讨论，宪法草案最终形成，提交1954年9月15日召开的第一届全国人大第一次会议审议。同年9月20日，会议全票通过《宪法》，由主席团公布后实施。

1954 年《宪法》除序言外，共分 4 章，包括总纲、国家机构、公民的基本权利和义务以及国旗、国徽、首都，总计 106 条。

1954 年《宪法》具有鲜明的时代特点：（1）确立了社会主义原则和人民民主原则。将社会主义作为一项原则予以规定，是新中国成立后的第一次宪法规定。坚持人民民主的基本原则，通过人民广泛参政、议政扩大了宪法的社会基础。（2）以《共同纲领》为基础，记载了我国人民 100 多年来英勇奋斗的胜利成果，总结了新中国成立以来革命和建设的经验，丰富和发展了《共同纲领》，体现了历史与现实的有机结合。（3）在内容上，反映了社会主义过渡时期的特点，除了确认生产资料的社会主义公有制、消灭剥削制度，还规定依法保护资本家的生产资料所有权和其他资本所有权。

1954 年《宪法》是在新中国从新民主主义向社会主义过渡时制定和颁布的，吸收了苏联 1936 年宪法和其他社会主义国家的立宪经验，以《共同纲领》为基础并加以发展。作为新中国第一部社会主义类型的宪法，1954 年《宪法》在总结新民主主义革命历史经验和社会主义改造与社会主义建设经验的基础上，规定了国家在过渡时期的总任务，确定了建设社会主义制度的道路和目标，确立了适合中国国情的国体和政体，同时较完整地规定了公民的基本权利和义务。1954 年《宪法》的制定和实施，对于巩固人民民主专政政权、促进社会主义经济发展、团结全国各族人民进行社会主义革命和建设，发挥了积极的推动和保障作用。

▶ 12. 为什么说 1982 年《宪法》是新中国成立以来最好的一部宪法？

我国现行《宪法》是根据党的十一届三中全会确定的路线方针政策，于 1982 年 12 月 4 日由第五届全国人大第五次会议通过并公布施行的。再往前追溯，1982 年《宪法》是对 1949 年具有临时宪法作用的《共同纲领》、1954 年《宪法》的继承和发展。

现行《宪法》是在深刻总结我国社会主义革命、建设、改革的成功经验基础上制定和不断完善的，是我们党领导人民长期奋斗历史逻辑、理论逻辑、实践逻辑的必然结果。

现行《宪法》的基本特点如下：(1)领导与群众相结合。这是毛泽东在总结 1954 年《宪法》立宪经验时概括的第一条经验。1982 年《宪法》之所以能够从形式、结构到内容，都堪称新中国成立以来最好的一部宪法性文件，与在宪法修改过程中能够在不同阶段始终做到开放性地吸收群众意见是分不开的。(2)从实际出发，实事求是。坚持实事求是原则，从中国的实际情况出发这一特点，体现在宪法的每一项规定之中。(3)总结新中国成立以来的历史经验。在 1982 年之前，我国共有 4 个宪法性文件，即 1949 年的《共同纲领》、1954 年《宪法》、1975 年《宪法》和 1978 年《宪法》。在这 4 部宪法性文件中，前两部比较客观地反映了我国的实际情况，而后两部则受极左思想的影响，作出了诸多不符合我国实际情况的规定。1982 年《宪法》吸取了正反两方面的经验教训，特别是"文化大革命"的反面教训。(4)注意借鉴外国有益的经验。在注重本国经验的基础上，同时注意借鉴外国宪法上的有益经验，也是 1954 年《宪法》的一条好的立宪经验。在 1982 年《宪法》修改过程中，宪法修改委员会也采纳了这一立宪经验。(5)既强调相对稳定性，又注重改革发展。这部《宪法》除确认改革开放的成果外，也预见到我国社会正处于重大改革和转型时期，在规定上体现了改革的思想和精神。(6)原则性和灵活性相结合原则。1982 年《宪法》对我国基本指导思想四项基本原则(中国共产党的领导，马克思列宁主义、毛泽东思想指引，人民民主专政制度，社会主义制度)、根本政治制度人民代表大会制度、经济制度基础社会主义公有制即全民所有制和劳动群众集体所有制、社会主义精神文明、公民的基本权利和义务等原则性问题，作了非常明确的规定，这是丝毫不得动摇的。同时，宪法也考虑到一些特殊情况，作了一些特殊规定，体现了灵活性的一面。

1982年《宪法》公布施行后，根据我国改革开放和社会主义现代化建设的实践和发展，在党中央领导下，全国人大于1988年、1993年、1999年、2004年和2018年先后5次对1982年《宪法》即我国现行《宪法》的个别条款和部分内容作出必要且十分重要的修改，共通过了52条宪法修正案。

总的来看，5次宪法修改体现了中国共产党领导人民进行改革开放和社会主义现代化建设的成功经验，体现了中国特色社会主义道路、理论、制度、文化的发展成果。通过5次宪法修改，我国宪法在中国特色社会主义伟大实践中紧跟时代步伐，不断与时俱进，有力推动和保障了党和国家事业发展，有力推动和加强了我国社会主义法治建设。

我国宪法以国家根本法的形式，确认了中国共产党领导中国人民进行革命、建设、改革的伟大斗争和根本成就，确立了工人阶级领导的、以工农联盟为基础的人民民主专政的社会主义国家的国体和人民代表大会制度的政体，确定了国家的根本任务、领导核心、指导思想、发展道路、奋斗目标，规定了中国共产党领导的多党合作和政治协商制度、民族区域自治制度以及基层群众自治制度，规定了社会主义法治原则、民主集中制原则、尊重和保障人权原则等，反映了我国各族人民共同意志和根本利益。

我国现行宪法是符合国情、符合实际、符合时代发展要求的好宪法，为改革开放和社会主义现代化建设提供了根本法治保障，必须坚决维护、长期坚持、全面贯彻。

▶ 13. 我国修改宪法的方式是什么？

宪法修改是指宪法修改机关认为宪法的部分内容不适应社会实际，而根据宪法规定的特定修改程序删除、增加、变更宪法部分内容的活动。从总体上说，宪法修改有以下两种方式：

第一,全面修改。宪法的全面修改,又称整体修改,是指在国家政权的性质及制宪权的根源没有发生变化的前提下,宪法修改机关对宪法的大部分内容(包括宪法的结构)进行调整、变动,通过或批准整部宪法并重新予以颁布的活动。我国从1954年制定第一部宪法以来至今,全面修改宪法共进行了3次,即1975年《宪法》、1978年《宪法》及1982年《宪法》都是对前一部宪法进行的整体修改。全面修改之后,宪法修改机关要通过或者批准整部新宪法并予以颁布。

第二,部分修改。宪法的部分修改是指宪法修改机关根据宪法修改程序,以决议或者宪法修正案等方式对整部宪法中的部分内容进行调整或变动的活动。我国宪法的部分修改主要有以下三种具体方式:

一是以决议的方式直接在宪法条文中以新内容代替旧内容,修改之后,重新公布宪法。1979年7月1日第五届全国人大第二次会议通过了《关于修正〈中华人民共和国宪法〉若干规定的决议》,对1978年《宪法》进行了修改。修改的主要内容是:同意县和县以上的地方各级人民代表大会设立常务委员会,将地方各级革命委员会改为地方各级人民政府,将县的人民代表大会代表改为由选民直接选举,将上级人民检察院同下级人民检察院的关系由监督改为领导。这次修改是以决议的方式将上述内容代替原来的内容。

二是以决议的方式直接废除宪法条文中的某些规定,修改之后,也需要重新公布宪法。1980年9月10日第五届全国人大第三次会议通过了《关于修改〈中华人民共和国宪法〉第四十五条的决议》,决定:将1978年《宪法》第45条"公民有言论、通信、出版、集会、结社、游行、示威、罢工的自由,有运用'大鸣、大放、大辩论、大字报'的权利"修改为"公民有言论、通信、出版、集会、结社、游行、示威、罢工的自由",取消原第45条中"有运用'大鸣、大放、大辩论、大字报'的权利"的规定。

三是以修正案的方式增删宪法的内容。现行《宪法》颁行以后,全国人大分别于1988年、1993年、1999年、2004年及2018年5次以修正案的方式进行了修改,通过了52条修正案。

宪法修正案的方式,通常是指在不改动原宪法文本的文字的情况下,另起序号,将新修改的内容按照修改时间附属于宪法文本之后,以后法优于前法、新法优于旧法的原理,判断实际有效的宪法规范的内涵。修正案方式通常并不需要对原宪法文本的条款进行修改及重新颁布宪法,有利于维护宪法的稳定性、历史感,进而有利于维护宪法的权威和尊严。

我国前4次宪法修正案都是对宪法条款中原有的内容进行修改、增加,2018年宪法修正案因需要增加规定有关监察委员会的条款,而原有宪法条款中并没有监察委员会的规定,无法直接增加到已有的条款之中,必须新拟条款插入宪法条款之中。因此,宪法修正案新拟了5个关于监察委员会的条款,插入《宪法》第三章国家机构部分作为第七节。这样,1982年《宪法》通过时,条款总数为138条,2018年修改后因增加了5个条款,实际变为了143条。

▶ 14. 对1982年《宪法》前4次修改的主要内容是什么?

随着改革开放和社会主义现代化建设事业的深入进行,我国的经济、政治、文化等领域不断发生变化,1982年《宪法》中某些条款和内容与现实发展不相适应,有必要进行修改。为了保证宪法的稳定性和权威性,并与时俱进地发展宪法,从1988年开始,全国人大以宪法修正案的方式先后5次对宪法的部分内容进行修改。前4次修改的主要内容见下文。

一、1988年宪法修改的主要内容

1988年4月12日,第七届全国人大第一次会议通过《宪法修正案》(1988年),共2条:

第一,确认了私营经济的宪法地位。《宪法》第11条增加规定:"国家允许私营经济在法律规定的范围内存在和发展。私营经济是社会主义公有制经济的补充。国家保护私营经济的合法的权利和利益,对私营经济实行引导、监督和管理。”该条确立了私营经济的宪法地位，有利于促进私营经济的发展。

第二，修改了土地政策。《宪法》第10条第4款修改为：“任何组织或个人不得侵占、买卖或者以其他形式非法转让土地。土地的使用权可以依照法律的规定转让。”该规定明确了土地使用权可以依法转让，有利于土地的合理利用和经济发展。

二、1993年宪法修改的主要内容

1993年3月29日，第八届全国人大第一次会议通过了《宪法修正案》（1993年），共9条，主要内容是：

第一，明确中国正处在社会主义初级阶段，国家的根本任务是根据建设有中国特色社会主义理论，集中力量进行社会主义现代化建设。

第二，明确规定逐步实现工业、农业、国防、科学技术现代化，把我国建设成为富强、民主、文明的社会主义国家。

第三，确认中国共产党领导的多党合作和政治协商制度将长期存在和发展。

第四，规定国家实行社会主义市场经济；将“国营经济”改为“国有经济”，以适应提高企业自主权的要求；规定“家庭联产承包为主的责任制”的法律地位。

第五，将县、不设区的市、市辖区的人民代表大会每届任期由3年改为5年。

三、1999年宪法修改的主要内容

1999年3月15日，第九届全国人大第二次会议通过了《宪法修正案》（1999年），共6条，主要内容是：

第一，确立了邓小平理论在我国社会主义现代化建设中的指导地位；指出我国将长期处于社会主义初级阶段。

第二，确认实行“依法治国，建设社会主义法治国家”的治国方略。

第三，规定在社会主义初级阶段坚持公有制为主体、多种所有制经济共同发展的基本经济制度,坚持按劳分配为主体、多种分配方式并存的分配制度;农村集体经济组织实行家庭承包经营为基础、统分结合的双层经营体制;明确在法律规定范围内的个体经济、私营经济等是社会主义市场经济的重要组成部分。

第四,将1982年《宪法》第28条中的“反革命的活动”修改为“危害国家安全的犯罪活动”。

四、2004年宪法修改的主要内容

2004年3月14日,第十届全国人大第二次会议通过《宪法修正案》(2004年),共14条。此次通过的修正案内容主要包括:

第一,确认“三个代表”重要思想在国家社会生活中的指导地位;明确物质文明、政治文明和精神文明协调发展;将“社会主义事业的建设者”列为爱国统一战线的组成部分。

第二,规定国家为了公共利益的需要,可以依照法律规定对公民的私有财产实行征收或征用并给予补偿;明确国家鼓励、支持和引导非公有制经济的发展;保护公民合法的私有财产不受侵犯。

第三,在公民权利保障方面,规定国家建立社会保障制度;国家尊重和保障人权。

第四,在国家机构设置方面,规定国家主席可进行国事活动;将乡、民族乡、镇的人民代表大会的任期延长为5年。

第五,将有关戒严的规定修改为紧急状态;规定中华人民共和国国歌是《义勇军进行曲》。

▶ 15. 2018年宪法修改的总体要求和基本原则是什么?

党中央确定的这次宪法修改的总体要求是,高举中国特色社会主义伟大旗帜,全面贯彻党的十九大精神,坚持以马克思列宁主义、毛泽东思想、邓小平理论、“三个代表”重要思想、科学发展观、习近平新时代中国特色社会主义思想为指导,坚持党的领导、人民当家作主、依法治国有机统一,把党的十九大确定的重大理论观点和重大方针政策特别是习近平新时代中国特色社会主义思想载入国家根本法,体现党和国家事业发展的新成就新经验新要求,在总体保持我国宪法连续性、稳定性、权威性的基础上推动宪法与时俱进、完善发展,为新时代坚持和发展中国特色社会主义、实现“两个一百年”奋斗目标和中华民族伟大复兴的中国梦提供有力宪法保障。

为了贯彻和体现上述总体要求,这次宪法修改遵循了以下原则:

一是坚持党对宪法修改的领导。坚持党中央集中统一领导,增强政治意识、大局意识、核心意识、看齐意识,坚定中国特色社会主义道路自信、理论自信、制度自信、文化自信,坚定不移走中国特色社会主义政治发展道路和中国特色社会主义法治道路,把坚持党中央集中统一领导贯穿于宪法修改全过程,确保宪法修改的正确政治方向。

我国历次宪法修改,都是由中共中央作出修改宪法的决定,并成立宪法修改小组,中共中央在广泛征求党内外、各界、各级意见的基础上,形成宪法修改建议草案。此次特别召开党的十九届二中全会专门讨论宪法修改建议,审议通过了《中国共产党中央委员会关于修改宪法部分内容的建议》。党的十九届三中全会又采纳了关于将全国人大“法律委员会”更名为“宪法和法律委员会”的建议,并将其纳入正式的宪法修正案草案之中。

二是严格依法按程序推进宪法修改。《宪法》第 64 条规定,宪法修正案的提出主体为全国人大常委会或者全国人大五分之一以上的代表。在党中央领导下,通过历次宪法修改实践,已经形成了符合宪法精神、行之有效的修宪工作程序和机制。先形成《中共中央关于修改宪法部分内容的建议(草案)》,经党中央全会审议和通过;再由全国人大常委会依法形成《宪法修正案(草案)》,并提请全国人大审议和通过。

1993 年 2 月 14 日,中共中央向第七届全国人大常委会提出了修宪建议,全国人大常委会讨论后接受该建议,并形成了《宪法修正案(草案)》,提请全国人大一次会议审议。在第七届全国人大常委会讨论修宪建议的过程中,中共中央综合了各方面所提出的意见,于 1993 年 3 月提出了《关于修改宪法部分内容的补充建议》。由于第八届全国人大已经召开,中共中央起初直接将补充建议向会议主席团提交。但是有的代表提出异议,认为中共中央的直接提交行为不符合宪法规定。因此,上述补充建议由北京市等 32 个代表团的 2383 名代表签名,以代表提案的方式,向第八届全国人大第一次会议提交。全国人大主席团将该补充议案与全国人大常委会的议案合并,形成了一份修宪提案,交付大会表决。

三是充分发扬民主,广泛凝聚共识。宪法修改关系全局,影响广泛而深远,既要适应党和人民事业发展要求,又要遵循宪法法律发展规律。做好宪法修改工作,必须贯彻科学立法、民主立法、依法立法的要求,充分发扬民主,广泛凝聚共识,注重从政治上、大局上、战略上分析问题,注重从宪法发展的客观规律和内在要求上思考问题。如前所述,此次宪法修改,中共中央顺应民心决定进行修改;在广泛征求各方面意见的基础上形成修改建议;在不同范围内,广泛征求对修改建议的意见;专门召开党的第十九届二中全会,广泛讨论对宪法修改建议的意见,最终形成中共中央正式的宪法修改建议;党的十九届三中全会在听取意见的基础上,增加了关于全国人大宪法和法律委员会的修改条款;即使对没有接受的宪法修改建议,也一一进行研究,作出答复。

四是坚持对宪法作部分修改、不作大改。实践证明,我国现行《宪法》是一部好宪法,其基本符合我国社会发展的需要。因此,对各方面普遍要求修改、实践证明成熟、具有广泛共识、需要在宪法上予以体现和规范、非改不可的,进行必要的、适当的修改;对不成熟、有争议、有待进一步研究的,不作修改;对可改可不改、可以通过有关法律或者宪法解释予以明确的,原则上不作修改,保持宪法的连续性、稳定性、权威性。

现行《宪法》颁行以来的 5 次修改坚持的原则之一,都是在保持宪法稳定性的前提下发展宪法。坚持这一原则的基本前提是，现行《宪法》是一部符合我国社会实际的好宪法，没有必要进行全面修改。贯彻这一原则的基本方法：一是采用修正案的方式修改宪法。这一修改方式既可以保证宪法的稳定性，又可以根据实际需要适当发展宪法。二是小改。即对成熟的部分进行修改，对于不太成熟的部分暂时不作出修改。

16. 将“习近平新时代中国特色社会主义思想”载入宪法的原因是什么？

2018年《宪法修正案》第32条规定：“宪法序言第七自然段中‘在马克思列宁主义、毛泽东思想、邓小平理论和“三个代表”重要思想指引下’修改为‘在马克思列宁主义、毛泽东思想、邓小平理论、“三个代表”重要思想、科学发展观、习近平新时代中国特色社会主义思想指引下’”。即在原来已经规定的指导思想的基础上，增加了“科学发展观、习近平新时代中国特色社会主义思想”。将“习近平新时代中国特色社会主义思想”载入宪法主要有以下两个原因：

第一，“习近平新时代中国特色社会主义思想”具有重要地位。增加“习近平新时代中国特色社会主义思想”与“马克思列宁主义、毛泽东思想、邓小平理论、‘三个代表’重要思想、科学发展观”并列作为国家政治和社会生活的指导思想，固化理论成果，确立指导地位，反映了全国各族人民的共同意愿，体现了党的主张和人民意志的统一，明确了全党全国人民为实现中华民族伟大复兴而奋斗的共同思想基础，意义深远。

习近平新时代中国特色社会主义思想，是中国特色社会主义进入新时代的最新理论成果，是开启新征程的指导思想和行动指南。党的十八大以来，中国共产党坚持以马克思列宁主义、毛泽东思想、邓小平理论、“三个代表”重要思想、科学发展观为指导，坚持解放思想、实事求是、与时俱进、求真务实，坚持辩证唯物主义和历史唯物主义，紧密结合新的时代条件和实践要求，以全新的视野深化对共产党执政规律、社会主义建设规律、人类社会发展规律的认识，进行艰辛理论探索，取得重大理论创新成果，形成了习近平新时代中国特色社会主义思想。这一重大思想的核心要义，就是坚持和发展中国特色社会主义，具体体现在它从理论和实践结合上系统回答了新时代坚持和发展什么样的中国特色社会主义、怎样坚持和发展中国特色社会主义这个重大时代课题，回答了新时代坚持和发展中国特色社会主义的总目标、总任务、总体布局、战略布局和发展方向、发展方式、发展动力、战略步骤、外部条件、政治保证等基本问题，并且根据新的实践对经济、政治、法治、科技、文化、教育、民生、民族、宗教、社会、生态文明、国家安全、国防和军队、"一国两制"和祖国统一、统一战线、外交、党的建设等各方面作出理论分析和政策指导，为更好坚持和发展中国特色社会主义提供了思想武器和行动指南。

习近平新时代中国特色社会主义思想内容十分丰富，涵盖改革发展稳定、内政外交国防、治党治国治军等各个领域、各个方面，构成了一个系统完整、逻辑严密、相互贯通的思想理论体系。党的十九大报告用"八个明确"概括了这一重大思想的主要创新观点。明确坚持和发展中国特色社会主义，总任务是实现社会主义现代化和中华民族伟大复兴，在全面建成小康社会的基础上，分两步走在21世纪中叶建成富强民主文明和谐美丽的社会主义现代化强国。明确新时代我国社会主要矛盾是人民日益增长的美好生活需要和不平衡不充分的发展之间的矛盾，必须坚持以人民为中心的发展思想，不断促进人的全面发展、全体人民共同富裕。明确中国特色社会主义事业总体布局是"五位一体"、战略布局是"四个全面"，强调坚定道路自信、理论自信、制度自信、文化自信。明确全面深化改革总目标是完善和发展中国特色社会主义制度、推进国家治理体系和治理能力现代化。明确全面推进依法治国总目标是建设中国特色社会主义法治体系、建设社会主义法治国家。明确党在新时代的强军目标是建设一支听党指挥、能打胜仗、作风优良的人民军队，把人民军队建设成为世界一流军队。明确中国特色大国外交要推动构建新型国际关系，推动构建人类命运共同体。明确中国特色社会主义最本质的特征是中国共产党领导，中国特色社会主义制度的最大优势是中国共产党领导，党是最高政治领导力量，提出新时代党的建设总要求，突出政治建设在党的建设中的重要地位。

习近平新时代中国特色社会主义思想，是对马克思列宁主义、毛泽东思想、邓小平理论、“三个代表”重要思想、科学发展观的继承和发展，是马克思主义中国化的最新成果，是党和人民实践经验和集体智慧的结晶，是中国特色社会主义理论体系的重要组成部分，是全党全国人民为实现中华民族伟大复兴而奋斗的行动指南，必须长期坚持并不断发展。这一重大思想开辟了马克思主义新境界、中国特色社会主义新境界、党治国理政新境界、管党治党新境界，使马克思主义中国化实现了一次新的飞跃、达到了一个新的起点。

第二，符合社会主义宪法和我国宪法的传统做法。

我国宪法始终是在马克思主义指导下制定、修改和实施的。1949 年起临时宪法作用的《共同纲领》和 1954 年新中国第一部《宪法》，其法理基础和指导思想都是马克思列宁主义、毛泽东思想，制定后的实施也是在马克思列宁主义、毛泽东思想指导下进行的。由于当时的特殊背景和其他具体原因，两部重要法律文献的文本中并没有写明宪法的指导思想。1975 年《宪法》写入了马克思列宁主义、毛泽东思想。1978 年《宪法》在序言中对马克思列宁主义、毛泽东思想的指导地位作了具体表述。改革开放以后颁布的 1982 年《宪法》，在序言中强调必须坚持四项基本原则，写入并深刻阐明了马克思列宁主义、毛泽东思想在国家和社会生活中的指导地位。

根据时代和实践发展的要求，1982 年《宪法》的 3 次修正案，推动和实现了宪法指导思想的与时俱进。1999 年 3 月，第九届全国人大第二次会议通过的《宪法修正案》第 12 条，将邓小平理论作为宪法指导思想载入宪法，确立了马克思列宁主义、毛泽东思想和邓小平理论在国家和社会生活中的指导思想地位。2004 年 3 月，第十届全国人大第二次会议通过的《宪法修正案》第 18 条，把“三个代表”重要思想写入宪法，使之同马克思列宁主义、毛泽东思想、邓小平理论一道被确立为国家和社会生活中的指导思想。

此次宪法修改，是在原有宪法关于指导思想规定的基础上，把科学发展观和习近平新时代中国特色社会主义思想增加为宪法的指导思想，继承了社会主义国家和我国宪法的传统做法，使之成为新时代的国家意志和宪法指导思想，进一步丰富和发展了宪法指导思想的科学内涵和时代精神。

▶ 17. 将“习近平新时代中国特色社会主义思想”载入宪法具有什么重大法律意义？

党的十九大通过修改党章已经将习近平新时代中国特色社会主义思想作为全党的指导思想载入党章，此次宪法修改将其作为宪法的指导思想载入宪法。由于中国共产党的性质及其在国家中的全面领导作用和长期执政地位，我国宪法指导思想与党的指导思想有着密切联系。

我国宪法集中体现了党的基本理论、基本路线、基本方略，将以马克思主义为指导的社会主义意识形态从思想观念层面落实到国家根本制度和宪法规范之中，以国家根本法的形式明确了党的指导思想作为国家根本指导思想的地位。从改革开放以来我国几次修宪的实践来看，党的指导思想的与时俱进，有力推动了宪法指导思想的与时俱进。这是因为，党的主张源于人民意愿，党的宗旨是为人民服务，党的宗旨、人民利益和国家意志在根本上是一致的。党的指导思想和执政理念成为宪法制定和修改的指导思想，反映了中国最广大人民的根本利益，体现了党和人民的共同意志。党的指导思想通过国家制宪修宪原则和程序，将党的主张和人民意志转化为国家根本意志，表现为宪法指导思想。从这个意义上讲，党的指导思想和宪法指导思想本质上是一致的。

宪法指导思想适用于一切国家机关和武装力量、各政党和各社会团体、各企业事业组织，任何政党、团体和组织都必须遵循和维护宪法指导思想。

把习近平新时代中国特色社会主义思想载入宪法，明确了习近平新时代中国特色社会主义思想在国家政治和社会生活中的指导地位。

马克思列宁主义、毛泽东思想、邓小平理论、“三个代表”重要思想、科学发展观、习近平新时代中国特色社会主义思想，共同构成我国现行《宪法》的思想原则和理论基础，是现行《宪法》制定、修改和实施的指导思想。

把习近平新时代中国特色社会主义思想载入宪法，把党的指导思想转化为国家指导思想，以国家根本法的形式确立习近平新时代中国特色社会主义思想在国家政治和社会生活中的指导地位，是党和国家事业发展的迫切需要，也是我国宪法完善发展的内在要求。把习近平新时代中国特色社会主义思想载入宪法，进一步明确新时代国家发展的根本任务、奋斗目标、战略步骤，有利于更好地团结激励全党全国各族人民为实现中华民族伟大复兴的中国梦而奋斗；进一步明确坚持党对一切工作的领导这一最高政治原则，有利于巩固党的执政地位和执政基础，为国家发展和民族振兴提供坚强政治保证。

▶ 18. 为什么要把“健全社会主义法制”修改为“健全社会主义法治”？

2018 年《宪法修正案》第 32 条规定，宪法序言第七自然段中“健全社会主义法制”修改为“健全社会主义法治”。实现了党依法治国理念和方式的新飞跃，有利于推进全面依法治国，建设中国特色社会主义法治体系,加快实现国家治理体系和治理能力现代化,为党和国家事业发展提供根本性、全局性、稳定性、长期性的制度保障。

作出这样的修改,主要有以下三个原因:

第一,新时代法治建设的新挑战是实现规则之治和良法之治。法治可以分为三个层次:第一个层次是通过制宪机关的制宪活动和立法机关的立法活动,形成具有实施基础的宪法和法律体系;第二个层次是国家机关在行使职权时严格依据宪法和法律、遵照宪法和法律的规定,保证宪法和法律至上,即实现规则之治;第三个层次是法律的规定应当具有正当性和合理性,即实现良法之治。

就上述法治的第一个层次的任务而言,中国法治建设已经基本完成。2008 年发布的《中国的法治建设》白皮书从八个方面描述了中国的法治建设状况,包括建设社会主义法治国家的历史进程、中国特色的立法体制和法律体系、尊重和保障人权的法律制度、规范市场经济秩序的法律制度、依法行政与建设法治政府、司法制度与公正司法、普法和法学教育、法治建设的国际交流与合作。

该白皮书指出,经过多年不懈的努力,以宪法为核心的中国特色社会主义法律体系基本形成。当代中国的法律体系,部门齐全、层次分明、结构协调、体例科学,主要由七个法律部门和三个不同层级的法律规范构成。七个法律部门是:宪法及宪法相关法,民法商法,行政法,经济法,社会法,刑法,诉讼与非诉讼程序法。三个不同层级的法律规范是:法律,行政法规,地方性法规、自治条例和单行条例。据最新资料,《立法法》修改后,地方有立法权的立法主体有 353 个,法律 263 余部,行政法规近 800 部,地方性法规有 11,000 余部,部门规章有 2700 余部,地方政府规章有 10,000 部左右,还有司法解释 3000 多件(含司法解释性质文件),有法可依问题在我国基本上已经解决了。

在法治的上述三个层次中,"法制"主要指的是第一个层次,即制度建设,其不能包含法治的第二个层次和第三个层次。我国新时代法治建设的主要任务是完成法治的后两个层次的任务，即重点保证规则之治和良法之治的实现。实现国家治理现代化和全面推进依法治国都在于完成这两大任务，因此，必须将“法制”改为“法治”。也正因如此，党的十八届四中全会决定把长期以来坚持的我国法制建设的基本原则，由“有法可依、有法必依、执法必严、违法必究”改为“科学立法、严格执法、公正司法、全民守法”。

第二，为了保持宪法文本表述的一致性。1999 年《宪法修正案》将“中华人民共和国实行依法治国，建设社会主义法治国家”载入宪法。在同一个宪法文本之中，表述同一个含义的概念应当保持统一性。

第三，为了贯彻落实党中央关于法治建设的部署。党的十一届三中全会以后，在很长一段时间里，党中央的文件提到的是“发扬社会主义民主，加强社会主义法制建设”，从 20 世纪 90 年代，党中央的文件开始提出“社会主义法治”。特别是党的十五大报告把依法治国、建设社会主义法治国家，确定为党领导人民治理国家的基本方略。党的十八大以来，党中央一直要求领导干部按照“法治思维”“法治方式”处理问题，而不是“法制思维”。习近平总书记要求领导干部谋划工作要运用法治思维，处理问题要运用法治方式，说话做事要先考虑一下是不是合法。领导干部要牢记法律红线不可逾越、法律底线不可触碰，带头遵守法律、执行法律，带头营造办事依法、遇事找法、解决问题用法、化解矛盾靠法的法治环境。领导干部要把对法治的尊崇、对法律的敬畏转化成思维方式和行为方式，做到在法治之下，而不是法治之外，更不是法治之上想问题、作决策、办事情。

党的十八届四中全会《中共中央关于全面推进依法治国若干重大问题的决定》中普遍使用的是“法治”。建设中国特色社会主义法治体系，建设社会主义法治国家。这就是，在中国共产党领导下，坚持中国特色社会主义制度，贯彻中国特色社会主义法治理论。形成完备的法律规范体系、高效的法治实施体系、严密的法治监督体系、有力的法治保障体系，形成完善的党内法规体系。坚持依法治国、依法执政、依法行政共同推进，坚持法治国家、法治政府、法治社会一体建设。

党的十九大报告关于坚持全面依法治国部分使用的也是“法治”。全面依法治国是中国特色社会主义的本质要求和重要保障。必须把党的领导贯彻落实到依法治国全过程和各方面，坚定不移走中国特色社会主义法治道路，完善以宪法为核心的中国特色社会主义法律体系，建设中国特色社会主义法治体系，建设社会主义法治国家，发展中国特色社会主义法治理论，坚持依法治国、依法执政、依法行政共同推进，坚持法治国家、法治政府、法治社会一体建设，坚持依法治国和以德治国相结合，依法治国和依规治党有机统一，深化司法体制改革，提高全民族法治素养和道德素质。

▶ 19. 为什么要将“中国共产党的领导”明确规定在《宪法》第1条中？

2018年《宪法修正案》规定：“在宪法第一条第二款‘社会主义制度是中华人民共和国的根本制度。’后增写一句，内容为：‘中国共产党领导是中国特色社会主义最本质的特征。’”

习近平总书记在党的十九届二中全会上指出，坚持和加强党的领导，关系到党和国家的命运，我们全部事业都是建立在这个基础之上，都是根植于这个最本质特征和最大制度优势。坚持党的领导是方向性问题，必须旗帜鲜明，立场坚定，决不能羞羞答答，语焉不详，决不能遮遮掩掩，自我麻痹。全国人大常委会副委员长王晨在宪法修正案（草案）说明中指出，中国共产党是执政党，是国家的最高政治领导力量。中国共产党领导是中国特色社会主义最本质的特征，是中国特色社会主义制度的最大优势。宪法从社会主义制度的本质属性角度对坚持和加强党的全面领导进行规定，有利于在全体人民中强化党的领导意识，有效把党的领导落实到国家工作全过程和各方面，确保党和国家事业始终沿着正确方向前进。

关于中国共产党的领导，《共同纲领》和我国历部《宪法》规定的基本情况是：(1)1949 年《共同纲领》在序言中规定“以工人阶级为领导”，没有直接出现“中国共产党领导”字眼。(2)1954 年《宪法》在序言中明确规定了“中国共产党领导”。(3)1975 年《宪法》不仅在序言中规定了“中国共产党领导”，而且在正文第 2 条、第 15 条、第 16 条、第 17 条规定了中国共产党领导，尤其是第 26 条在关于公民的基本权利和义务中规定“公民的基本权利和义务是，拥护中国共产党的领导”。(4)1978 年《宪法》与 1975 年《宪法》的规定模式完全相同。(5)1982 年《宪法》在序言中有五处明确规定了“中国共产党的领导”，在正文中没有直接规定中国共产党的领导。

此次宪法修改，在原有宪法序言规定中国共产党领导的基础上，正文中明确增加中国共产党的领导。这一增加在宪法上主要有以下五个意义：

第一，进一步明确中国共产党在国家中的领导地位的宪法依据。世界上绝大多数国家宪法在正文之前安排一段称为“序言”的文字，以阐述宪法制定权的来源、制定宪法的目的、宪法的基本原则等不便于以规范的文字表达的内容。我国自 1954 年《宪法》开始，以后的历部宪法都在正文之前设有“序言”部分。现行《宪法》在序言中简述国家的斗争历史，记载了 20 世纪以来在中国发生的四件大事，规定国家今后的根本任务，肯定四项基本原则，指明实现社会主义现代化建设的国内外条件及确认宪法的地位和作用。

宪法序言与正文的表述方式不同。序言是以叙述性的文字来表达内容，而正文是以规范的语言表达内容。作为行为规范的法律规范，通常是以严谨的语言，以界定内涵和外延，才得以明确行为的边界。而叙述性表述方式不是很严谨，难以明确界定行为的边界。由此，在学理上产生了序言是否具有法律效力的争议：一种观点认为序言全部都有法律效力，一种观点认为序言全部都没有法律效力，一种观点认为序言部分有法律效力部分没有法律效力。另外，我国现行《宪法》序言还因规定了 20 世纪以来在中国发生的四件大事这一历史事实，历史事实是否具有法律效力的疑问，更加重了序言效力的争议。

宪法序言当然是宪法的有机组成部分，其修改、通过的程序和正文是完全相同的，毫无疑义，当然全部具有法律效力。但是，毕竟宪法序言的表述方式与正文存在不同，其在具有最高法律效力的前提下，在适用上与正文存在一定的差异。中国共产党的领导若只是规定在序言之中，则容易使人们产生一些疑义。因此，2018 年宪法修改，在正文第 1 条明确规定中国共产党的领导，进一步强化了中国共产党在我国领导地位的宪法依据。

第二，解决了宪法序言作为判断是否合宪基准的难题。通常认为，序言规定制宪目的、制宪权来源、制宪原则等，因此，其基本功能是指导宪法正文的解释。换言之，在宪法正文存在需要解释的情形时，必须以序言的规定为基点去理解，才能准确地把握正文的含义，包括制宪的目的、制宪权的来源，尤其是制宪的原则。一部宪法同时存在多项基本原则，这些基本原则之间可能存在一定的抵牾，而正文所设定的制度是不同基本原则的展开和具体化，在解释正文时就必须依据不同的基本原则，综合地判断其含义。

法律文件违反宪法而无效，这在一般意义上是完全成立的。宪法通常分为序言和正文两部分。细而言之，法律文件违反了宪法的正文，构成违反宪法，是毫无争议的。但是，法律文件如果没有违反宪法的正文，而只是违反了宪法的序言，是否构成违反宪法？或者说，合宪性审查机关能否仅仅根据序言就能判断法律文件违反宪法？关于宪法序言能否独立地作为判断是否合宪的基准，各国的做法不一。世界上除法国以外，其他国家通常都不可以。

之前我国宪法关于中国共产党的领导规定在序言之中，正文中没有明确规定中国共产党的领导，如果序言不能作为合宪性审查独立的判断基准，则对于反对中国共产党的行为处理起来力度不够。2018 年宪法修改，在正文中明确规定中国共产党的领导，使这一难题迎刃而解。

第三，回答了中国共产党如何实现对国家的全面领导。宪法序言关于中国共产党领导的规定，从逻辑上看，主要回答了中国共产党执政的正当性和合法性问题。中国共产党作为执政党的地位，是由中国共产党的先进性决定的，是人民选择和历史选择的必然结果。而宪法序言关于中国共产党领导的规定即人民选择和历史选择的载体。宪法是人民主权原则的产物，人民制定宪法选择了中国共产党作为中国的执政党；宪法序言中有大段的文字叙述了 20 世纪以后中国发生的四件大事，以及 1949 年以后中国发生的变化，其目的就是从历史的逻辑中，回答中国共产党在国家中领导地位的正当性。宪法序言明确规定中国共产党的领导，同时也回答了中国共产党在我国处于领导地位的合法性。

宪法序言在回答了中国共产党在我国执政的正当性和合法性之后，还必须回答另一个重要问题，即中国共产党在中国如何实现其对国家的全面领导？2018 年宪法修改，即回答了这一重大问题。因此，宪法序言与宪法正文关于中国共产党的领导的规定，是回答不同的重大问题。

第四，强化了对社会主义制度的认识。在很长一段时间里，对于“什么是社会主义制度”这一重大问题，一直流行着一种“说不清”的观点。如果什么是社会主义制度说不清，也就难以判断世界上哪些国家是社会主义国家，哪些国家是资本主义国家，同时，坚持社会主义道路，需要坚持什么也就不可能清晰。那么，对于哪些要素是社会主义制度的特征，在建设中国特色社会主义事业、实现中华民族伟大复兴的过程中必须予以回答。2018 年宪法修改，明确提出“中国共产党的领导是中国特色社会主义的最本质特征”这一论断，实际上明确回答了“什么是社会主义制度”这一重大问题。换言之，坚持社会主义制度，最重要的、最本质的是坚持中国共产党的领导。

第五,明确揭示了中国共产党的领导。2018 年宪法修改前,《宪法》第 1 条第 1 款规定:“中华人民共和国是工人阶级领导的、以工农联盟为基础的人民民主专政的社会主义国家。”“工人阶级领导”当然是通过自己的先锋队——中国共产党的领导来实现。因此,原有的宪法条款中实际上已经包含了中国共产党的领导。只不过,在原有的表述中,“中国共产党的领导”是一种隐性规定,需要通过解释而阐明。2018 年宪法修改,在正文第 1 条明确规定了中国共产党的领导,这样,就把中国共产党的领导由隐性规定显性化、刚性化。

▶ 20. 为什么要把“社会主义核心价值观”载入宪法?

2018 年《宪法修正案》规定:“在宪法第二十四条第二款中‘国家提倡爱祖国、爱人民、爱劳动、爱科学、爱社会主义的公德’修改为‘国家倡导社会主义核心价值观,提倡爱祖国、爱人民、爱劳动、爱科学、爱社会主义的公德’”。《宪法修正案》在《宪法》总纲部分原有的社会主义道德之前,增加规定国家倡导社会主义核心价值观。《宪法修正案》增加这一规定,对于捍卫、弘扬、彰显社会核心价值观,具有极其重大的意义。

习近平总书记指出,一个国家的文化软实力,从根本上说,取决于其核心价值观的生命力、凝聚力、感召力。培育和弘扬核心价值观,有效整合社会意识,是社会系统得以正常运转、社会秩序得以有效维护的重要途径,也是国家治理体系和治理能力的重要方面。历史和现实都表明,构建具有强大感召力的核心价值观,关系社会和谐稳定,关系国家长治久安。

党的十八大报告中提出了社会主义核心价值观,即富强、民主、文明、和谐,自由、平等、公正、法治,爱国、敬业、诚信、友善。该 24 个字的社会主义核心价值观可以分为 3 组,即富强、民主、文明、和谐为国家的核心价值观,自由、平等、公正、法治为社会的核心价值观,爱国、敬业、诚信、友善为个人的核心价值观。笔者认为,其中的社会核心价值观即自由、平等、公正、法治为社会主义核心价值观的最重要、最核心的部分。

任何人都必须或者只能在一个特定的社会中生活。而社会总是由不同利益、不同职业、不同阶层、不同地域、不同民族、不同种族、不同性别、不同教育程度、不同家庭背景等差异的个人组成的。所谓核心价值观,就是全体社会成员所共同认同的价值观。换言之,核心价值观就是所有社会成员的价值观中重合的部分。社会作为其成员生活、生存、发展的共同体,必须具有全体社会成员所共同认知的价值标准即社会共识。即社会成员无论存在什么差异、多大的差异,无论身处什么社会阶层,如果在某些价值观上是一致的、共同的,存在价值观上的“最大公约数”(习近平总书记语),则这样的社会才具有凝聚力,社会秩序才能够得以良好维持。反之,社会就可能陷入一盘散沙之中。价值观上的“最大公约数”就是社会共识、社会核心价值观。按照党的十八大报告的要求,自由、平等、公正、法治就是我国社会的核心价值观。因此,每一个社会成员必须将其内化于心、外化于行。

核心价值观就是社会共识,就是社会的最大公约数,而作为社会共识、最大公约数的载体,就是宪法。在法治社会,宪法就是全体人民的共识。

社会核心价值观的层次结构是:观念→制度→秩序→生活。

首先,社会核心价值观是社会共同体成员对于社会生活、个人生活追求的一种观念,是对社会秩序和个人幸福的一种理解和追求。我国经过40多年的改革开放,原有社会发展阶段的主要矛盾,即落后的生产力与人民群众日益增长的物质文化生活需求之间的矛盾基本得到解决,人民群众的物质文化生活发生了翻天覆地的变化。在此基础上,人民群众必然提出更高的社会需求,即党的十九大报告提出的,人民群众对美好生活的向往与发展不平衡不充分之间的矛盾。“美好生活向往”也就是对自由、平等、公正、法治这样一种社会生活的追求。

其次,社会核心价值观是一套制度体系。核心价值观必须转化为制度、法定化。核心价值观首先转化为宪法制度。宪法规定了国家的根本制度、基本制度、国家的指导思想、基本政策、公民的基本权利等国家生活和社会生活中的重大问题。宪法作为国家根本法,在一个国家和社会的制度体系中,占据着至高无上的地位,所有的制度都必须符合宪法。宪法是人民主权的产物,是人民当家作主的表现和制度保障,本质上,宪法是人民选择的一种生活方式。宪法制度就是按照社会核心价值观设计的,是社会核心价值观的具体化、法定化。我国宪法确认了公民广泛的权利和自由,体现了社会主义平等观,依照作为社会主义本质特征的社会公平正义规定了公民的基本权利和自由,按照法治思维进行制度设计。法律再依据宪法关于自由、平等、公正、法治的规定,在某一个特定领域进一步具体化。以宪法为核心形成统一的社会主义法律体系,就是以宪法中体现的社会主义核心价值观为核心,保证法律、行政法规、地方性法规、自治条例和单行条例等法律文件中规定的制度符合并体现社会价值观的要求。按照社会主义核心价值观这一理念形成一整套内部统一的调整社会关系的规则体系,国家治理规则体系是自由、平等、公正、法治理念的制度化,是自由、平等、公正、法治理念的载体。

再次,宪法和法律实施的过程就是捍卫、弘扬、彰显社会核心价值观的过程。宪法的实施尤其是合宪性审查的过程、法律的实施特别是追究法律责任的过程,就是一次次弘扬和坚持社会核心价值观的过程,是向社会成员传达这些理念的过程。任何一个国家机关依法行使国家权力的过程,特别是司法机关严格依法判案的过程,其效果同样如此。反之,宪法和法律不实施,特别是没有明确地、公开地追究违宪责任和违法责任的过程,社会核心价值观就不可能真正成为一种秩序、一种生活方式。合宪性审查公开、司法公开的意义就在于此。

最后,一个国家中所有的制度都必须符合宪法、与宪法保持一致,任何与宪法不一致的法律文件均予以废除,现行有效的制度都是核心价值观的体现。

宪法和法律的实施,使制度化的社会核心价值观成为一种秩序。所有的制度与宪法相一致,每一部立法都体现宪法精神,以宪法为核心的统一的规则体系实施的结果,使整个社会形成统一的宪法秩序。这一秩序就是以社会核心价值观为内容的秩序。我们每一个社会成员生活在这一秩序之中。因此,社会核心价值观本质上是我们每一个社会成员的生活。而如果宪法没有权威和尊严,宪法不获得全面有效实施,社会核心价值观就无法转化为我们每一个人的实际生活。

▶ 21. 为什么要把宪法宣誓制度载入宪法?

2018 年《宪法修正案》第 40 条规定:“宪法第二十七条增加一款,作为第三款:‘国家工作人员就职时应当依照法律规定公开进行宪法宣誓。’”

在党的十八届四中全会上,习近平总书记就全会决定提出建立宪法宣誓制度指出,“这样做,有利于彰显宪法权威,增强公职人员宪法观念。激励公职人员忠于和维护宪法,也有利于在全社会增强宪法意识、树立宪法权威”。王晨副委员长在第十三届全国人大第一次会议上,在关于宪法修正案草案的说明中指出,“将宪法宣誓制度在宪法中确定下来,有利于促使国家工作人员树立宪法意识、恪守宪法原则、弘扬宪法精神、履行宪法使命,也有利于彰显宪法权威,激励和教育国家工作人员忠于宪法、遵守宪法、维护宪法,加强宪法实施”。作为宪法实施的重要形式,宪法宣誓是推进宪法从文本走向现实的一场庄严的仪式,是政治文明和法治进步的重要标志。

宪法宣誓制度是党的十八届四中全会审议通过的《中共中央关于全面推进依法治国若干重大问题的决定》中提出的要求。该决定提出:“建立宪法宣誓制度,凡经人大及其常委会选举或者决定任命的国家工作人员正式就职时公开向宪法宣誓。”宪法宣誓则是一种庄严的法定仪式,是国家法律制度的重要组成部分。

宪法宣誓是一项重要的国家制度，应当统一誓词、形式和程序，需要从立法上作出规定。为了落实党的十八届四中全会决定的要求，2015 年 7 月 1 日第十二届全国人大常委会第十五次会议通过了《关于实行宪法宣誓制度的决定》。

《宪法修正案》关于宪法宣誓规定的条款中，有 3 个关健词：一是“就职时”；二是“公开宣誓”；三是“向宪法宣誓”。在全国人大常委会已经作出关于宪法宣誓的决定以后，把这一制度通过修正案再规定在宪法中，主要有以下四个方面的意义：

第一，符合国际惯例。在宪法中确立宪法宣誓制度，是世界上大多数有成文宪法的国家所普遍采取的一种方式。据统计，在 142 个有成文宪法的国家中，规定相关国家公职人员必须宣誓拥护或效忠宪法的有 97 个，虽然各国关于宪法宣誓的主体、内容、程序的规定不尽相同，但一般都在有关人员开始履行职务之前或就职时举行宣誓。

第二，就职时公开宣誓的意义。首先，就职时需要进行宣誓有一种仪式感，显得庄严、神圣、庄重。其次，就职的时候必须先宣誓，意味着宣誓之后正式开始行使权力、履行职责，彰显行使权力的正当性和合法性。最后，公开宣誓意味着宣誓人向作为国家权力所有者的人民以及全社会，甚至向全世界承诺要按照誓词来行使权力、履行职责。

第三，向宪法宣誓的形式意义。宪法是国家的根本法，是治国安邦的总章程，具有最高的法律地位、法律权威、法律效力。向宪法宣誓的形式意义在于表明宪法与宣誓人的关系，即宣誓人的权力来自宪法的赋予，宣誓人在宪法之下。这一宪法关系彰显了宪法的权威和尊严，有利于树立国家工作人员的宪法意识，教育国家工作人员忠于宪法、遵守宪法、维护宪法，加强宪法实施，恪守宪法原则，弘扬宪法精神，履行宪法使命。

第四，向宪法宣誓的实质意义。国家工作人员就职时必须向宪法宣誓，不能将宣誓仅仅理解为是一种就职仪式，其实质上是要求国家工作人员从内心里尊崇宪法、认同宪法作为国家根本法的价值及宪法中所确认的价值、严格依据宪法的理念和按照宪法思维行使权力。

2018 年3 月 17 日上午,在第十三届全国人大第一次会议第五次全体会议上,中共中央总书记、中央军委主席习近平全票当选中华人民共和国主席、中华人民共和国中央军事委员会主席。随后,在人民大会堂举行了隆重庄严的宪法宣誓仪式。第十三届全国人大第一次会议选举产生或决定任命的全国人大常委会委员长、国务院总理等其他新一届国家领导人,也在人民大会堂进行了隆重庄严的宪法宣誓,成为新中国历史上首批举行宪法宣誓的国家领导人,充分体现了习近平主席等国家领导人,身体力行,率先垂范,坚持和践行依宪治国、依宪执政、维护宪法权威的理念要求。

▶ 22. 宪法宣誓仪式的基本要求是什么?

根据 2015 年 7 月 1 日第十二届全国人大常委会第十五次会议通过的《关于实行宪法宣誓制度的决定》,宪法宣誓仪式的基本要求是:

宣誓仪式根据情况,可以采取单独宣誓或者集体宣誓的形式。单独宣誓时,宣誓人应当左手抚按《宪法》,右手举拳,诵读誓词。集体宣誓时,由一人领誓,领誓人左手抚按《宪法》,右手举拳,领诵誓词;其他宣誓人整齐排列,右手举拳,跟诵誓词。宣誓场所应当庄重、严肃,悬挂中华人民共和国国旗或者国徽。负责组织宣誓仪式的机关,可以根据本决定并结合实际情况,对宣誓的具体事项作出规定。

地方各级人民代表大会及县级以上地方各级人民代表大会常务委员会选举或者决定任命的国家工作人员,以及地方各级人民政府、人民法院、人民检察院任命的国家工作人员,在依照法定程序产生后,进行宪法宣誓。宣誓的具体组织办法由省、自治区、直辖市人民代表大会常务委员会参照本决定制定,报全国人民代表大会常务委员会备案。

▶ 23. 对宪法宣誓的誓词是怎么规定的？

2015年全国人大常委会《关于实行宪法宣誓制度的决定》规定的宪法宣誓誓词是70个字："我宣誓：忠于中华人民共和国宪法，维护宪法权威，履行法定职责，忠于祖国、忠于人民，恪尽职守、廉洁奉公，接受人民监督，为建设富强、民主、文明、和谐的社会主义国家努力奋斗！"

党的十九大召开以后，根据新的精神，全国人大常委会对原来的誓词又作了必要的修改，增加了5个字，即"美丽""现代化"，把"国家"改成"强国"，新的宪法宣誓誓词是75个字："我宣誓：忠于中华人民共和国宪法，维护宪法权威，履行法定职责，忠于祖国、忠于人民，恪尽职守、廉洁奉公，接受人民监督，为建设富强民主文明和谐美丽的社会主义现代化强国努力奋斗！"

宪法宣誓的誓词是由全国人大常委会的决定明确规定的，具有法律效力。任何国家机关的领导干部在向宪法宣誓时，必须严格按照这一誓词，不得在此基础上作增加或者减少。

▶ 24. 为什么要扩大地方立法权主体？

2018年《宪法修正案》第47条规定："宪法第一百条增加一款，作为第二款：'设区的市的人民代表大会和它们的常务委员会，在不同宪法、法律、行政法规和本省、自治区的地方性法规相抵触的前提下，可以依照法律规定制定地方性法规，报本省、自治区人民代表大会常务委员会批准后施行。'"增加设区市的地方立法权，有利于设区市为加强社会治理、促进经济社会发展，在不与上位法相冲突的前提下结合本地实际制定地方法规，促进有效治理。

实际上，2015年3月第十二届全国人大第三次会议对《立法法》进行了修改，已经赋予设区市立法权。此次宪法修改实际上是确认 2015 年《立法法》的修改。《立法法》第 72 条第 2 款规定，设区的市的人民代表大会及其常务委员会根据本市的具体情况和实际需要，在不同宪法、法律、行政法规和本省、自治区的地方性法规相抵触的前提下，可以对城乡建设与管理、环境保护、历史文化保护等方面的事项制定地方性法规，法律对设区的市制定地方性法规的事项另有规定的，从其规定。设区的市的地方性法规须报省、自治区的人民代表大会常务委员会批准后施行。省、自治区的人民代表大会常务委员会对报请批准的地方性法规，应当对其合法性进行审查，同宪法、法律、行政法规和本省、自治区的地方性法规不抵触的，应当在 4 个月内予以批准。全国人大《关于修改〈中华人民共和国立法法〉的决定》中还规定，广东省东莞市和中山市、甘肃省嘉峪关市、海南省三沙市，比照适用本决定有关赋予设区的市地方立法权的规定。

《立法法》修改之前，全国设区的 284 个市中，享有地方立法权的有 49 个，尚没有地方立法权的 235 个。党的十八届三中全会指出，逐步增加有地方立法权的较大的市的数量，党的十八届四中全会决定进一步明确提出，依法赋予设区的市地方立法权。为落实好党中央的精神，既要依法赋予所有设区的市地方立法权，以适应地方的实际需要，又要相应明确其地方立法权限和范围，避免重复立法，维护国家法制统一。为此，根据各方面的意见，在依法赋予所有设区的市地方立法权的同时，明确设区的市可以对“城乡建设与管理、环境保护、历史文化保护等方面的事项”制定地方性法规，法律对较大的市制定地方性法规的事项另有规定的，从其规定。原有 49 个较大的市已经制定的地方性法规，涉及上述事项范围以外的，继续有效。同时，考虑到设区的市数量较多，地区差异较大，这一工作需要本着积极稳妥的精神予以推进，由省、自治区的人大常委会综合考虑本省、自治区所辖的设区的市的人口数量、地域面积、经济社会发展情况以及立法需求、立法能力等因素，确定其他设区的市开始制定地方性法规的具体步骤和时间，并报全国人大常委会和国务院备案。此外，立法法还规定，设区的市人民政府可以相应制定地方政府规章。

根据《民族区域自治法》关于“自治州的自治机关行使下设区、县的市的地方国家机关的职权，同时行使自治权”的规定，在自治州人民代表大会可以依法制定自治条例、单行条例的基础上，相应赋予自治州人大及其常委会设区的市的地方立法权。

宪法和立法法赋予设区的市立法权，其基本考虑是：

第一，地方发展的需要。改革开放以来，地方经济社会发生了巨大变化，许多设区的市规模相当大，属于特大城市的设区的市有87个；属于大型城市的设区的市有82个，大型、特大型城市加起来近60%。管理这样一个人口众多的区域，特别是随着城镇化建设的发展，与其相关的土地、人口、环境、城乡建设与管理、社会治理等问题日益复杂，当然需要依靠法治来管理。我国幅员辽阔，各地发展不平衡，情况不一，法律的统一规定还需要结合各地的实际去贯彻，各地都希望结合本地的情况进行城乡建设管理。

第二，各地环境保护的需要。国家的环境保护职责最终分解到各个地方，而每个地方的环境保护现实情况不同，这也需要各地权力机关根据具体情况制定相应的法律规范。

第三，地方历史文化保护和传承的需要。目前，地方文化保护在地方建设中越来越重要，但并非所有的地方历史文化都属于国家保护的范围，这也需要各地根据现实情况制定地方法规。

第四，落实宪法关于中央与地方关系的需要。我国是单一制国家，各地的情况不一样，在处理中央和地方国家机关的关系时，应遵循在中央统一领导下，充分发挥地方主动性、积极性的原则。扩大地方立法权就是发挥地方主动性、积极性的具体表现。

为了保证国家法制的统一性，又能够让地方按照自己的具体情况进行治理，在赋予设区的市的立法权的同时，也作出了一定的限制：(1)必须根据本市的具体情况和实际需要;(2)在不同宪法、法律、行政法规和本省、自治区的地方性法规相抵触的前提下制定;(3)可以对城乡建设与管理、环境保护、历史文化保护等方面的事项制定地方性法规;(4)须报省、自治区的人民代表大会常务委员会批准后施行。

▶ 25. 为什么需要修改宪法确认国家监察体制改革的成果?

2018年《宪法修正案》在《宪法》第三章国家机构第六节后增加一节,专门就监察委员会作出规定,以宪法的形式明确国家监察委员会和地方各级监察委员会的性质、地位、名称、人员组成、任期任届、监督方式、领导体制、工作机制等,为监察委员会行使职权提供了宪法依据。这些规定,体现了中国特色社会主义政治发展道路和法治发展道路的一致性,为监察委员会履职尽责提供了依据和遵循,是国家治理体系的重大完善,也是国家治理能力现代化的重大进步。

2018年《宪法修正案》21条修改中有11条涉及监察委员会。主要明确了:(1)县级以上各级人民代表大会具有选举、罢免本级监察委员会主任权利;(2)县级以上各级人民代表大会常务委员会根据本级监察委员会主任提请,任免本级监察委员会副主任、委员;(3)县级以上各级人民代表大会常务委员会组成人员不得担任监察机关职务;(4)县级以上各级人民代表大会常务委员会监督本级监察委员会工作;(5)国务院不再行使领导和管理监察工作的权利;(6)监察委主任任期与本级人大任期相同,国家监察委员会主任连续任职不超过两届。自此,“一府一委两院”格局在宪法中予以确定。

修改宪法确认国家监察体制改革的成果,主要有以下原因:

第一,增设监察委员会属于宪法上国家机构体系和国家权力结构的变化。增设监察委员会,就中央层面而言,是在原有的中央国家机构体系中增加了一个独立的居于全国人大及其常委会之下而与国家主席、国务院、中央军事委员会、最高人民法院、最高人民检察院相平行的国家机关。相应地，改变了宪法上原有的国家机构体系、国家权力的配置及国家机关之间的相互关系，在体制层面丰富了我国的人民代表大会制度。在地方层面亦是如此。那么，必须修改宪法明确监察委员会的宪法性质、地位、职权。

第二，监察委员会在性质上不同于行政监察机关，《监察法》并不是对《行政监察法》的修改。监察委员会是独立于行政机关，与行政机关平行的国家机关，其职能的内涵与外延也远远大于行政监察机关。在国家层面设立的国家监察委员会在国家机构体系中也应当是这一格局。监察委员会与行政监察机关属于完全不同性质的机关，《监察法》与《行政监察法》所规范的组织、职权、程序等存在根本性差异。

第三，先修改宪法，规定监察委员会在国家机构体系中的性质、地位、职权、与其他国家机关之间的关系等，再依据宪法制定《监察法》，设立国家及地方各级监察委员会，是国家治理现代化和依宪治国的必然要求，符合“重大改革必须于法有据”的改革思维。党的十八届四中全会通过的《中共中央关于全面推进依法治国若干重大问题的决定》提出，要“实现立法和改革决策相衔接，做到重大改革于法有据、立法主动适应改革和经济社会发展需要”。监察体制改革就属于重大改革，重大改革必须于法有据，需要有宪法上的依据。2018 年宪法修改遵循了这一改革的思路：全国人大常委会作出试点授权决定，在三省市和全国范围内进行监察体制改革试点；在三省市及全国范围内设立的监察委员会依据全国人大常委会的试点授权决定行使监察权；全国人大修改宪法确认国家监察体制改革的成果；全国人大依据宪法通过监察法；依据宪法和监察法在全国范围内设立正式的国家监察委员会和地方各级监察委员会；监察委员会依据宪法和监察法行使监察权。

第二篇
国家制度

▶ 26. 我国的国家制度是什么？

国家制度是指一个国家的宪法、法律规定的关于这个国家的性质和形式等方面的制度的总称。国家制度包括国家性质和国家形式，国家性质决定国家形式，国家形式反映和反作用于国家性质。国家性质又称“国体”，国家形式包括国家政权组织形式、国家结构形式。1954 年，在制定中华人民共和国第一部《宪法》时，范文澜问：“主席，您总讲国体、政体，我对此还不甚明白。”毛泽东同志回答说：“国体就是内容，政体就是形式。”

毛泽东同志在《新民主主义论》中说，这个国体问题，从前清末年起，闹了几十年还没有闹清楚。其实，它只是指的一个问题，就是社会各阶级在国家中的地位。资产阶级总是隐瞒这种阶级地位，而用“国民”的名词达到其一阶级专政的实际。这种隐瞒，对于革命的人民，毫无利益，应该为之清楚地指明。“国民”这个名词是可用的，但是国民不包括反革命分子，不包括汉奸。一切革命的阶级对于反革命汉奸们的专政，这就是我们现在所要的国家。

我国的国家性质或称国体是工人阶级领导的、以工农联盟为基础的人民民主专政的社会主义国家。社会主义制度是中华人民共和国的根本制度，中国共产党领导是中国特色社会主义最本质的特征。

我国的国家政权组织形式是民主集中制的人民代表大会制度。人民代表大会制度是我国的根本政治制度，体现着国家性质和中国特色社会主义制度本质。

基本政治制度和基本经济制度规定国家政治生活、经济生活的基本原则。在中国特色社会主义制度体系中，基本制度主要包括基本政治制度和基本经济制度。基本政治制度包括中国共产党领导的多党合作和政治协商制度、民族区域自治制度以及基层群众自治制度等。基本经济制度是指公有制为主体、多种所有制经济共同发展。

中国实行工人阶级领导的、以工农联盟为基础的人民民主专政的国体，实行人民代表大会制度的政体，实行中国共产党领导的多党合作和政治协商制度，实行民族区域自治制度，实行基层群众自治制度，具有鲜明的中国特色。习近平总书记指出："这样一套制度安排，能够有效保证人民享有更加广泛、更加充实的权利和自由，保证人民广泛参加国家治理和社会治理；能够有效调节国家政治关系，发展充满活力的政党关系、民族关系、宗教关系、阶层关系、海内外同胞关系，增强民族凝聚力，形成安定团结的政治局面；能够集中力量办大事，有效促进社会生产力解放和发展，促进现代化建设各项事业，促进人民生活质量和水平不断提高；能够有效维护国家独立自主，有力维护国家主权、安全、发展利益，维护中国人民和中华民族的福祉。"

关于基本经济制度，《宪法》第 6 条第 2 款明确规定，"国家在社会主义初级阶段，坚持公有制为主体、多种所有制经济共同发展的基本经济制度，坚持按劳分配为主体、多种分配方式并存的分配制度"。基本经济制度是中国共产党确立的一项大政方针，是中国特色社会主义制度的重要组成部分，也是完善社会主义市场经济体制的必然要求。

关于我国的国家结构形式，《宪法》序言规定，中华人民共和国是全国各族人民共同缔造的统一的多民族国家。因此，我国采用单一制国家结构形式。在这一国家结构形式下，为了确立和维护平等团结互助和谐的社会主义民族关系，实行民族区域自治制度；为了解决历史遗留问题，实行特别行政区制度。

27. 我国的国家性质是什么？

现行《宪法》第 1 条规定，中华人民共和国是工人阶级领导的、以工农联盟为基础的人民民主专政的社会主义国家。社会主义制度是中华人民共和国的根本制度。中国共产党领导是中国特色社会主义最本质的特征。禁止任何组织或者个人破坏社会主义制度。

人民民主专政作为我国的国体，是当代中国社会发展进步的根本政治前提和制度基础。人民民主专政既具有无产阶级专政的本质特征，又具有鲜明的中国特色，是对马克思主义无产阶级专政理论的丰富和发展。建立和坚持人民民主专政，是中国特色社会主义民主政治建设的一项基本理论和基本实践。

实行人民民主专政的国体，是中国共产党把马克思主义国家理论特别是无产阶级专政学说同中国具体实践相结合的伟大创造，是近代以来中国社会发展的必然选择，是中国社会发展进步的必然结果。

人民民主专政是无产阶级专政的一种形式。《宪法》序言明确提出“工人阶级领导的、以工农联盟为基础的人民民主专政，实质上即无产阶级专政”。

人民民主专政的主要内容是：(1)工人阶级领导；(2)以工农联盟为基础；(3)中国共产党领导是中国特色社会主义最本质的特征；(4)新型民主与新型专政的结合；(5)爱国统一战线。

▶ 28. 为什么说人民民主专政实质上即无产阶级专政？

我国现行《宪法》序言指出，我国的人民民主专政“实质上即无产阶级专政”。这表明我国的国家性质是人民民主专政。人民民主专政理论是以毛泽东为代表的中国共产党将马列主义普遍原理与中国革命实际结合的产物，是马克思主义无产阶级专政学说在中国的创造性发展。

人民民主专政之所以实质上即无产阶级专政，这是因为：

第一，两者所表示的是同一种性质的国家政权，即工人阶级领导的、以工农联盟为基础的国家政权；

第二，两者反映了同一种新型国家内部的阶级关系，即工人阶级和广大劳动人民是国家的主人，只对少数敌对分子实行专政；

第三，两者担负相同的历史使命，即消灭剥削阶级和剥削制度，实现社会主义，进而为过渡到共产主义社会准备条件。

在我国特定国情下，人民民主专政与无产阶级专政之间又存在一些不同，这种不同主要表现在政权基础和阶级关系方面。在无产阶级专政一般理论上，无产阶级在国家中占据人数上的绝对优势，而农民阶级则居于少数。在我国的国情下，农民阶级在国家中占据人数上的多数，无产阶级则居于少数。在无产阶级专政一般理论上，资产阶级是革命的对象。在我国的国情下，资产阶级分为三大部分，即小资产阶级、民族资产阶级和官僚资产阶级，前两者属于人民的组成部分，后者才是革命的对象。因此，“人民民主专政”的提法，不仅可以团结更多应该团结的力量，而且可以更加准确地表明政权的阶级基础。同时，虽然无产阶级专政的内涵中包括民主和专政，但“人民民主专政”的表述中可以清晰地表达出民主和专政的内涵。

马克思主义一向认为，不同国家的无产阶级专政具有不同的特点，表现为各种不同的模式。我国人民民主专政就是无产阶级专政的一种具体模式。

29. 什么是爱国统一战线？

统一战线的思想是无产阶级专政理论的重要组成部分，是我国人民民主专政的一个显著特点。中国共产党始终把统一战线摆在重要位置，不断巩固和发展最广泛的统一战线，团结一切可以团结的力量、调动一切可以调动的积极因素，最大限度凝聚起共同奋斗的力量。爱国统一战线是中国共产党团结海内外全体中华儿女实现中华民族伟大复兴的重要法宝。

我国统一战线在不同时期有不同的形式、范围和内容。新民主主义革命时期,统一战线是由工人阶级、农民阶级、小资产阶级和民族资产阶级组成的阶级联盟,是革命统一战线。社会主义建设和改革时期,随着我国经济社会发展和阶级状况发生变化,统一战线内部的各种关系也发生了重大变化。民族资产阶级作为一个阶级已经不复存在,他们中的绝大多数人已经成为社会主义劳动者;广大知识分子已经成为工人阶级的一部分,是现代化建设的重要依靠力量;各民主党派也已经成为各自所联系的一部分社会主义劳动者和一部分拥护社会主义的爱国者的政治联盟。各民族已经结成了社会主义的平等团结、互助友爱的新型民族关系;港澳同胞、台湾同胞和海外侨胞心向祖国,爱国主义觉悟不断提高。为适应这种变化,1981 年 6 月,党的十一届六中全会通过《关于建国以来党的若干历史问题的决议》,把新时期统一战线正式定名为“爱国统一战线”。1982 年《宪法》序言对爱国统一战线作出明确规定:“在长期的革命和建设过程中,已经结成由中国共产党领导的,有各民主党派和各人民团体参加的,包括全体社会主义劳动者、拥护社会主义的爱国者和拥护祖国统一的爱国者的广泛的爱国统一战线,这个统一战线将继续巩固和发展。”

随着改革的深化、开放的扩大和经济社会的发展,贯彻党的统一战线理论和方针政策,高举爱国主义、社会主义旗帜,牢牢把握大团结大联合主题,推动我国的统一战线不断扩大。2004 年 3 月 14 日,第十届全国人大第二次会议通过的《宪法修正案》第 19 条,在上述关于爱国统一战线的表述中,增加了“社会主义事业的建设者”。“社会主义事业的建设者”主要包括在社会变革中出现的民营科技企业的创业人员和技术人员、受聘于外资企业的管理技术人员、个体户、私营企业主、中介组织的从业人员、自由职业人员等新的社会阶层。现行《宪法》将“社会主义事业的建设者”列入爱国统一战线,这是适应改革开放以来社会阶层结构新变化的客观现实需要,是对我国爱国统一战线的重要发展。

党的十八大以来,随着中华民族伟大复兴的中国梦的提出,统一战线的内容进一步丰富和扩大。为了团结最广泛的中华儿女共同实现中华民族伟大复兴的中国梦，画出最大同心圆，2015年实行的《中国共产党统一战线工作条例（试行）》首次将“致力于中华民族伟大复兴的爱国者”纳入统战对象。至此，我国爱国统一战线的范围比以往任何时候都更为广泛。不论何种阶级、阶层，不论何种党派、团体和个人，只要其行为有利于国家建设，有利于祖国统一，有利于中华民族复兴，都可成为统一战线的团结对象。2018年《宪法修正案》第33条将这一成果上升为宪法，充分肯定了统一战线的广泛性和重要性：“社会主义的建设事业必须依靠工人、农民和知识分子，团结一切可以团结的力量。在长期的革命、建设、改革过程中，已经结成由中国共产党领导的，有各民主党派和各人民团体参加的，包括全体社会主义劳动者、社会主义事业的建设者、拥护社会主义的爱国者、拥护祖国统一和致力于中华民族伟大复兴的爱国者的广泛的爱国统一战线，这个统一战线将继续巩固和发展。中国人民政治协商会议是有广泛代表性的统一战线组织，过去发挥了重要的历史作用，今后在国家政治生活、社会生活和对外友好活动中，在进行社会主义现代化建设、维护国家的统一和团结的斗争中，将进一步发挥它的重要作用。中国共产党领导的多党合作和政治协商制度将长期存在和发展。”

根据我国《宪法》序言的规定，我国爱国统一战线的组织形式是中国人民政治协商会议。人民政协是中国共产党与各民主党派和各界人士长期合作的重要组织形式，也是实行中国共产党领导的多党合作和政治协商制度，发扬人民民主，联系人民群众的一种重要形式。

▶ 30. 什么是中国共产党领导的多党合作与政治协商制度？

中国共产党领导的多党合作是我国的一项基本政治制度。我国实行的共产党领导的多党合作的政党体制是我国政治制度的特点和优点，它在性质上根本不同于西方国家的两党制或多党制，也有别于苏联和其他东欧国家等实行的一党制，它是一种新型的符合中国国情的社会主义政党制度。

中国共产党领导的多党合作制度坚持以下基本原则：(1)中国共产党是中国社会主义事业的领导核心，是执政党；(2)各民主党派是各自所联系的一部分社会主义劳动者和一部分拥护社会主义的爱国者的政治联盟，是参政党；(3)我国的多党合作必须坚持中国共产党的领导，坚持四项基本原则，这是中国共产党同各民主党派合作的政治基础；(4)中国共产党对各民主党派的领导是政治领导，即政治原则、政治方向和重大方针政策的领导；(5)"长期共存、互相监督、肝胆相照、荣辱与共"是中国共产党与各民主党派合作的基本方针；(6)以参政议政和互相监督为多党合作的主要内容；(7)以坚持社会主义初级阶段的基本路线，把我国建设成为富强民主文明和谐美丽的社会主义现代化强国和统一祖国、中华民族伟大复兴为中国共产党和各民主党派的共同奋斗目标；(8)以宪法为多党合作的根本准则，并负有维护宪法尊严、保证宪法实施的职责；(9)中国共产党和各民主党派共同负有保卫国家安全、维护社会团结稳定的责任。

在现阶段，中国共产党领导的多党合作的主要形式有：中国共产党与民主党派政治协商，民主党派成员或无党派人士在国家权力机关参政议政，民主党派成员、无党派人士担任各级政府及司法机关的领导职务，以及民主党派在人民政协中发挥作用等。

▶ 31. 中国人民政治协商会议的性质、任务和主要职能是什么？

中国人民政治协商会议，简称"人民政协"或"政协"，是中国人民爱国统一战线的组织，是中国共产党领导的多党合作和政治协商的重要机构，是我国政治生活中发扬社会主义民主的重要形式，是国家治理体系的重要组成部分，是具有中国特色的制度安排。现行《宪法》序言规定："中国人民政治协商会议是有广泛代表性的统一战线组织，过去发挥了重要的历史作用,今后在国家政治生活、社会生活和对外友好活动中,在进行社会主义现代化建设、维护国家的统一和团结的斗争中,将进一步发挥它的重要作用。”

中国人民政治协商会议设全国委员会和地方委员会。全国委员会指导地方委员会,地方委员会指导下级地方委员会。中国人民政治协商会议地方委员会对全国委员会的全国性的决议,下级地方委员会对上级地方委员会的全地区性的决议,都有遵守和履行的义务。根据实际工作需要,中国人民政治协商会议全国委员会和地方委员会可以设立办公厅、专门委员会及其他工作机构。

我国在长期的政治实践中,形成了人民代表大会与人民政治协商会议同期召开大会,各级政协委员被邀请列席人大全体会议的惯例,也就是通称的“两会”。这种制度实践有利于人民政协进行充分和深入的协商,有利于实现最广泛的人民民主。与人民代表大会不同,人民政协不是国家机关,它由党派团体和界别代表组成,政协委员不是由选举产生,而是由各党派团体协商产生。在实现民主的具体方式上,政协也有别于人民代表大会,但两种民主形式是相辅相成的,都是宪法所确认的中国特色民主政治制度的组成部分。

在我国的政治实践中,人民政协主要履行政治协商、民主监督、参政议政三个方面的政治职能。

第一,政治协商。政治协商是对国家大政方针和地方的重要举措以及经济建设、政治建设、文化建设、社会建设、生态文明建设中的重要问题,在决策之前和决策实施之中进行协商的制度安排和机制程序。

第二,民主监督。民主监督是对国家宪法、法律和法规的实施,重大方针政策、重大改革举措、重要决策部署的贯彻执行情况,涉及人民群众切身利益的实际问题解决落实情况,国家机关及其工作人员的工作等,通过提出意见、批评、建议的方式进行的协商式监督的制度安排和机制程序。人民政协的民主监督是中国特色社会主义监督体系的重要组成部分,是在坚持四项基本原则的基础上通过提出意见、批评、建议的方式进行的政治监督。

第三,参政议政。参政议政是对政治、经济、文化、社会生活和生态环境等方面的重要问题以及人民群众普遍关心的问题,开展调查研究,反映社情民意,进行协商讨论。通过调研报告、提案、建议案或其他形式,向中国共产党和国家机关提出意见和建议的制度安排和机制程序。参政议政是人民政协履行职能的重要形式,也是党政领导机关经常听取各民主党派、人民团体和各族各界人士的意见和建议,切实做好工作的有效方式。

▶ 32. 为什么说社会主义公有制是我国经济制度的基础?

社会主义公有制是社会主义劳动者共同占有生产资料和劳动产品,用来满足人民物质和文化需要而结成的经济关系体系。生产资料所有制作为一个国家经济制度的基础,决定着社会经济制度的基本性质,也决定着一个社会的基本性质和发展方向。没有占主体地位和发挥主导作用的公有制经济,就不能确保我国社会的社会主义性质,就不能巩固和发展社会主义。坚持把生产资料的社会主义公有制作为我国经济制度的基础,是我国建设和发展中国特色社会主义的根本原则。建设和完善社会主义经济制度,必须坚持以生产资料公有制为基础。现行《宪法》第 6 条第 1 款规定:“中华人民共和国的社会主义经济制度的基础是生产资料的社会主义公有制,即全民所有制和劳动群众集体所有制。”随着我国经济体制改革的深入推进,宪法关于经济制度的规定历经数次修改,但社会主义公有制作为国家经济制度的基础始终没有改变。

我国《宪法》规定了两种公有制形式:全民所有制和劳动群众集体所有制。这两种公有制形式是适应我国现阶段生产力发展水平的要求而产生的。

33. 什么是全民所有制?

全民所有制是社会全体成员共同占有生产资料的所有制形式。它的生产资料所有权,不属于任何个别劳动者或部分劳动者,而是属于全社会的劳动者整体,集中体现了社会主义公有制的特征。在现阶段,我国的全民所有制经济具体表现为国家所有制经济,也就是国有经济。

现行《宪法》第7条规定:"国有经济,即社会主义全民所有制经济,是国民经济中的主导力量。国家保障国有经济的巩固和发展。"宪法规定的社会主义全民所有制经济,有以下几方面含义:

第一,国家作为全民的代表对生产资料拥有最终所有权。在全民所有制的范围内,生产资料是增进全体社会成员的共同福利、实现共同富裕的物质条件。除生产资料以外,根据现行《宪法》第9条的规定,矿藏、水流、森林、山岭、草原、荒地、滩涂等自然资源,都属于国家所有,即全民所有。根据现行《宪法》第10条的规定,城市的土地也属于国家所有。

第二,国有经济是国民经济的主导力量。按照现行《宪法》第7条的规定,国家保障国有经济的巩固和发展。国有经济应当控制国民经济命脉,对经济发展起到主导作用。这是就全国而言的,有的地方、有些产业可以有所差别。国有经济起主导作用,主要体现在控制力上。国有经济需要控制的行业和领域主要包括:涉及国家安全的行业、自然垄断的行业、提供重要公共产品和服务的行业、支柱产业和高新技术产业中的重要骨干企业。

第三,所有权与经营权分离。公有制经济的性质必须坚持,公有制的实现形式应当灵活。公有制经济的性质主要体现在所有权的归属上,坚持公有制经济的性质,在根本上应坚持国家和集体对生产资料的所有权。而公有制的实现形式是指采取怎样的经营方式和组织形式。同样的所有制可以采取不同的实现形式,而不同的所有制也可以采取相同的实现形式。只要有利于社会主义社会生产力发展,一切反映社会化生产规律的经营方式和组织形式都可以大胆使用。随着社会主义市场经济体制在我国逐步建立并发展完善,我国的全民所有制实现形式也有相应变化。现行《宪法》在 1982 年颁布时使用的是“国营经济”,而 1993 年通过的《宪法修正案》第 5 条将“国营经济”改为“国有经济”,并且在《宪法修正案》第 8 条规定:“国有企业在法律规定的范围内有权自主经营。”这种修改,体现了国家与全民所有制企业关系上的变化,即全民所有制企业的所有权与经营权分离,公有制经济性质和公有制实现形式之间的关系得到正确处理。国家不再直接干预企业的生产活动,而是由国有资产管理机构授予企业经营自主权。国有企业财产的所有权仍归国家所有,国家以所有者的身份对国有企业进行监督管理,保证国家财产的安全有效使用。

▶ 34. 什么是劳动群众集体所有制?

劳动群众集体所有制,是指由部分劳动者共同占有生产资料的一种社会主义公有制形式。集体所有制与全民所有制具有共同属性,即生产资料归劳动群众所有。但是在集体所有制下,生产资料公有化的范围比较小,生产资料所有权只属于集体经济单位的劳动者所有,归集体占有、支配和使用,集体生产经营的成果在集体范围内分配。现行《宪法》第 8 条、第 17 条对劳动群众集体所有制的类型、经营体制、所有权范围等作了规定,主要内容包括:

第一,劳动群众集体所有制包括农村集体所有制和城镇集体所有制两种基本形态。农村集体所有制是农业中的集体所有制,包括农业的基本生产资料,如土地、重要的自然资源和农田水利设施。城镇集体所有制则广泛存在于城市工商业和乡镇工商业中,是由劳动群众自筹资金、独立经营、自负盈亏的社会主义公有制形式。

第二,农村集体所有制经济实行家庭承包经营为基础、统分结合的双层经营体制。我国的集体经济组织曾经普遍实行人民公社制度,采取基本生产资料集中管理和评工记分的分配方式。这种体制与农业生产力发展水平极不适应。党的十一届三中全会后,人民公社不复存在,代之以家庭联产承包为主的经营责任制,土地等基本生产资料仍归集体所有,农户与集体签订土地承包合同,农民可以按照个人意愿使用土地进行生产。这种家庭联产承包经营责任制把生产资料集体所有和家庭的分散经营结合起来,极大地推进了农村生产力的发展。我国先后通过1993年的《宪法修正案》第6条和1999年的《宪法修正案》第15条确立并完善了这一经营体制。

第三,集体经济组织的经营自主权。经营自主权,是指经济主体在不违反国家法律的基础上所拥有的调配使用自己的人力、物力、财力,自行组织生产经营的权利。按照1993年《宪法修正案》第9条规定,集体经济组织在遵守有关法律的前提下,有独立进行经济活动的自主权。这一规定体现了集体经济组织与全民所有制企业在权利上的差别。

▶ 35. 我国现阶段的基本经济制度是什么?

我国现行《宪法》第6条第2款规定:"国家在社会主义初级阶段,坚持公有制为主体、多种所有制经济共同发展的基本经济制度,坚持按劳分配为主体、多种分配方式并存的分配制度。"这里规定的"基本经济制度",是指在坚持社会主义公有制为基础的前提下,根据现阶段生产力发展水平所形成的所有制结构。所谓所有制结构,就是在一定的社会中各种不同的生产资料所有制形式所处的地位、作用及其相互关系。特定社会的所有制结构,就是该社会的基本经济制度。公有制为主体、多种所有制经济共同发展是我国社会主义初级阶段的所有制结构,即社会主义初级阶段的基本经济制度。对于宪法规定的所有制结构,可以从两个方面来理解。

第一,公有制的主体地位。公有制的主体地位主要体现在:公有资产在社会总资产中占优势；国有经济控制国民经济命脉，对经济发展起主导作用。同时，国有企业是国家引导、推动、调控国民经济和社会发展的基本力量，是消除两极分化、实现共同富裕、促进政府调控和市场调控的统一、引导非公有制经济健康发展的基本力量。坚持公有制的主体地位就是坚持社会主义的社会性质。

第二，多种所有制共同发展。现行《宪法》第11条规定："在法律规定范围内的个体经济、私营经济等非公有制经济，是社会主义市场经济的重要组成部分。"个体经济是指生产资料归劳动者个人所有并由劳动者个人支配和使用的一种所有制形式。私营经济是指企业资产属于私人所有、存在雇佣关系的一种所有制形式。此外，根据宪法原则和法律的规定，在我国的现实经济生活中，还可以利用外资、引进先进技术和管理经验，为我国公有制经济特别是国有经济的体制创新提供借鉴。外资经济是指经中国政府批准，尊重中国主权，接受中国政府监督和监管的以独资、合资、合作经营企业存在的外资形式。

各种非公有制经济对于我国现阶段增加就业机会、维护社会稳定、解决资金不足、优化产业结构、推动生产力发展、增强我国国际竞争力发挥着积极的作用。坚持多种所有制共同发展，是社会主义初级阶段生产力发展的必然要求。

坚持公有制为主体、多种所有制经济共同发展的基本经济制度，必须毫不动摇地巩固和发展公有制经济，毫不动摇地鼓励、支持、引导非公有制经济发展，坚持公有制为主体，促进非公有制经济发展，将这二者统一于社会主义现代化建设进程中，不能把其对立起来，坚持平等保护物权，形成各种所有制经济平等竞争、相互促进、共同发展的新格局。

▶ 36. 我国现阶段的分配制度是什么？

与基本经济制度相适应，在社会主义初级阶段，我国采取的是按劳分配为主体、多种分配方式并存的分配制度。对于宪法所规定的分配制度，可以从两方面来理解。

第一，按劳分配为主体。按劳分配是以劳动者提供的劳动（包括劳动数量和质量）为唯一标准来分配个人消费品，实行按等量劳动领取等量报酬。按劳分配原则是马克思提出的社会主义社会的分配原则。在社会主义社会，实行按劳分配原则是由生产资料公有制决定的：基于人们在生产资料占有上的平等地位，劳动成为人们获得社会产品的唯一根据。实行按劳分配，可以排除凭借对生产资料的占有而占有他人劳动成果的可能，有利于实现共同富裕，促使劳动者关心自己的物质利益，有利于促进社会生产力发展，克服平均主义，调动劳动者积极性。

按劳分配为主体具有两层含义：一是在公有制中，劳动者的按劳分配收入在个人收入总额中占主体地位；二是整个社会分配方式的主体是按劳分配，决定着分配制度的社会主义性质。

第二，多种分配方式并存。在社会主义初级阶段，多种分配方式并存是收入分配制度的一大特点。按劳分配以外的多种分配方式，实质就是按对生产要素的占有状况进行分配。社会的生产要素多种多样，可以归纳为各种物质生产条件与人的劳动两大类。按生产要素分配是指劳动、资本、土地等生产要素的所有者根据对生产要素的占有，参与收入分配，获得相应的报酬。按生产要素分配主要有以下方式：（1）以劳动为生产要素参与分配，主要是个体劳动者和被雇于非公有制经济的雇佣劳动者所取得的收入；（2）以资本为生产要素参与分配，如私营企业、股份制企业和外资企业等资本所有者凭借投入的资本获得利润、利息、租金等的分配；（3）以管理为生产要素参与分配，包括企业经营管理者的承包经营薪酬、年薪、津贴等；（4）以知识产权为生产要素参与分配，如科技发明、创造、信息、专利等参与分配；（5）以土地和其他自然资源为生产要素参与分配。

多种分配方式并存，是指在坚持按劳分配为主体的同时，允许按照生产要素分配。实行按劳分配为主体、多种分配方式并存的分配制度，有利于调动广大社会成员的积极性，整合各种生产要素进行现代化建设，实现社会资源的充分利用和合理配置。

▶ 37. 如何理解我国的社会主义市场经济体制？

把社会主义基本制度和市场经济结合起来，建立社会主义市场经济体制，是中国共产党带领全国各族人民改革实践的一个伟大创举，是对马克思主义关于社会主义建设理论的历史性贡献。社会主义市场经济适应了现代商品经济发展的需要，适应了我国走向世界、参与国际经济竞争的需要，是我国经济体制改革的必然选择。1993 年通过的《宪法修正案》第 7 条对《宪法》第 15 条作出修改，在我国宪法中正式确立社会主义市场经济体制，主要内容如下：

第一，经济体制的社会主义属性。现行《宪法》第 6 条明确规定了以生产资料的社会主义公有制为主体的所有制结构和以按劳分配为主体的分配制度。这一规定集中体现了我国市场经济体制的社会主义属性。社会主义市场经济体制是社会主义基本制度与市场经济有机结合的经济体制，既可以发挥社会主义制度的优越性，又可以充分发挥市场在配置资源方面的决定性作用。

第二，以市场作为资源配置的主要方式。宪法对社会主义市场经济的规定，表明计划经济和市场经济不是区分社会主义和资本主义的标志。作为一种经济手段，市场经济不应为资本主义所独有。因此，计划和市场同样是调节经济、配置资源的有效方式。在社会化大生产和存在复杂经济关系的条件下，市场经济对促进经济发展具有更强的适应性、更显著的优势和较高的效率。

第三，完备的法制体系和健全的宏观调控。根据 1993 年《宪法修正案》第 7 条，修改后的《宪法》第 15 条明确规定："国家加强经济立法，完善宏观调控。国家依法禁止任何组织或者个人扰乱社会经济秩序。”这是对社会主义市场经济框架的补充，它有两方面含义：一是社会主义市场经济需要完备的法律体系。市场经济是法治经济，从生产要素的配置到商品生产、交换和分配的有序、安全、公正和高效，都需要法律来规范。二是社会主义市场经济必须有健全的宏观调控体系。要使国民经济在宏观上保持基本平衡，促进经济结构的优化，引导国民经济持续、快速、健康、协调发展，推动社会全面进步，离不开国家的宏观调控。市场不是万能的，有时“市场失灵”是不可避免的，因此，要健全宏观调控体系，保持经济总量平衡，防范区域性、系统性风险，稳定市场预期。

随着社会主义市场经济的不断发展，宪法关于社会主义市场经济体制的规定也在不断完善。2004 年通过的《宪法修正案》第 22 条明确规定公民的合法的私有财产不受侵犯，第 23 条明确规定国家建立健全同经济发展水平相适应的社会保障制度等。

2018 年通过的《宪法修正案》，把“新发展理念”写入宪法，从宪法上确认这一重要理论成果，有利于更好发挥其在决胜全面建成小康社会、开启全面建设社会主义现代化国家新征程中对我国社会主义市场经济发展的重要指导作用。

▶ 38. 什么是人民代表大会制度？

我国现行《宪法》第 2 条规定，中华人民共和国的一切权力属于人民。人民行使国家权力的机关是全国人民代表大会和地方各级人民代表大会。国家行政机关、监察机关、审判机关和检察机关都由人民代表大会产生，对它负责，受它监督。由此可见，人民代表大会制度就是我国的政权组织形式，是我国的根本政治制度。

人民代表大会制度，是指拥有国家权力的我国人民根据民主集中制原则，通过民主选举组成全国人民代表大会和地方各级人民代表大会，并以人民代表大会为基础，建立全部国家机构，对人民负责，受人民监督，以实现人民当家作主的根本政治制度。习近平总书记指出，人民代表大会制度是符合我国国情和实际、体现社会主义国家性质、保证人民当家作主、保障实现中华民族伟大复兴的好制度，是我们党领导人民在人类政治制度史上的伟大创造，是在我国政治发展史乃至世界政治发展史上具有重大意义的全新政治制度。

人民代表大会制度具体包含四个方面的内容：

第一，保证人民当家作主是人民代表大会制度的逻辑起点和最终归属。在资本主义社会，虽然标榜人民主权原则，但由生产资料的资本家私有制决定，它只能是有产者的主权，对于广大劳动人民来讲，人民主权只能是理想、抽象的原则。而由社会主义的公有制决定，占社会成员绝大多数的广大劳动人民，成为真正意义上的当家作主的国家主人。而要实现这一原则，就必须建立一套使人民能够形成统一意志，集中统一地行使国家权力，既有民主又有集中的政治制度。在我国，人民代表大会制度就是这样的政治制度。因此，人民主权不仅是人民代表大会制度与资产阶级议会制的根本区别，还是人民代表大会制度得以建立和运行的逻辑起点。

第二，民主选举是人民代表大会制度的前提。地域的广阔、人口的众多，决定了国家权力的所有者不可能直接、经常地行使属于自己的权力，而只能实行间接民主的人民代表制。因此，我国宪法规定，人民行使国家权力的机关是全国人大和地方各级人大。这样，由选民通过民主选举程序选举产生人大代表，由他们代表人民组成各级人大，行使国家权力，就构成了人民代表大会制度的前提和基础。

第三，以人民代表大会为基础建立全部国家机构是人民代表大会制度的核心。国家机构是国家为实现其职能而建立起来的国家机关的总和。由于人民主权并不等同于人大主权，因此国家职能的全部实现还有赖于人大以外的其他国家机关。我国人民通过人大行使国家权力主要通过两大途径来实现：一是由人大直接行使宪法和法律赋予的职权；二是由人大选举产生国家行政机关、监察机关、审判机关和检察机关，这些国家机关行使宪法和法律赋予的职权，并对人大负责，受人大监督。由此可见，在国家机构的建立和运行过程中，人大始终处于主导地位。也正是因为以人民代表大会为基础建立全部国家机构，才真正全面保证了国家机构始终以实现人民的意志和利益为宗旨，始终以保障人民当家作主为目标。

第四，对人民负责、受人民监督是人民代表大会制度的关键。代议制度能否真正体现民意的一个关键就是看代表是否受选民监督、制衡，而要监督和制衡代表，承认和实行选举人对代表的罢免权是最有力的措施。因此，我国宪法规定，全国人大和地方各级人大都由选民选举产生，对人民负责，受人民监督。否则，人大就可能脱离人民，违背人民的意志和利益，从而使人民代表大会制度改变性质。

39. 为什么说人民代表大会制度是我国的根本政治制度？

习近平总书记指出，“人民代表大会制度是中国特色社会主义制度的重要组成部分，也是支撑中国国家治理体系和治理能力的根本政治制度”。人民代表大会制度，坚持中国共产党领导，坚持马克思主义国家学说的基本原则，适应人民民主专政的国体，有效保证国家沿着社会主义道路前进。人民代表大会制度，坚持国家一切权力属于人民，最大限度保障人民当家作主，把党的领导、人民当家作主、依法治国有机结合起来，有效保证国家治理跳出治乱兴衰的历史周期率。60 多年来特别是改革开放 40 多年来，人民代表大会制度为党领导人民创造经济快速发展奇迹和社会长期稳定奇迹提供了重要制度保障。

第一，人民代表大会制度是我国实现社会主义民主的基本形式。习近平总书记强调，人民代表大会制度是实现我国全过程人民民主的重要制度载体。要在党的领导下，不断扩大人民有序政治参与，加强人权法治保障,保证人民依法享有广泛权利和自由。要保证人民依法行使选举权利,民主选举产生人大代表,保证人民的知情权、参与权、表达权、监督权落实到人大工作各方面各环节全过程,确保党和国家在决策、执行、监督落实各个环节都能听到来自人民的声音。要完善人大的民主民意表达平台和载体,健全吸纳民意、汇集民智的工作机制,推进人大协商、立法协商,把各方面社情民意统一于最广大人民根本利益之中。在我国,人民是国家的主人,可以根据宪法、法律的规定通过各种途径和形式实现人民当家作主的权利。但在诸种民主形式中,人民代表大会制度是最基本、最重要的形式。首先,它是最基本的形式,这是因为人大代表来自人民,人大的权力来自人民,人大必须对人民负责,受人民监督。其次,它是最重要的形式。这是因为,在所有实现社会主义民主的形式中,除人民代表大会制度以外,其他一切形式都存在一定的限制。这种限制有的表现在实现民主的主体方面,有的表现在实现民主的范围和效能方面。我国人民代表大会制度适合我国的国情,因而必然具有极大的优越性:首先,宪法、选举法和人大组织法规定的代表产生的民主方式及代表和选民的关系决定了它便于人民参加国家管理;其次,人民主权原则及人大在国家机构体系中的主导地位有利于集中统一行使国家权力;最后,我国宪法规定,中央和地方国家机构职权的划分,遵循在中央统一领导下,充分发挥地方主动性、积极性的原则。人民代表大会制度既能保证中央的集中统一领导,又能保证地方主动性和积极性的发挥。

第二,人民代表大会制度体现了我国一切权力属于人民的本质要求。国家的一切权力属于人民是我国人民代表大会制度的实质内容与权力基础。权力属于人民是指国家权力的整体或最终归属是全体人民,由于国家权力统一不可分割,因此不能把每一个公民单独地看作部分权力的所有者,而且每个人都行使权力也是不可能的事情,人民只能作为整体成为国家权力的所有者。人民只能在普选的基础上选派代表,组成全国人大和地方各级人大,形成统一的意志并行使我国宪法赋予的各种权力。由人民将权力授予一定的机关或公职人员去行使，同时又对行使权力者予以监督，就要实行民主与集中相结合的政治制度，我国人民代表大会制度正好体现了这一要求。我国《宪法》规定，人民行使权力的机关是全国人大和地方各级人大，这表明：(1)由于人大由代表组成，而人大代表又涵盖社会各个阶级、阶层和各方面的人士，全国人大和地方各级人大通过人民代表依照法律规定的方式和程序，集体行使国家权力，也是一切权力属于人民的重要表现形式和具体实现。(2)作为国家权力机关的人大，代表人民的意志与利益，人大的全体成员整体地代表人民的意志和利益。而每一个代表只是选举产生他的那一部分群众意志的代表，并接受这部分群众的监督。但是，每一个代表在参政议政以及投票的时候，要立足于全局，把整体利益置于首位，这是起码的要求，并在此基础上充分代表和反映本选区或选举单位的利益和意志。(3)人大常委会向本级人大负责，人大向人民负责。人大常委会是本级人大的一部分，由人民代表中的一部分常务代表所组成。人大常委会向本级人大负责就是间接向人民负责。在行使国家权力的过程中，人大要向人民负责并报告工作，通过媒体公开以后接受人民的监督，人民有权罢免自己选出的不称职的代表；人民可以向人大提出批评、建议等，促进其工作，使其能够更好地行使国家权力。

第三，人民代表大会制度全面反映了我国政治生活的全貌。人民代表大会制度体现了人民民主专政的国家本质，是我国人民当家作主、行使管理国家事务权力的基本形式。通过依照民主集中制的原则办事，从而使国家权力最终掌握在人民手中，达到维护人民群众根本利益的目的。人民代表大会制度就是能够体现各阶级、阶层和各民族人民在国家生活中的地位，便于实现最广泛的民主，吸收广大人民群众参加国家管理和社会主义建设事业，充分发挥最大多数人智慧和创造力的一种制度。另外，人民代表大会通过行使职权，在维持社会治安、维护国际和平、促进祖国统一等方面发挥着不可替代的作用，这也是实现人民民主专政的一个重要方面。

人民代表大会成立以后，就可以制定各种制度和法律，而其他制度和法律则必须经过人民代表大会批准，或由它授权的机关批准才能生效。我国的其他许多制度，诸如行政制度、司法制度、选举制度、公务员制度、社团制度等，只能表示我国政治生活的一个方面，而唯有人民代表大会制度，才能反映我国政治力量的源泉来自广大人民群众，因此，人民代表大会制度在我国的政治生活中处于首要的地位，是我国的根本政治制度。

▶ 40. 人民代表大会制度与西方政体的根本区别是什么？

人民代表大会制度是我国人民民主专政的政权组织形式，是人民当家作主的根本途径和最高实现形式，是我国的根本政治制度。现行《宪法》规定，全国人民代表大会是最高国家权力机关，全国人民代表大会及其常务委员会行使国家立法权。人民代表大会制度是我国国家政治制度的重要组成部分，是其基础和核心。

人民代表大会制度是民主集中制原则下的国家政权组织形式，体现了社会主义民主政治的鲜明特点。与之相对应，资本主义国家多按照“分权制衡”原则来组织国家政权，比如，以美国为代表的“三权鼎立”模式。人民代表大会制度和“三权鼎立”虽然都是国家政权组织形式，但两种制度有着本质区别。

第一，人民代表大会与西方议会具有本质区别。从一定意义上讲，西方议会无论是一院制还是两院制，都是各党派争权夺利的场所。我国的人民代表大会是中国共产党对国家和社会事务实施领导的国家权力机关。县、乡两级人大代表是按选区直接选举产生的。县级以上人大代表实行间接选举，按照选举单位组成代表团参加人民代表大会。也就是说，人民代表大会中没有议会党团，也不以界别开展活动。人大常委会由人民代表大会选举产生。各专门委员会依法设立，并根据工作需要由人民代表大会或其常委会决定任免其组成人员。无论是人民代表大会还是人大常委会或专门委员会,都不是按照党派分配席位的。我国的人大代表、常委会组成人员、专门委员会组成人员,无论是共产党员还是民主党派成员或者无党派人士,都在中国共产党领导下依法履行职责,为人民服务,根本利益是一致的,没有西方议会中各党派的明争暗斗,而是充分发扬民主,集思广益,在充分协商、基本达成共识的基础上,按照多数人的意见作出决定。

第二,人民代表大会和"一府一委两院"的关系与资本主义国家的国家机关之间的关系具有本质区别。在我国,由人民代表大会统一行使国家权力,"一府一委两院"由人大产生,对人大负责,受人大监督。各国家机关虽然分工不同、职责不同,但目标是完全一致的,都在中国共产党领导下,在各自职权范围内贯彻落实党的路线、方针、政策和宪法、法律,为建设中国特色社会主义服务。这与资本主义国家议会、政府、法院"三权鼎立"有着本质区别。人大统一行使国家权力要尽职尽责,但不代行行政权、监察权、审判权、检察权。人大根据党的主张和人民的意愿,通过制定法律、作出决议,决定国家大政方针,监督和支持"一府一委两院"依法行政、依法监察、公正司法,保障各国家机关协调有效地开展工作,把人民赋予的权力真正用来为人民谋利益。

第三,人大代表与资本主义议会制度的议员具有本质区别。我国的人大代表来自各地区、各民族、社会各界,工人、农民、知识分子、解放军和妇女、归国华侨等都有适当比例的代表,人口最少的民族也至少有一名代表,具有广泛的代表性。人大代表工作和生活在人民中间,同人民群众保持着密切联系,从事各自的职业,有各自的工作岗位,依法行使代表的职权,履行代表的义务,发挥代表作用。而西方议员分别代表某党某派的利益,是一个拥有自身利益的政治共同体。

实践证明,人民代表大会制度体现了我国的性质,符合我国国情,是实现人民民主的最好制度形式,具有强大的生命力和巨大的优越性。

“三权鼎立”原则，在我国既无政治基础和社会基础，更无经济基础和阶级基础。如果不顾国情，违背人民的根本利益，照搬资本主义国家“三权鼎立”的政治制度，必然会从根本上动摇人民当家作主的政治地位，动摇我国政治稳定的根基。

41. 我国选举制度的基本原则是什么？

根据我国《全国人民代表大会和地方各级人民代表大会选举法》（以下简称《选举法》）的规定，贯穿于我国选举制度始终的基本原则是：

第一，选举权的普遍性原则。选举权的普遍性原则是就享有选举权的主体范围而言的。现行《宪法》第 34 条规定，中华人民共和国年满 18 周岁的公民，不分民族、种族、性别、职业、家庭出身、宗教信仰、教育程度、财产状况、居住期限，都有选举权和被选举权；但是依照法律被剥夺政治权利的人除外。

在我国，理解选举权的普遍性原则应注意以下几个问题：(1)精神病患者享有选举权，但是否暂时停止行使选举权应经选举委员会确认；(2)因犯危害国家安全罪或者其他严重刑事犯罪案件被羁押、正在受侦查、起诉和审判的人，经人民检察院或人民法院决定，在羁押期间停止其行使选举权利；(3)虽被给予刑事处分，但未被剥夺政治权利或者在刑事诉讼中未被司法机关决定停止行使选举权和被选举权的，应享有选举权和被选举权。此外，根据我国《选举法》第 7 条第 3 款的规定，旅居国外的中华人民共和国公民在县级以下人民代表大会代表选举期间在国内的，可以参加原籍地或出国前居住地的选举。

第二，选举权的平等性原则。选举权的平等性原则是就享有选举权的主体实现权利的效力而言的。其基本含义是，所有选民在一次选举投票中只能投一张票，所有的选票的效力完全相等。我国自 1953 年《选举法》实施以来，即实现了“一人一票”的原则。但在选票的效力上，经历了由不相等向相等的过程。1979 年修改《选举法》将城乡之间选票的效力确定为全国人大代表为 8∶1、省级人大代表为 5∶1、县级人大代表为 4∶1；1995 年修改《选举法》又将城乡之间选票的效力统一确定为 4∶1；2010 年修改《选举法》实现了城乡之间选票的完全相等。这一演变过程，既反映了我国的社会进步，又与我国的社会现实相适应。

在我国，选举权的平等性是相对的，即虽然城乡选民在投票效力上相等，但是对于一些人数较少的群体给予特殊的照顾。比如，我国《选举法》第 15 条第 1 款规定："……在县、自治县的人民代表大会中，人口特少的乡、民族乡、镇，至少应有代表一人。"第 19 条第 3 款、第 4 款规定："聚居境内同一少数民族的总人口数不足境内总人口数百分之十五的，每一代表所代表的人口数可以适当少于当地人民代表大会每一代表所代表的人口数，但不得少于二分之一；实行区域自治的民族人口特少的自治县，经省、自治区的人民代表大会常务委员会决定，可以少于二分之一。人口特少的其他聚居民族，至少应有代表一人。聚居境内同一少数民族的总人口数占境内总人口数百分之十五以上、不足百分之三十的，每一代表所代表的人口数，可以适当少于当地人民代表大会每一代表所代表的人口数，但分配给该少数民族的应选代表名额不得超过代表总名额的百分之三十。"

第三，直接选举与间接选举并用的原则。我国《选举法》规定采取直接选举和间接选举相结合的原则，即县级以下的人大代表实行直接选举，县级以上的人大代表实行间接选举。在间接选举中存在多个层次：一般情况下是由县级人大代表选举省级人大代表，省级人大代表选举全国人大代表。如果存在地级（如设区的市、自治州）人大代表的，则由县级人大代表选举地级人大代表，再由地级人大代表选举省级人大代表。

第四，秘密投票原则。秘密投票又称无记名投票。它是由选民不署自己的姓名，亲自书写选票并投入密封票箱的一种投票方法。其优点在于保守秘密，保证选举人能够消除顾虑，打破情面，自由地表达自己的意志。现代国家通常都采用这种投票方法。《选举法》第 40 条规定:“全国和地方各级人民代表大会代表的选举,一律采用无记名投票的方法。选举时应当设有秘密写票处。选民如果是文盲或者因残疾不能写选票的,可以委托他信任的人代写。”

第五,差额选举原则。差额选举是指在选举中候选人的人数多于应选代表名额的选举。它与等额选举相对应。等额选举是指在选举中候选人的人数与应选代表名额相等的选举。显然,差额选举要比等额选举更加公正。《选举法》第 31 条规定:“全国和地方各级人民代表大会代表实行差额选举,代表候选人的人数应多于应选代表的名额。由选民直接选举人民代表大会代表的,代表候选人的人数应多于应选代表名额三分之一至一倍;由县级以上的地方各级人民代表大会选举上一级人民代表大会代表的,代表候选人的人数应多于应选代表名额五分之一至二分之一。”

▶ 42. 对我国直接选举的程序是怎么规定的?

第一,选举主持机构。我国《选举法》第 9 条第 2 款规定:“不设区的市、市辖区、县、自治县、乡、民族乡、镇设立选举委员会,主持本级人民代表大会代表的选举。不设区的市、市辖区、县、自治县的选举委员会受本级人民代表大会常务委员会的领导。乡、民族乡、镇的选举委员会受不设区的市、市辖区、县、自治县的人民代表大会常务委员会的领导。”第 10 条第 1 款规定:“不设区的市、市辖区、县、自治县的选举委员会的组成人员由本级人民代表大会常务委员会任命。乡、民族乡、镇的选举委员会的组成人员由不设区的市、市辖区、县、自治县的人民代表大会常务委员会任命。”

第二,划分选区。选区是以一定数量的人口为基础划分的区域,是选民选举人民代表的基本单位。根据选举法的规定,不设区的市、市辖区、县、自治县、乡、民族乡、镇的人民代表大会的代表名额分配到选区,按选区进行选举。选区可以按居住状况划分,也可以按生产单位、事业单位、工作单位划分,同时选区一般按每一选区选 1 名至 3 名代表划分。选区的划分总体上应遵循有利于实现选举权的平等性原则,如果选区之间的人口数差距过大,就会影响选民之间的投票效力,不利于实现选举权的平等原则。

第三,选民登记。选民登记是选举工作的重要环节,是公民取得选民资格的基本程序。根据我国《选举法》的规定,选民登记应按选区进行,它是国家依法对选民资格进行的法律认可。凡年满 18 周岁未被剥夺政治权利的公民,都应列入选民名单。选民名单应在选举日的前 20 日公布,并发给选民证。对于公布的选民名单有不同意见的,可以在选民名单公布之日起 5 日内向选举委员会提出申诉。选举委员会对申诉意见应在 3 日内作出处理决定。申诉人对处理意见不服,可以在选举日 5 日前向人民法院起诉,人民法院应在选举日以前作出判决,其判决为最后的决定。经过登记确认的选民,资格长期有效。

第四,代表候选人的提出与确定正式代表候选人。根据我国《选举法》的规定,在直接选举中,各政党、各人民团体可以单独或联合推荐代表候选人,选民 10 人以上联名也可以推荐代表候选人。从实践来看,各方面初步提名的候选人必然大大超过差额选举规定的比例,所以需要以选举委员会根据较多数选民意见、酝酿协商的方式,或者以预选的方式,从初步候选人中确定正式候选人名单。正式候选人名单确定之后,应在选举日的 7 日前公布,以便选民有时间考虑最后的选择。

第五,候选人的介绍。候选人的介绍,是整个选举制度的一项重要内容,在一定程度上决定着代表的素质和选民参与选举的政治热情。我国《选举法》的规定,推荐者应向选举委员会介绍候选人的情况,但选举日必须停止对代表候选人的介绍。推荐代表候选人的政党、各人民团体、选民可以在选民小组会议上宣传、介绍所推荐的代表候选人的情况。

第六,组织投票。组织投票主要有三种形式:一是各选区设投票站;二是召开选举大会投票;三是在流动票箱投票。无论采取哪种方式,选举投票都必须在选举委员会主持下进行。另外,选民在选举期间如果外出,经选举委员会同意,可以书面委托其他选民代为投票,但每一选民接受的委托不得超过3人。

第七,确定当选。投票结束以后,进入选举结果的确定程序,其内容包括:(1)确定选举是否有效。在直接选举时,选区全体选民过半数投票,选举有效。每次所投票数多于投票人数的无效,等于或者少于投票人数的有效。(2)代表候选人当选的确定。在直接选举中,选区全体选民的过半数参加投票选举有效,代表候选人获得参加投票选民的过半数选票即可当选。若获得过半数选票的代表候选人的人数超过应选代表名额时,得票多的当选。如果出现票数相等不能确定当选人时,应就票数相等的候选人重新投票。(3)宣布选举结果。选举结果由选举委员会根据选举法确定是否有效,并对外公布。

此外,县、乡人大代表在任期内,因故出缺,由原选区选民补选。补选可以是差额选举,也可以是等额选举。

43. 对我国间接选举的程序是怎么规定的?

第一,选举主持机构。与直接选举成立专门的选举委员会不同,间接选举由各级人大常委会主持。全国人大常委会主持全国人大代表的选举。省、自治区、直辖市、设区的市、自治州的人大常委会主持本级人大代表的选举。

第二,代表候选人的提出与确定正式代表候选人。根据我国《选举法》的规定,间接选举的代表候选人由各政党、各人民团体联合或者单独推荐代表候选人,代表10人以上联名也可以推荐代表候选人。提名候选人阶段结束后,各该级人民代表大会主席团将依法提出的代表候选人名单及代表候选人的基本情况印发全体代表,由全体代表酝酿、讨论。如果所提代表候选人的人数符合差额比例,则直接进行投票选举。如果所提代表候选人的人数超过最高差额比例,则进行预选,根据预选时得票多少的顺序,按照本级人民代表大会的选举办法确定的具体差额比例,确定正式代表候选人名单,进行投票选举。

第三,确定当选。选举大会由主席团主持,采用无记名投票方式,以代表候选人获得全体代表过半数的选票者当选。选举结果由大会主席团确定是否有效,并予以宣布。另外,经间接选举产生的人大代表选出以后,要经过代表资格审查委员会的审查,并经常务委员会确认其代表资格是否有效。

44. 如何罢免人大代表?

罢免权是选举权的延伸,是对选举权的一种保护。因此,我国《选举法》规定,全国和地方各级人大代表受选民和选举单位的监督,选民或者选举单位有权罢免自己选出的代表。

第一,对直接选举的代表的罢免。我国《选举法》第 50 条第 1 款规定:"对于县级的人民代表大会代表,原选区选民五十人以上联名,对于乡级的人民代表大会代表,原选区选民三十人以上联名,可以向县级的人民代表大会常务委员会书面提出罢免要求。"罢免案必须写明罢免理由。县级人大常委会是受理罢免案的单位,它在受理罢免申请后,经审查如果程序合法,应将罢免案及时转告被提出罢免的代表,让其提出申辩意见。受理罢免案的县级人大常委会应将罢免要求和提出罢免代表的书面申辩意见,印发原选区选民,并决定在适当时间召开选民会议,会议由县人大常委会派负责人主持。罢免案最终须经原选区过半数的选民才能通过。

第二,对间接选举的代表的罢免。根据我国《选举法》第 51 条的规定,县级以上的地方各级人民代表大会举行会议的时候,主席团或者1/10

以上代表联名,可以提出对由该级人民代表大会选出的上一级人民代表大会代表的罢免案。在人民代表大会闭会期间,县级以上的地方各级人民代表大会常委会主任会议或者常委会1/5以上的组成人员联名,可以向常委会提出对由该级人民代表大会选出的上一级人民代表大会代表的罢免案。根据地方组织法的有关规定,向代表大会提出的罢免案,由大会主席团交全体会议表决。向常委会提出的罢免案,由主任会议提交常委会全体会议进行表决。在表决罢免案之前,应由提出罢免案的一方作出罢免案的理由说明,然后由被提出罢免案的代表进行申辩,最后进行表决。在代表大会或常委会上通过罢免,须分别经代表大会过半数的代表或常委会组成人员的过半数才能通过,罢免的决议须报告上一级人大常委会备案。如果被罢免的代表是常委会的组成人员或者是专门委员会的组成人员,那么其代表职务被罢免后,其常委会组成人员或专门委员会组成人员的职务相应被撤销。

▶ 45. 国家结构形式主要有哪些?

国家结构形式是指特定国家的统治阶级所采取的,按照一定原则划分国家内部区域,调整国家整体与组成部分、中央与地方之间相互关系的总体形式。国家结构形式所要解决的是统治阶级对国家的领土如何划分以及划分以后如何规范国家整体与组成部分、中央与地方之间权限的问题。

国家结构形式与政权组织形式密切相关。国家结构形式与政权组织形式都是实现国家统治权力的途径,它们在不同的方面体现着国家权力关系,即职权划分关系。国家结构形式在政权体系的纵向方面,即同领土结构相适应的上下层次之间体现国家权力关系;政权组织形式则着重从政权体系的横向方面,即权力机关(立法机关)同行政机关、司法机关以及其他国家机关之间,以及权力机关同人民群众之间体现国家权力关系。

这两种形式是实现国家政权职能不可缺少的表现形式。

近现代国家主要采用单一制和联邦制两种国家结构形式。

第一,单一制。所谓单一制,就是由若干普通的行政区域或自治区域构成统一主权国家的国家结构形式。单一制国家在形式上比较简单,是一个统一完整的政治实体,其主要特征是:(1)从国家的法律体系看,国家只有一部宪法,由统一的中央立法机关根据宪法制定法律;(2)从国家机构的组成看,国家只有一个最高立法机关、一个中央政府、一套完整的司法体系;(3)从中央与地方的权力划分看,地方接受中央的统一领导,地方政府的权力由中央通过宪法和法律授予,地方行政区域单位和自治单位没有脱离中央而独立的权力;(4)从对外关系看,国家是一个独立的主体,公民具有统一的国籍。当今世界多数国家实行单一制。

按照中央与地方权力分配的程度差异,单一制又可分为中央集权型单一制和地方分权型单一制两种类型。(1)中央集权型单一制。地方政府受中央政府的控制和监督,国家权力高度集中于中央政府。(2)地方分权型单一制。地方政府享有较大的自治权,中央对地方的控制力较弱,一般只能通过立法监督、行政监督和财政监督等间接手段来实现,但是军事、外交等方面的全国性政务则由中央政府单独执掌。

第二,联邦制。所谓联邦制,是指由两个或多个政治实体(州、邦、成员国)组成复合制国家的国家结构形式。联邦制国家在形式上较单一制国家复杂,其主要特征是:(1)从国家的法律体系看,除联邦的宪法外,各成员还有各自的宪法。(2)从国家机构的组成看,除设有联邦立法机关、政府和司法体系外,各成员还设有各自的立法、行政和司法体系。(3)从联邦与各成员的职权划分看,其职权划分由联邦宪法作出具体规定,但对所谓剩余权力的归属问题,有的规定归于联邦,如加拿大;有的规定归于各州,如美国。但无论哪一种归属,都是在保证联邦行使国家的立法、外交、军事和财政等主要国家权力的同时,又规定各成员享有较大范围的自治权。(4)从对外关系看,有些国家还允许其成员享有一定的外交权,联邦国家的公民既有联邦的国籍,又有成员的国籍。印度、瑞士、俄罗斯、巴西等国也都实行联邦制。

联邦与联邦成员之间通常建立的是分享国家权力的关系,这种关系构成了联邦制国家结构形式的具体内容。从共同遵守联邦宪法、基本法律和接受联邦政府进行法定管理的角度看,联邦是一个统一的主权国家;从拥有各自的宪法和法律,独立享有管理本区域公共事务的权力并保留联邦宪法规定以外的全部权力的角度看,联邦成员又是具有相当独立性的政治实体。在典型的联邦制国家中,联邦权力被视为联邦成员权力的让与,因而联邦与其成员之间并非领导与服从的关系,而是契约与合作的关系,这与单一制国家有着根本的不同。

▶ 46. 我国为什么实行单一制国家结构形式?

现行《宪法》序言规定,中华人民共和国是全国各族人民共同缔造的统一的多民族国家。我国为统一、多民族的单一制国家。确定这样的国家结构形式,主要根据的是我国的历史传统、具体国情以及多民族国家的特点和我国的社会主义性质。

第一,我国具有统一的历史传统和实行单一制的渊源。早在秦朝,我国就建立了统一的、中央集权的多民族国家,之后虽有过几次短暂的割据和分裂,但国家统一的局面一直居于主导地位,从未实际出现复合制的国家结构形式。虽然曾有少数民族入主中原、建立地区性国家政权的历史,但无论汉族还是少数民族建立的王朝,都把中华各民族纳入其封建版图。几千年来,我国各民族都把国家统一作为最高的价值追求,统一理念深入人心。至今延续的这一悠久的历史传统,决定了我国必须建立单一制的国家结构形式。历史发展告诉我们,只有国家统一,才能带来各民族的团结、繁荣和发展。

第二,我国各民族之间历来拥有和睦相处、友好往来的传统。从民族关系和各民族的居住现状来看，在我国56个民族中，绝大多数少数民族在本民族聚居的同时，又与其他兄弟民族主要是汉族相互杂居，即形成“大杂居、小聚居”的局面，各民族之间在长期的密切交往中互通有无，建立了相互帮助、相互依存、不可分离的关系。经过历史上多次大的民族融合，我国形成了以汉族人口占绝大多数，由汉族与各少数民族共同组成的中华民族，构成了统一的单一制国家的民族基础。在各民族的交往史中，和睦相处、友好往来是主流。特别是近代以来，在中国共产党的领导下，各民族为新中国的成立作出巨大的贡献。在这一历史过程中，中国共产党的民族平等、民族团结、实行民族区域自治的民族政策逐渐形成并付诸实践。

第三，建立单一制国家，有助于维护国家统一和民族团结。祖国的统一和各民族的团结是我国各族人民共同繁荣发展的基本保障。历经数千年，我国各民族在人口迁徙、通婚、互通贸易的过程中，孕育了团结友爱的宝贵传统。特别是近代以来，我国各族人民为抵御外侮，摆脱帝国主义压迫，同仇敌忾、前仆后继、奋勇杀敌，终于实现了国家独立和各民族的解放，建立了中华人民共和国。然而，时至今日，国际敌对势力仍在千方百计地挑拨我国民族关系，离间民族团结，收买和培植敌对分子，阴谋制造分裂活动。各族人民只有紧密团结，坚决抵制各种颠覆、破坏和侵略活动，才能维护国家的独立，保卫各族人民的革命成果。建立并维护单一制国家结构形式，有助于促进各民族团结，维护祖国统一。

第四，建立单一制国家，有助于实现各民族共同繁荣发展。我国各民族之间是平等、团结、互助、和谐的社会主义新型民族关系，不仅汉族离不开少数民族，少数民族离不开汉族，各少数民族之间也相互离不开。各民族在长期历史发展中结成了休戚与共、互助合作的紧密联系，在发展中各有优势、互补共济。总体而言，汉族在经济文化发展水平、科学技术、人力资源等方面具有优势，而少数民族聚居区地域广阔、资源富集、地理位置重要、民族文化别具特色，在很多方面拥有得天独厚的优越条件。采取单一制国家形式，有利于充分发挥汉族地区和少数民族地区各自优长，使之相互结合、取长补短，实现各民族共同繁荣发展。

总之，我国历史发展和民族关系的现实情况，为我国各族人民提供了建立单一制国家的政治和经济基础。在中国共产党的领导下，建立统一的多民族国家是我国历史发展的必然选择，也是各族人民的共同愿望。在我国人民民主专政条件下，维护社会主义祖国的统一和各民族的团结，是各族人民的神圣职责，也是中国特色社会主义事业发展的基本保证。

▶ 47. 什么是民族区域自治制度？

民族区域自治制度是指在国家的统一领导下，以少数民族聚居区为基础，建立相应的民族自治地方，设立民族自治机关，行使宪法和法律规定的自治权的制度。民族区域自治制度的基本内容是：(1)国家统一；(2)民族自治和区域自治的结合；(3)民族自治权。

我国民族区域自治是中国共产党运用马克思列宁主义解决我国民族问题的基本政策，是我国的一项基本政治制度。我国民族区域自治是在国家统一领导下的自治。各民族自治地方都是中国不可分离的组成部分，各民族自治地方的自治机关都是中央政府领导下的一级地方政权，都必须服从中央的领导，维护国家的统一。与实行联邦制的国家不同，单一制国家的地方政权机关无权制定宪法，不得违背宪法规范的统一适用。民族区域自治法以及与之相配套的法律法规、民族自治地方的自治条例和单行条例不得与宪法相抵触。民族自治机关在行使同级的一般地方国家机关职权的同时，还依照宪法、民族区域自治法规定的权限行使自治权。民族区域自治的目的在于使聚居的少数民族能够根据本民族政治、经济、社会、文化等方面的特点，自主管理本地方本民族的内部事务，推动社会发展。因此，自治权是少数民族聚居区实现民族区域自治的核心内容之一。在国家统一领导下实行民族区域自治，体现了民族平等、民族团结、各民族共同繁荣发展的原则。

▶ 48. 我国为什么要实行民族区域自治制度?

确立和实行民族区域自治制度,是中国共产党坚持把马克思主义民族基本理论与我国民族问题实际相结合的重大成果,是合乎中国国情的正确选择。

第一,历史依据。中国是有着悠久历史的统一的多民族国家。早在公元前221年,秦朝就实现了国家的统一。中国历代中央政权大都在实现政治统一的前提下,保持民族地区原有的社会制度和文化形态。尽管旧的社会制度下各民族之间不可能形成真正意义上的平等关系,民族之间曾经发生矛盾、冲突甚至战争,但中国历史上统一多民族国家的长期存在,极大地促进了各民族之间的政治、经济和文化交流,各民族对中央政权的向心力和认同感不断增强,形成了包括56个民族的中华民族。

第二,现实情况。我国的人口、资源分布和经济社会文化发展很不均衡。在长期的历史发展过程中,各民族频繁迁徙,逐渐形成了大杂居、小聚居的分布格局。汉族作为人口最多的民族遍布全国;少数民族人口虽少且主要居住在广大边疆地区,但在县级以上行政区域内都有少数民族居住。这种相互依存的人口分布状况决定了以少数民族聚居的地方为基础,建立不同类型和行政级别的民族自治地方不仅必要,而且可行,有利于民族关系的和谐稳定和各民族的共同发展。此外,少数民族聚居的地方面积广大,自然资源丰富,经济社会发展水平相对落后,实行民族区域自治,可以在充分发挥少数民族地区优势的同时,促进少数民族地区与其他地区之间的交流与合作,加快少数民族地区发展和国家的现代化建设,实现各地区的共同发展和各民族的共同繁荣。

第三,政治基础。自1840年以来,中国各民族共同肩负着反帝反封建、为民族解放和国家建设而奋斗的历史使命。在共御外敌、争取民族独立和解放的长期斗争中,在新中国成立以后社会主义建设事业的发展进程中,中国各民族建立了休戚与共的亲密关系,形成了合作共存的政治认同:伟大祖国是各民族的共同家园,国家的主权统一和领土完整,是各民族实现真正自由平等和发展的根本保障。因此,建立一个统一的多民族国家,是在少数民族地区实行民族区域自治的坚实的政治基础。

第四,理论依据。民族区域自治是统一的多民族国家解决民族问题的一项基本政治制度。马克思列宁主义认为,民族区域自治是建立现代真正民主国家的条件,是解决民族问题的重要途径。列宁指出,尽管社会主义国家应坚持民主集中制,但“民主集中制不仅不排斥地方自治以及有独特的经济和生活条件、民族成分等等的区域自治,相反,它必须既要求地方自治,也要求区域自治”。① “如果不保证每一个在经济和生活上有较大特点并且民族成分不同等等的区域享有这样的自治,那么现代真正的民主国家就不可能设想了。”②可见,在统一的多民族国家实行民族区域自治,是马克思列宁主义的一个重要原则。我国实行民族区域自治制度,是把马克思列宁主义基本理论与我国民族问题的实际相结合的产物。

49. 实行民族区域自治制度的意义是什么?

第一,保障各少数民族当家作主。人民当家作主,是建设社会主义政治文明的核心内容和本质要求。民族区域自治制度的建立和发展,保障各少数民族享有与汉族人民同等的民主权利,并且享有自主管理本民族内部事务的权利。根据宪法规定,少数民族与汉族同样享有参与国家和地方事务管理的权利。我国建立了包括自治区、自治州、自治县等多层次

---

① 《列宁选集》(第 2 卷),人民出版社 2012 年版,第 359 页。

② 《列宁选集》(第 2 卷),人民出版社 2012 年版,第 360 页。

的自治地方,颁布实施了《民族区域自治法》,使少数民族人民得以依法实现自治和管理本民族内部事务。

第二,促进民族关系的巩固和发展。通过实行民族区域自治制度,各民族之间互助合作不断增强,相互了解不断加深,少数民族和民族地区经济发展、社会进步、宗教信仰和风俗习惯得到尊重。实践表明,坚持和完善民族区域自治制度,有利于妥善处理汉族与少数民族、少数民族与少数民族以及各民族内部之间的关系,使各民族和睦相处、和衷共济、和谐发展。

第三,维护国家统一。民族区域自治是在维护国家统一的前提下实行的自治。只有实行民族区域自治制度,广大少数民族人民才能真正实现当家作主,才能有力维护国家统一。根据现行《宪法》规定,中华人民共和国是全国各族人民共同缔造的统一的多民族国家。各民族自治地方都是中华人民共和国不可分割的一部分。民族自治地方的自治机关必须维护国家的统一,保证宪法和法律在本地方的遵守和执行。

第四,促进少数民族地区政治、经济、文化和社会事业的发展。我国实行民族区域自治制度以来,国家积极促进少数民族地区的经济发展和社会进步。少数民族地区的经济迅速发展,社会不断进步,人民生活幸福安定,精神面貌发生翻天覆地的变化,民族区域自治制度的发展取得了巨大成就。

关于实行民族区域自治制度的意义,实际上,《宪法》第 4 条的规定已经非常明确,即保障各民族一律平等、保障各少数民族的合法的权利和利益,维护和发展各民族的平等团结互助和谐关系。当前,应该把充分保障民族区域自治与“中华民族”的概念入宪以及中华民族伟大复兴的历史使命、时代使命有机结合起来。

50. 民族自治地方的建立原则是什么？

实行民族区域自治，首先要建立民族自治地方。根据《宪法》和《民族区域自治法》的规定和历史经验，建立民族自治地方应遵循以下基本原则。

第一，以少数民族聚居区为基础。以少数民族聚居区为基础，一是指建立民族自治地方应以少数民族聚居为基础，而不是以少数民族所占当地人口的比例为基础；二是指建立民族自治地方应以少数民族聚居的地区为基础，而不是单纯以民族成分为基础。民族区域自治是民族在一定"地区"范围内的自治，不能离开一定地域实行自治。同时，民族区域自治是"民族"在一定地区的自治，不能离开实行自治的民族实行自治。民族区域自治是民族自治和区域自治的结合。

第二，尊重历史传统。在长期的历史发展中，我国各民族人民之间相互杂居，在政治、经济、文化、社会生活各个方面已经形成密不可分的关系。各民族共同开拓了祖国的疆域，共同创造了悠久的历史和灿烂的文化，形成了汉族离不开少数民族、少数民族也离不开汉族的格局。因此，建立民族自治地方必须考虑历史因素，以增强民族团结，促进各民族共同繁荣。

第三，各民族共同协商。建立什么样的自治地方，直接关系当地有关民族人民的切身利益。因此，在民族自治地方的建立、区域界线的划分、名称的组成等一系列问题上，应由上级国家机关会同有关地方的国家机关和有关民族的代表充分协商拟定，按照法律规定的程序报请批准。根据《宪法》的规定，自治区的建置由全国人民代表大会批准，自治州、自治县的建置由国务院批准。

▶ 51. 民族自治地方的类型是什么？

根据宪法和法律的规定，民族自治地方分为自治区、自治州、自治县三级。划分三级行政地位的依据是少数民族聚居区人口的多少和区域面积的大小。根据国家民委网站的资料，我国共建立155个民族自治地方，包括5个自治区、30个自治州、120个自治县(旗)。以民族组成为依据，民族自治地方主要有以下基本类型：

一是在少数民族聚居的地方，根据当地民族关系、经济发展等条件并参酌历史情况，以一个少数民族聚居区为基础建立自治地方。例如，西藏自治区、四川省凉山彝族自治州、浙江省景宁畲族自治县等。

二是建立以几个少数民族聚居区为基础的自治地方。例如，青海省海西蒙古族藏族自治州、甘肃省积石山保安族东乡族撒拉族自治县、湖南省湘西土家族苗族自治州、贵州省黔东南苗族侗族自治州等。

三是在一个民族自治地方之内的其他少数民族聚居区，建立相应的自治地方。例如，在新疆维吾尔自治区内建有伊犁哈萨克自治州、焉耆回族自治县等。民族自治地方依据本地方的实际情况，可以包括一部分汉族或者其他民族的居民区和城镇。

四是一个民族有多处规模不等的聚居区的，可以建立多个不同行政地位的自治地方。例如，回族在全国建立有宁夏回族自治区、甘肃省临夏回族自治州、河北省孟村回族自治县等多个不同行政地位的民族自治地方。

此外，鉴于一些少数民族聚居地域较小、人口较少并且较为分散，不宜建立自治地方，现行《宪法》规定，通过设立民族乡的办法，使这些少数民族也能行使当家作主、管理本民族内部事务的权利。

▶ 52. 什么是特别行政区制度？

特别行政区是指我国按照“一国两制”方针设立并直辖于中央人民政府的特别行政区域。特别行政区制度是指我国根据“一国两制”方针对某些局部地区采用的特殊管理制度。“一国两制”与特别行政区制度依据宪法创设，现行《宪法》第31条规定：“国家在必要时得设立特别行政区。在特别行政区内实行的制度按照具体情况由全国人民代表大会以法律规定。”第62条规定，全国人民代表大会有权“决定特别行政区的设立及其制度”。特别行政区制度的基本内容是：

第一，维护国家统一。香港、澳门和台湾自古以来就是中国领土，香港、澳门回归是完成祖国统一大业取得的重大成果，解决台湾问题，实现祖国完全统一是中华民族所有成员的神圣职责和共同愿望。实行“一国两制”的底线是维护国家的统一、主权和领土完整，进而实现祖国统一。

第二，实行“一国两制”。“一国两制”包含着“一国”和“两制”两个方面。“一国”是大前提，有了“一国”才能有“两制”。根据《香港特别行政区基本法》和《澳门特别行政区基本法》的规定，特别行政区是中华人民共和国不可分离的部分，是中华人民共和国的一个享有高度自治权的地方行政区域，中央对其享有管治权，这是实行“一国两制”的一个方面。在特别行政区内保留原有的社会制度，特区享有自治权，这是实行“一国两制”的另一个方面。

第三，实行高度自治。特别行政区以宪法和基本法为依据。实行高度自治，主要是指特别行政区依据全国人民代表大会的授权享有行政管理权、立法权、独立的司法权和终审权。特别行政区行使自治权的范围十分广泛，如特别行政区自行制定货币金融政策，有权发行香港货币或澳门货币，保持财政独立，财政收入全部用于自身需要，不上缴中央人民政府；中央人民政府不在特别行政区征税等。

第四,原有的资本主义制度和生活方式不变。根据"一国两制"基本方针、《香港特别行政区基本法》、《澳门特别行政区基本法》,香港、澳门原有的社会、经济制度不变,生活方式不变,法律基本不变,即保持原有的资本主义制度和生活方式50年不变。

第五,实行当地人治理。香港特别行政区、澳门特别行政区的行政机关和立法机关都由香港、澳门的当地人组成。中央不派出官员参与港澳行政管理、立法和司法工作。这就是通常所说的"港人治港""澳人治澳"。"港人治港""澳人治澳"必须以爱国者为主体。对国家效忠是从政者必须遵循的基本政治伦理。爱国是对治港、治澳者主体的基本政治要求。

53. 特别行政区的法律地位是什么?

根据《宪法》和《香港特别行政区基本法》、《澳门特别行政区基本法》的有关规定,香港特别行政区、澳门特别行政区的法律地位,包括以下几个方面:

第一,特别行政区是中华人民共和国不可分离的部分。我国是单一制国家,国家的任何地方都是国家不可分离的部分,这同有些联邦制国家在一定条件下联邦成员可以退出联邦有根本的区别。不可分离,是指特别行政区在任何情况下都没有退出中华人民共和国的权利。我国宪法、两部基本法既没有赋予特别行政区举行公投的权力,香港特别行政区、澳门特别行政区也不存在所谓民族自决的权利。

第二,特别行政区是直辖于中央人民政府的地方行政区域。我国内地的行政区域划分基本上采用四级,即省(自治区、直辖市)、设区的市(自治州、不设区的地级市)、县(自治县、县级市、市辖区)和乡(民族乡、镇)。特别行政区直辖于中央人民政府,是指特别行政区属于我国第一级地方行政区域,相当于省、自治区、直辖市一级的地方行政区域。特别行政区由我国最高国家权力机关全国人民代表大会决定设立。

第三,特别行政区是实行高度自治的地方行政区域。香港特别行政区、澳门特别行政区不同于我国内地省级地方,不仅仅是名称上的不同,而且在于实行高度自治,保持原有的资本主义制度和生活方式长期不变,不实行社会主义制度和政策。特别行政区根据全国人民代表大会授权,享有行政管理权、立法权、独立的司法权和终审权,并享有一定的对外事务处理权。

香港特别行政区、澳门特别行政区除悬挂和使用中华人民共和国国旗、国徽外,还可使用自己的区旗、区徽。香港特别行政区的区旗是五星花蕊的紫荆花红旗。香港特别行政区的区徽,中间是五星花蕊的紫荆花,周围写有"中华人民共和国香港特别行政区"和英文"香港"。澳门特别行政区的区旗是绘有五星、莲花、大桥、海水图案的绿色旗帜。澳门特别行政区的区徽,中间是五星、莲花、大桥、海水,周围写有"中华人民共和国澳门特别行政区"和葡萄牙文"澳门"。香港特别行政区、澳门特别行政区的行政机关、立法机关和司法机关,除使用中文外,还可使用英文、葡萄牙文。

香港特别行政区、澳门特别行政区享有的高度自治在性质上是一种地方自治,只是其自治的程度不仅超越我国各省、直辖市和自治区,而且在许多方面超越了联邦制下各联邦成员的权力的自治程度,因此称为"高度自治"。香港特别行政区、澳门特别行政区的高度自治权并非其本身固有,而是中央通过基本法授权形成的。高度自治既不是"完全自治",也不是"最大程度的自治"。《香港特别行政区基本法》《澳门特别行政区基本法》第 20 条均规定,特别行政区还可以享有中央授予的其他权力,特别行政区不存在联邦制下的"剩余权力"问题。

▶ 54. 中央在特别行政区行使的主要权力是什么?

中央对特别行政区享有全面管治权,包括可以通过香港特别行政区基本法、澳门特别行政区基本法授予特别行政区高度自治权,并对所授予的高度自治权的行使进行监督。同时,中央在特别行政区还直接行使以下权力:

第一,负责管理与特别行政区有关的外交事务。在我国,外交权只能由中央人民政府掌握。中央人民政府通过以下几种形式管理与特别行政区有关的外交事务:(1)批准或同意特别行政区政府的代表参加中央人民政府进行的同特别行政区直接有关的外交谈判;(2)中央人民政府采取某些措施,协助特别行政区参加某些国际组织和国际协议;(3)中央人民政府作出某种授权性决定,由特别行政区政府处理授权范围内的涉外事务。中华人民共和国外交部在香港特别行政区、澳门特别行政区设立驻香港特别行政区特派员公署、驻澳门特别行政区特派员公署。

第二,负责管理特别行政区的防务。特别行政区的防务是国家防务的一部分,只能由中央人民政府负责。《香港特别行政区基本法》第14条规定:"……香港特别行政区政府在必要时,可向中央人民政府请求驻军协助维持社会治安和救助灾害。驻军人员除须遵守全国性的法律外,还须遵守香港特别行政区的法律。驻军费用由中央人民政府负担。"1996年12月30日第八届全国人大常委会第二十三次会议审议通过了《香港特别行政区驻军法》。《澳门特别行政区基本法》第14条规定中央人民政府负责管理澳门特别行政区的防务。负责防务就包含驻军的权力。1999年6月28日第九届全国人大常委会第十次会议通过了《澳门特别行政区驻军法》。

第三,任命行政长官和政府主要官员。特别行政区行政长官在当地通过选举或协商产生以后,由中央人民政府任命。政府主要官员由行政长官提名并报请中央人民政府任命,以及由行政长官建议中央人民政府免除其职务。香港特别行政区政府主要官员包括各司司长、副司长,各局局长,廉政专员,审计署署长,警务处处长,入境事务处处长,海关关长。香港特别行政区各司包括政务司、财政司和律政司。澳门特别行政区政府主要官员包括各司司长、廉政专员、审计长、警察部门主要负责人和海关主要负责人。澳门特别行政区各司包括行政法务司、经济财政司、保安司、社会文化司和运输工务司。澳门特别行政区检察长由行政长官提名并报请中央人民政府任命,并由行政长官建议中央人民政府免除其职务。

中央人民政府对行政长官和政府主要官员的任命,是国家主权的体现,这是一种实质性的任命权,即中央人民政府有权决定是否予以任命。中央人民政府在任命行政长官和政府主要官员时,需要:(1)审查候任人是否具备基本法规定的法定条件;(2)审查行政长官候任人和政府主要官员候任人是否按照基本法规定的产生办法和提名办法产生。《香港特别行政区基本法》和《澳门特别行政区基本法》还明确规定行政长官对中央人民政府负责。行政长官必须每年到北京进行述职。

第四,审查和发回特别行政区制定的法律。特别行政区立法会制定的法律须报全国人大常委会备案。备案不影响该法律的生效。全国人大常委会在征询其所属的香港基本法委员会和澳门基本法委员会后,如认为特别行政区立法机关制定的法律不符合基本法关于中央管理的事务及中央和特别行政区的关系的条款,可将有关法律发回,但不作修改。经全国人大常委会发回的法律立即失效。该法律的失效,除特别行政区的法律另有规定外,无溯及力。

第五,对列入附件三的在特别行政区实施的全国性法律作出增减。《香港特别行政区基本法》《澳门特别行政区基本法》第 18 条均规定,全国人大常委会有权对列于附件三的在特别行政区实施的全国性法律予以增减。列入附件三的全国性法律仅限于有关国防、外交和其他按基本法不属于特别行政区自治范围内的法律。全国人大常委会对附件三的法律作出增减前,须征询其所属的香港基本法、澳门基本法委员会和香港特别行政区、澳门特别行政区政府的意见。

第六,对特别行政区行政长官产生办法和立法会产生办法修改的主导权和最后决定权。《香港特别行政区基本法》第 45 条规定,“行政长官的产生办法根据香港特别行政区的实际情况和循序渐进的原则而规定,最终达至由一个有广泛代表性的提名委员会按民主程序提名后普选产生的目标”;第 68 条规定,“立法会的产生办法根据香港特别行政区的实际情况和循序渐进的原则而规定,最终达至全部议员由普选产生的目标”;并设计了附件一《香港特别行政区行政长官的产生办法》和附件二《香港特别行政区立法会的产生办法和表决程序》,附件一第 7 条和附件二第 3 条规定了附件一和附件二在 2007 年以后的修改程序。《澳门特别行政区基本法》在参照《香港特别行政区基本法》的基础上,也规定了附件一《澳门特别行政区行政长官的产生办法》和附件二《澳门特别行政区立法会的产生办法》。

第七,决定特别行政区进入非常状态。《香港特别行政区基本法》《澳门特别行政区基本法》第 18 条都规定全国人大常委会决定宣布战争状态或因特别行政区内发生特别行政区政府不能控制的危及国家统一或安全的动乱而决定特别行政区进入紧急状态。在这两种非常情况下,中央人民政府可发布命令将有关全国性法律在特别行政区实施。

第八,解释基本法。《香港特别行政区基本法》第 158 条、《澳门特别行政区基本法》第 143 条明确规定基本法的解释权属于全国人大常委会。全国人大常委会在解释香港特别行政区、澳门特别行政区基本法前,征询其所属的香港特别行政区、澳门特别行政区基本法委员会的意见。

同时,考虑到特别行政区法院审理案件需要,香港特别行政区基本法、澳门特别行政区基本法又规定全国人大常委会授权特别行政区法院解释基本法:(1)全国人大常委会授权法院在审理案件时对基本法关于特别行政区自治范围内的条款自行解释。(2)特别行政区法院在审理案件时对基本法的其他条款也可解释。但如特别行政区法院在审理案件时需要对基本法关于中央人民政府管理的事务或中央与特别行政区关系的条款进行解释,而该条款的解释又影响案件的判决,在对该案件作出不可上诉的终局判决前,应由终审法院提请全国人大常委会对有关条款作出解释。如全国人大常委会作出解释,特别行政区法院在引用该条款时,应以全国人大常委会的解释为准。但在此以前作出的判决不受影响。

第九,修改基本法。《香港特别行政区基本法》第 159 条和《澳门特别行政区基本法》第 144 条都明确规定基本法的修改权属于全国人民代表大会。

第十,其他权力。中央有关国家机构除了享有上述有关权力外,还行使其他方面的权力。

▶ 55. 特别行政区有哪些高度自治权?

根据香港特别行政区基本法、澳门特别行政区基本法的规定,全国人民代表大会授权特别行政区依照基本法的规定实行高度自治,享有行政管理权、立法权、独立的司法权和终审权;中央人民政府授权特别行政区依照基本法自行处理有关的对外事务;特别行政区还可以享有全国人民代表大会、全国人民代表大会常务委员会或国务院授予的其他权力。

特别行政区高度自治权的内容包括以下几个方面:

第一,行政管理权。行政管理权是指管理特别行政区各项行政事务的权力。《香港特别行政区基本法》《澳门特别行政区基本法》第 16 条规定香港特别行政区、澳门特别行政区享有行政管理权,依照基本法的有关规定自行处理香港特别行政区、澳门特别行政区的行政事务。除了外交、国防以及其他基本法规定由中央人民政府处理的行政事务外,特别行政区享有广泛的行政管理权。

中央授权特别行政区享有的行政管理权,几乎涵盖了社会生活的方方面面,包括行政决策与执行、人事任免、社会治安,以及经济贸易、财政金融、土地、航运、教育文化事业、医疗科技、体育事业、社会福利政策、专业资格、劳工事务、出入境事务等方面。特别行政区是我国的一个地方行政区域,其处理的行政事务,仅限于特别行政区内部的地方行政事务。

第二,立法权。立法权是指依照法定程序制定、修改和废除法律的权力。《香港特别行政区基本法》《澳门特别行政区基本法》第 17 条均规定香港特别行政区、澳门特别行政区享有立法权。我国省级人大及其常委会制定的规范性文件只能称为“地方性法规”,而不能称为“法律”。特别行政区立法机关制定的规范性文件可以称为“法律”。这是特别行政区享有高度自治权的重要体现。

由于实行“一国两制”,特别行政区有自己相对独立的法律体系和法律制度。国家的法律一般不在特别行政区实施。除了国防、外交和其他不属于特别行政区自治范围内的事项外,特别行政区有权就高度自治范围内的所有事务进行立法,而且既可以制定单行性的法律,也可以制定法典性的法律。

第三,独立的司法权和终审权。《香港特别行政区基本法》《澳门特别行政区基本法》第 19 条均规定,香港特别行政区、澳门特别行政区享有独立的司法权和终审权。这里“独立”的含义,不仅是指独立于香港特别行政区、澳门特别行政区内的其他机关、团体和个人,而且是指独立于内地司法机关。香港特别行政区、澳门特别行政区法院除继续保持香港、澳门原有法律制度和原则对法院审判权所作的限制外,对香港特别行政区、澳门特别行政区所有的案件均有审判权。

在通常情况下,单一制国家的地方行政区域不能享有终审权。香港、澳门回归前,从未享有过终审权。香港特别行政区、澳门特别行政区享有终审权,是特别行政区享有独立高度自治权的一个重要内容和重要特征。特别行政区终审权属于特别行政区终审法院。特别行政区终审法院的判决和裁定是不可上诉的最终判决和裁定。

特别行政区法院对国防、外交等国家行为无管辖权。法院在审理案件中遇有涉及国防、外交等国家行为的事实问题,应取得行政长官就该等问题发出的证明文件,上述文件对法院有约束力。行政长官在发出证明文件前,须取得中央人民政府的证明书。

第四,自行处理对外事务的权力。香港、澳门回归中国,外交必须统一于中央人民政府。但是,考虑到香港和澳门是国际性城市,是许多国际组织、国际条约的成员,因此基本法规定中央人民政府授权特别行政区依照基本法自行处理一定的对外事务。特别行政区的对外事务处理权,是指特别行政区在中央人民政府授权下处理对外交往过程中有关经济与文化方面事务的权力。

基本法里所指的外交事务与对外事务是两个不同的概念,其主要区别是:(1)主体不同。外交事务的主体是国家,而对外事务的主体是特别行政区,是我国主权管辖下的地方行政区域。(2)来源不同。处理外交事务是主权国家的内政,是国家的主权行为,是主权本身所固有的权力;而对外事务,并非特别行政区本身所固有,而是中央授权其行使的。(3)范围不同。外交作为主权的重要组成部分,其权力本身是无限的,处理外交事务的范围也是无限的;而对外事务,是授权来的,处理对外事务的权力是有限的,其范围也是有限的。

第五,其他授予的权力。《香港特别行政区基本法》《澳门特别行政区基本法》第 20 条均规定,特别行政区还可以享有全国人民代表大会、全国人民代表大会常委会、国务院授予的其他权力。如 1996 年 5 月 15 日、1998 年 12 月 29 日全国人大常委会先后授权香港特别行政区、澳门特别行政区政府指定其有关机构处理有关国籍申请事宜;国务院先后于 1997 年 6 月 28 日、1999 年 12 月 18 日作出决定,授权香港特别行政区、澳门特别行政区政府自 1997 年 7 月 1 日、1999 年 12 月 20 日起接收和负责审核或核对原香港、澳门政府的全部资产和债务;2006 年 10 月 31 日全国人大常委会授权香港特别行政区管辖深圳湾口岸内设立的港方口岸区;2009

年6月27日全国人大常委会授权澳门特别行政区对设在横琴岛的澳门大学新校区实行管辖等。

中央与特别行政区的关系是单一制下中央与地方的授权关系。中央的全面管治权与特别行政区的高度自治权是有机结合的。特别行政区高度自治权因中央全面管治权授权而形成,并在中央全面管治权下运作,中央对授出的高度自治权还有监督的权力和责任。在任何情况下,特别行政区都不能以高度自治的名义对抗中央在特别行政区行使的权力。

▶ 56. 特别行政区实行什么政治体制?

特别行政区是我国一个享有高度自治权并直辖于中央人民政府的地方行政区域。特别行政区政治体制的性质是一种地方政治体制。它从根本上不同于国家政治体制。两部基本法所确定的政治体制体现了以下特点:

第一,从香港特别行政区和澳门特别行政区的法律地位和实际情况出发,实行不同的政治体制。在香港特别行政区基本法起草过程中,有人提出香港特别行政区政治体制要实行"三权鼎立"。1987年4月16日,邓小平会见香港特别行政区基本法起草委员会委员时明确指出:"香港的制度也不能完全西化,不能照搬西方的一套。香港现在就不是实行英国的制度、美国的制度,这样也过了一个半世纪了。现在如果完全照搬,比如搞三权分立,搞英美的议会制度,并以此来判断是否民主,恐怕不适宜。"①

第二,特别行政区实行以行政为主导的政治体制,行政长官、行政机关与立法机关之间相互分工、相互制衡又相互配合,司法独立。行政主导是指在特别行政区政治架构中,行政长官除了作为特别行政区政府的首

---

① 《邓小平文选》(第3卷),人民出版社1993年版,第220页。

长,履行政府首长的职能、领导特别行政区政府外,作为特别行政区首长,行政长官超然于行政、立法、司法三个机关之上,处于特别行政区政治体制和权力运行的主导位置。基本法明确规定,行政长官既是特别行政区的首长,也是特别行政区政府的首长,不仅要对特别行政区负责,还要对中央人民政府负责。行政主导的政治体制是我国对香港、澳门恢复行使主权的必然要求,有利于维护国家主权和国家安全,有利于保持香港、澳门的社会稳定,提高施政效率。

第三,"港人治港""澳人治澳"。香港特别行政区基本法、澳门特别行政区基本法赋予特别行政区永久性居民选举权和被选举权,并且明确规定特别行政区的行政机关和立法机关由永久性居民组成。两个基本法还规定特别行政区居民中的中国公民依法参加全国性事务的管理,可以选出特别行政区的全国人大代表,参加最高国家权力机关的工作。

▶ 57. 特别行政区实行的法律制度是什么?

香港、澳门长期以来受殖民统治,其实行的法律制度也完全不同于内地,属于资本主义的法律制度。香港、澳门回归祖国怀抱并设立为特别行政区后,原来的法律制度基本保留,但必须在基本法的范围内,不得与基本法相抵触。所以,特别行政区法律制度的内容包括:特别行政区基本法、予以保留的原有法律、特别行政区立法机关新制定的法律和适用于特别行政区的全国法律。

第一,特别行政区基本法。特别行政区基本法是由全国人大根据我国宪法制定的体现"一国两制"方针的法律,它在特别行政区的法律体系中具有特殊的法律地位,高于特别行政区的其他法律。特别行政区制定的法律必须以基本法为依据,不得同基本法相抵触。特别行政区基本法既是社会主义法律体系的重要组成部分,也是特别行政区法律体系的组成部分。在我国社会主义的法律体系中,特别行政区基本法的地位仅次于宪法，属于基本法律的范畴；但是在特别行政区法律体系中，基本法处于最高法的地位。为此，《香港特别行政区基本法》和《澳门特别行政区基本法》都在各自的第 11 条明确规定，特别行政区的任何法律均不得同基本法相抵触。

第二，予以保留的原有法律。《香港特别行政区基本法》第 8 条规定："香港原有法律，即普通法、衡平法、条例、附属立法和习惯法，除同本法相抵触或经香港特别行政区的立法机关作出修改者外，予以保留。"《澳门特别行政区基本法》也在第 8 条明确规定："澳门原有的法律、法令、行政法规和其他规范性文件，除同本法相抵触或经澳门特别行政区的立法机关或其他有关机关依照法定程序作出修改者外，予以保留。"所以，在特别行政区的法律制度中，特别行政区原有的法律占有重要地位。但原有法律是有特定范围的，主要是指在当地形成的法律。原有法律经过全国人民代表大会常务委员会审查后才能确定是否被继续采用，凡属殖民统治性质或者带有殖民主义色彩、有损我国主权的法律，都应该废止或者修改。

第三，特别行政区立法机关制定的法律。特别行政区的立法机关对于凡属高度自治范围内的事项都可立法，即除防务、外交及其他在特别行政区自治范围以外的事务，都可以由特别行政区公布或自行立法，并在特别行政区施行。特别行政区的立法机关制定的法律须报全国人民代表大会常务委员会备案，但备案并不影响法律的生效。特别行政区制定的法律，包括民法、刑法、诉讼法、商法等法律。例如，香港特别行政区立法机关近年来通过了《保护濒危动植物物种条例草案》《2005 年幼儿服务（修订）条例草案》《2005 年民航（修订）条例草案》等。澳门特别行政区立法机关也根据自己的职权范围，依据基本法制定了大量的法律，如近年来制定了《非高等教育制度纲要法》《违法青少年教育监管制度》《调整公共行政工作人员的薪俸、退休金及抚恤金》等。这些新制定的法律在各自的特别行政区的范围内产生法律效力。

第四,在特别行政区实施的全国性法律。全国性法律是指全国人大及其常委会制定的法律。由于特别行政区的特殊法律地位,全国性法律一般不在特别行政区实施。但是,特别行政区作为中华人民共和国的一个行政区域、一个不可分离的部分,对于体现国家主权和统一的全国性法律应该实施。在特别行政区实施的全国性法律是指基本法附件三所指的全国性法律,主要包括:《关于中华人民共和国国都、纪年、国歌、国旗的决议》《关于中华人民共和国国庆日的决议》《中华人民共和国国籍法》《中华人民共和国国旗法》《中华人民共和国国徽法》《中华人民共和国外交特权与豁免条例》《中华人民共和国领事特权与豁免条例》《中华人民共和国领海及毗连区法》《中华人民共和国香港特别行政区驻军法》《中华人民共和国澳门特别行政区驻军法》《中华人民共和国专属经济区和大陆架法》《中华人民共和国外国中央银行财产司法强制措施豁免法》《中华人民共和国国歌法》《中华人民共和国香港特别行政区维护国家安全法》等。

《香港特别行政区基本法》《澳门特别行政区基本法》是依据宪法制定的,两个基本法在各自特别行政区内具有高于其他法律的效力,特别行政区内的法律都必须符合宪法和基本法。因此,宪法和基本法共同构成特别行政区的宪制基础。

▶ 58. 香港维护国家安全法的主要内容是什么?

《中华人民共和国香港特别行政区维护国家安全法》(以下简称香港维护国家安全法)具体规定了香港特别行政区维护国家安全的法律制度和执行机制。其主要内容是:

第一,中央人民政府对有关国家安全事务的根本责任和香港特别行政区维护国家安全的宪制责任。

第二,香港特别行政区维护国家安全应当遵循的重要法治原则。维护国家安全应当尊重和保障人权，防范、制止和惩治危害国家安全犯罪，应当坚持法治原则。

第三，香港特别行政区建立维护国家安全的相关机构及其职责。香港特别行政区设立维护国家安全委员会，负责香港特别行政区维护国家安全事务，承担维护国家安全的主要责任，并接受中央人民政府的监督和问责。该委员会的职责包括分析研判香港特别行政区维护国家安全形势、规划有关工作、制定香港特别行政区维护国家安全政策、推进香港特别行政区维护国家安全的法律制度和执行机制建设、协调香港特别行政区维护国家安全的重点工作和重大行动。

第四，明确规定四类危害国家安全的罪行和处罚。对分裂国家罪、颠覆国家政权罪、恐怖活动犯罪、勾结外国或者境外势力危害国家安全犯罪四类犯罪行为的具体构成和相应的刑事责任，其他处罚及效力范围作出明确的规定。

第五，明确规定案件的管辖、法律适用和程序。除特殊情形外，香港特别行政区对危害国家安全的犯罪案件行使管辖权。

第六，设立中央人民政府驻香港特别行政区维护国家安全机构。

香港特别行政区本地法律与香港维护国家安全法规定不一致的，适用香港维护国家安全法的规定。香港维护国家安全法的解释权属于全国人大常委会。

▶ 59. 什么是基层群众自治制度？

基层群众自治制度，是指依照宪法和有关法律规定，由居民（村民）选举的成员组成居民（村民）委员会，实行自我管理、自我教育、自我服务、自我监督的制度，是我国一项基本政治制度。现行《宪法》第 111 条第 1 款规定："城市和农村按居民居住地区设立的居民委员会或者村民委员会是基层群众性自治组织……"《城市居民委员会组织法》《村民委员会组织法》也分别作出具体规定，从而奠定了基层群众自治制度的规范基础，为基层群众自治组织的设立提供了法律依据。

基层群众自治制度是在新中国成立后的民主实践中逐步形成的，其主要特点如下：

第一，基层群众自治组织以居民委员会和村民委员会为组织形式，具有群众性的特点，不同于国家政权组织形式。

第二，基层群众自治组织既不是国家机关的下级组织，又不从属于居民（村民）居住地范围内的其他任何社会组织，而是一个具有自治性质的基层群众组织，自治是其最主要的特色。

第三，基层群众自治组织没有上级组织，更没有全国性、地区性的统一组织，其只存在于居民（村民）居住地区范围内的基层社区，而且其所从事的工作都是居民（村民）居住范围内社区的公共事务和公益事业，具有基层性的特点。

根据宪法的规定，在城市基层的居民委员会和在农村基层的村民委员会是基层群众自治组织的两种基本形式。

▶ 60. 居民委员会的性质和任务是什么？

居民委员会是居民自我管理、自我教育、自我服务的基层群众性自治组织。根据《城市居民委员会组织法》规定，居民委员会的设立主要包括以下内容：将根据居民居住状况、便于居民自治作为设立居民委员会的原则；根据我国城市生活实际，将居民委员会的设置范围规定为 100 ~ 700 户；根据《城市居民委员会组织法》第 6 条第 2 款规定，“居民委员会的设立、撤销、规模调整，由不设区的市、市辖区的人民政府决定”。

根据 1989 年 12 月 26 日第七届全国人大常委会第十一次会议通过、2018 年 12 月 29 日第十三届全国人大常委会第七次会议修改的《城市居民委员会组织法》的规定，居民委员会的组织主要包括居民委员会的组成、产生、任期、活动方式、有关机构和经费来源等。居民委员会由主任、副主任和委员共5～9人组成。居民委员会主任、副主任和委员，由本居住地区全体有选举权的居民或者由每户派代表选举产生；根据居民意见，也可以由每个居民小组选举代表2～3人产生。居民委员会每届任期5年，其成员可以连选连任。

居民委员会根据需要设人民调解、治安保卫、公共卫生等委员会。居民委员会向居民会议负责并报告工作。居民会议由居民委员会召集和主持。涉及全体居民利益的重要问题，居民委员会必须提请居民会议讨论决定。居民委员会决定问题，采取少数服从多数的原则。

居民委员会的任务是：宣传宪法、法律、法规和国家政策，维护居民的合法权益，教育居民履行依法应尽的义务，爱护公共财产，开展多种形式的社会主义精神文明建设活动；办理本居住地区居民的公共事务和公益事业；调解民间纠纷；协助维护社会治安；协助人民政府或者它的派出机关做好与居民利益有关的公共卫生、计划生育、优抚救济、青少年教育等项工作；向人民政府或者它的派出机关反映居民的意见、要求和提出建议。

▶ 61. 村民委员会的性质和任务是什么？

村民委员会是村民自我管理、自我教育、自我服务的基层群众性自治组织。按照1998年11月4日第九届全国人大常委会第五次会议通过、2010年10月28日第十一届全国人大常委会第十七次会议修订、2018年12月29日第十三届全国人大常委会第七次会议修正的《村民委员会组织法》的规定，村民委员会的设立包括设立的原则和设立的程序两方面内容。《村民委员会组织法》第3条第1款规定，村民委员会根据村民居住状况、人口多少，按照便于群众自治，有利于经济发展和社会管理的原则设立。根据《村民委员会组织法》第3条第2款的规定，村民委员会的设立、撤销、范围调整,由乡、民族乡、镇的人民政府提出,经村民会议讨论同意,报县级人民政府批准。

根据《村民委员会组织法》的规定,村民委员会的组织涉及村民委员会的组成、产生、任期、活动方式及有关机构等方面。村民委员会由主任、副主任和委员共3~7人组成。村民委员会主任、副主任和委员,依法由村民直接选举产生。村民委员会每届任期5年,届满应当及时举行换届选举。村民委员会成员可以连选连任。村民委员会实行少数服从多数的民主决策机制和公开透明的工作原则。村民委员会实行村务公开制度。村民委员会根据需要设人民调解、治安保卫、公共卫生与计划生育等委员会。

村民会议由村民委员会依法召集。村民会议审议村民委员会的年度工作报告,评议村民委员会成员的工作;有权撤销或者变更村民委员会不适当的决定;有权撤销或者变更村民代表会议不适当的决定。

村民委员会的主要职责是:应当支持和组织村民依法发展各种形式的合作经济和其他经济,承担本村生产的服务和协调工作,促进农村生产建设和经济发展;依照法律规定,管理本村属于村民集体所有的土地和其他财产,引导村民合理利用自然资源,保护和改善生态环境;应当尊重并支持集体经济组织依法独立进行经济活动的自主权,维护以家庭承包经营为基础、统分结合的双层经营体制,保障集体经济组织和村民、承包经营户、联户或者合伙的合法财产权和其他合法权益;村民委员会应当宣传宪法、法律、法规和国家的政策,教育和推动村民履行法律规定的义务、爱护公共财产,维护村民的合法权益,发展文化教育,普及科技知识,开展多种形式的社会主义精神文明建设活动等。

▶ 62. 基层群众自治组织与基层政权的关系是什么?

现行《宪法》第111条第1款规定:“……居民委员会、村民委员会同基层政权的相互关系由法律规定。”基层政权作为国家在基层行政区域内设立的国家机关及其行使职权的统一体，在城市指的是不设区的市、市辖区的人民代表大会及其常委会和人民政府及其职权的统一体，在农村指的是乡、民族乡、镇人民代表大会和人民政府及其职权的统一体。因此，基层群众自治组织与基层政权的关系，包括基层群众自治组织与基层人民代表大会的相互关系以及同基层人民政府的相互关系。

第一，基层群众自治组织与基层人民代表大会的相互关系。基层群众自治组织与基层人民代表大会的相互关系，在我国现行宪法和相关法律中没有明文规定，但从二者的性质和职权中可予以考察和分析。一方面，基层群众自治组织要严格遵守和贯彻基层人民代表大会及其常委会的决议和决定，开展自治活动，依法参与有关基层人民代表大会的活动并反映居民（村民）的意见和要求。另一方面，基层人民代表大会要依法对基层群众自治组织进行监督，保证宪法、法律、法规以及有关决定、决议在基层群众自治组织的实施，对基层群众自治工作给予指导、帮助和支持，对其他机关或组织妨碍基层群众自治的行为进行有效干预，保障基层群众自治的实现。

第二，基层群众自治组织与基层人民政府的相互关系。根据现行《宪法》规定，《城市居民委员会组织法》和《村民委员会组织法》对基层群众自治组织与基层人民政府之间的相互关系作了规定。《城市居民委员会组织法》第2条第2款规定：“不设区的市、市辖区的人民政府或者它的派出机关对居民委员会的工作给予指导、支持和帮助。居民委员会协助不设区的市、市辖区的人民政府或者它的派出机关开展工作。”《村民委员会组织法》第5条规定：“乡、民族乡、镇的人民政府对村民委员会的工作给予指导、支持和帮助，但是不得干预依法属于村民自治范围内的事项。村民委员会协助乡、民族乡、镇的人民政府开展工作。”

▶ 63. 对我国的行政区划是怎样规定的?

根据现行《宪法》第 30 条的规定,我国的行政区划为:(1)全国分为省、自治区、直辖市;(2)省、自治区分为自治州、县、自治县、市;(3)县、自治县分为乡、民族乡、镇;(4)直辖市和较大的市分为区、县;(5)自治州分为县、自治县、市。

宪法规定全国人大批准省、自治区和直辖市的建置;国务院批准省、自治区、直辖市的区域划分,批准自治州、县、自治县、市的建置和区域划分。

现行《宪法》第 31 条还规定:"国家在必要时得设立特别行政区。在特别行政区内实行的制度按照具体情况由全国人民代表大会以法律规定。"特别行政区是中央人民政府领导下的一级地方行政单位,是我国新的行政区划形式。1997 年 7 月 1 日香港回归,成为我国第一个特别行政区。1999 年 12 月 20 日澳门回归,成为我国第二个特别行政区。

我国现行《宪法》规定的行政区划是:(1)一般行政区域单位:基本上是四级制,即省(直辖市)、设区的市、县(县级市、市辖区)、乡(民族乡、镇)。(2)民族自治地方:自治区、自治州、自治县。(3)特别行政区。

▶ 64. 对中华人民共和国国旗是怎么规定的?

国旗是一个国家的标志性旗帜。它通过一定的样式、色彩和图案来体现一个国家的政治特色和历史文化传统。在各国国旗中,红色、黄色、蓝色、绿色和白色用得较多。我国现行《宪法》第 141 条规定,中华人民共和国国旗是五星红旗。1949 年 9 月 27 日中国人民政治协商会议第一届全体会议通过《关于中华人民共和国国都、纪年、国歌、国旗的决议》,其第 4 项规定:中华人民共和国的国旗为红地五星旗,象征中国革命人民大团结。1949 年 9 月 28 日中国人民政治协商会议第一届全体会议主席团还公布了《国旗制法说明》。我国国旗为红色，长方形，长与宽之比为 3∶2。旗面为红色，象征革命；左上方缀五颗黄色五角星，象征中国共产党领导下的革命大团结，黄色五角星象征在红色大地上呈现光明。五星中，一星较大，其外接圆直径为旗宽的 3/10，居左；4 颗小五角星较小，其外接圆直径为旗高的 1/10，环绕于大五角星的右侧，并各有一个角尖正对大星的中心点，表示亿万人民心向伟大的中国共产党，形式上显得紧凑、美观。旗杆套为白色，与旗面的红色相区别。中华人民共和国国旗是中华人民共和国的象征和标志。

1990 年 6 月 28 日第七届全国人大常委会第十四次会议通过了《国旗法》，并于 2009 年、2020 年对《国旗法》进行了修正。《国旗法》对升挂国旗的要求、时间，以及禁止使用的情形进行了具体的规定。

65. 对中华人民共和国国歌是怎么规定的？

国歌是代表国家的歌曲。在举行隆重集会、庆典以及国际交往等仪式时，通过奏唱国歌的形式表达隆重、庄严、爱国及国家尊严。

1954 年《宪法》、1975 年《宪法》、1978 年《宪法》和 1982 年《宪法》中均未对国歌作出规定。2004 年的《宪法修正案》将《宪法》第四章的章名“国旗、国徽、首都”修改为“国旗、国歌、国徽、首都”；在这一章第 136 条中增加一款，作为第 2 款，即“中华人民共和国国歌是《义勇军进行曲》”。2017 年第十二届全国人大常委会第二十九次通过了《国歌法》。

《义勇军进行曲》原是 1935 年拍摄的电影《风云儿女》的主题歌，由田汉作词、聂耳作曲。它诞生于民族危亡的抗日战争时期，歌词简洁、响亮、有力，乐曲沉着、雄壮、坚决，表达了中华民族勇敢、坚强、团结和充满必胜信念的斗争精神。1949 年 9 月 27 日，中国人民政治协商会议第一届全体会议通过了《关于中华人民共和国国都、纪年、国歌、国旗的决议》，其中第3项规定:“在中华人民共和国的国歌未正式制定前,以义勇军进行曲为国歌。”1978年第五届全国人大第一次会议通过决议,以保留《义勇军进行曲》的曲谱、集体填词的《中华人民共和国国歌》为正式国歌。1982年12月,第五届全国人大第五次会议通过决议,撤销1978年通过的关于国歌的决议,以《义勇军进行曲》作为我国的国歌。我国国歌的歌词是:“起来! 不愿做奴隶的人们! 把我们的血肉,筑成我们新的长城! 中华民族到了最危险的时候,每个人被迫着发出最后的吼声。起来! 起来! 起来! 我们万众一心,冒着敌人的炮火前进! 冒着敌人的炮火前进! 前进! 前进! 进!”

▶ 66. 对中华人民共和国国徽是怎么规定的?

国徽是以图案为其组成形式而作为一个国家的特有的象征和标志,代表国家的主权和民族的尊严。

1950年6月18日,中国人民政治协商会议第一届全国委员会第二次会议通过了国徽图案及对该图案的说明。同年9月20日,毛泽东主席签署中央人民政府令,正式公布国徽。我国的国徽呈圆形,中间是五星照耀下的天安门,周围是谷穗和齿轮。谷穗、五星、天安门、齿轮为金色,圆环内的底子及垂绶为红色,金、红两色是象征吉祥的中国传统色彩。天安门图案象征中国各族人民的革命传统和反帝反封建的不屈不挠的民族精神;齿轮和谷穗象征工人阶级和农民阶级;五颗星则代表中国共产党领导下的各族人民大团结。中华人民共和国国徽是中华人民共和国的象征和标志。

1954年《宪法》第105条规定:“中华人民共和国国徽,中间是五星照耀下的天安门,周围是谷穗和齿轮。”此后历部宪法均予以确认。1991年3月2日第七届全国人大常委会第十八次会议通过了《国徽法》,并于2009年、2020年进行了修改。《国徽法》对使用国徽的要求、禁止事项进行了具体规定。

▶ 67. 对中华人民共和国首都是怎么规定的?

首都也称国都、首府,在我国古代称京城、京师。首都,通常是一个国家最高领导机关所在地,一般也是一个国家的政治、经济和文化中心。由于历史传统和其他因素的影响,有的国家的首都有两个或者两个以上。还有些国家的国名和首都名相同,如新加坡、科威特、巴拿马、梵蒂冈等,既是国名又是首都名。

1949 年 9 月 27 日,中国人民政治协商会议第一届全体会议通过了《关于中华人民共和国国都、纪年、国歌、国旗的决议》,其中第 1 项规定:"中华人民共和国的国都定于北平。自即日起,改名北平为北京。"1954 年《宪法》确认了这个决议,但将"国都"改称为"首都"。后来的 3 部宪法也作了相同的规定。

北京特殊的地理位置和良好的自然环境,使其具备了建都的自然基础。北京是一座历史名城和文化古都。它是我国远古文化的著名发祥地。50 万年前,就有"北京人"生活在这里。在文字记载中,此地最早称为"蓟",迄今已有 3000 余年的建城史和 850 余年的建都史。西周时,北京成为周朝的诸侯国之一燕国的都城。自金朝起,正式迁都燕京,改称中都,并进行大规模的改造和扩建。元朝、明朝、清朝先后在北京建都。

北京又是有着光荣革命传统的城市。标志着新民主主义革命开始的"五四运动"、掀起抗日救亡运动的"一二·九"运动,都先后在此发生并影响全国,使北京成为全国革命运动的先锋和旗帜。1927 年,国民革命军北伐胜利,平定北洋军阀,将北京改名北平。1949 年 1 月,北平和平解放。9 月,中国人民政治协商会议第一届全体会议决定,改北平为北京,成为首都。北京从此成为新中国的政治、经济和文化中心。

第三篇
公民的基本权利与义务

▶ 68. 什么是公民的基本权利？

一般认为，基本权利是指人作为人所应享有的固有权利，即由人性所派生的或为维护“人的尊严”而应享有的、不可或缺的、具有重要意义的权利。许多国家的宪法或宪法学理论将“基本权利”称为“基本人权”。而我国历部宪法一直使用“公民的基本权利”这一概念。

因“公民的基本权利”是宪法所规定的权利，由宪法的公法属性所决定，这种权利也是公法权利。由于公法主要是调整私主体（如个人）与公权力（如国家）之间或公权力内部之间关系的法，在权利结构上，作为公法权利的基本权利主要是私主体针对公权力所享有的权利。例如，民法和宪法分别规定财产权，但民法上的财产权指的是平等主体之间的财产权，即某一私主体针对其他私主体的财产权利；宪法上的财产权则是某一私主体针对公权力所享有的财产权利。

基本权利具有以下特点：首先，在一般意义上，它是公民个人享有的权利，而非集体的或者组织的权利。其次，在宪法关系属性上，它主要是个人针对国家的权利，而非私法关系中平等主体之间的权利。再次，近代以来的基本权利主要是个人针对国家的防御性权利，是指国家不得在没有法律根据或者授权的情况下干预或者限制个人权利；现代以后，基本权利扩展到要求国家积极作为以帮助个人实现权利。最后，基本权利需要通过一定途径予以救济。当基本权利受到国家公权力的不法侵害时，公民个人有权向法院或者其他机关提起诉讼或以其他方式请求救济。

▶ 69. 我国宪法规定的基本权利有哪些？

我国明确规定的公民的基本权利可分为：

第一，平等权。《宪法》第33条规定，凡具有中华人民共和国国籍的人都是中华人民共和国公民。中华人民共和国公民在法律面前一律平等。第 4 条规定,中华人民共和国各民族一律平等。第 48 条规定,中华人民共和国妇女在政治的、经济的、文化的、社会的和家庭的生活等各方面享有同男子平等的权利。

第二,政治权利和自由。政治权利主要指选举权和被选举权。《宪法》第 34 条规定,中华人民共和国年满 18 周岁的公民,不分民族、种族、性别、职业、家庭出身、宗教信仰、教育程度、财产状况、居住期限,都有选举权和被选举权;但是依照法律被剥夺政治权利的人除外。政治自由主要指《宪法》第 35 条规定的言论、出版、集会、结社、游行、示威自由。

第三,宗教信仰自由。《宪法》第 36 条规定,中华人民共和国公民有宗教信仰自由。任何国家机关、社会团体和个人不得强制公民信仰宗教或者不信仰宗教,不得歧视信仰宗教的公民和不信仰宗教的公民。

第四,人身自由。《宪法》第 37 条规定的公民的人身自由不受侵犯;第 38 条规定的公民的人格尊严不受侵犯;第 39 条规定的公民的住宅不受侵犯;第 40 条规定的通信自由和通信秘密受法律的保护。

第五,监督权。《宪法》第 41 条规定,公民对于任何国家机关和国家工作人员,有提出批评和建议的权利;对于任何国家机关和国家工作人员的违法失职行为,有向有关国家机关提出申诉、控告或者检举的权利,但是不得捏造或者歪曲事实进行诬告陷害。由于国家机关和国家工作人员侵犯公民权利而受到损失的人,有依照法律规定取得赔偿的权利。

第六,社会经济权利。包括公民的财产权、劳动权利,劳动者的休息权,退休人员的生活保障权,公民获得物质帮助权等。

第七,文化教育权利和自由。包括公民的受教育权、公民进行科学研究、文学艺术创作和其他文化活动的自由。

第八,妇女的平等权。

第九,婚姻、家庭、母亲和儿童受国家的保护。

第十,华侨、归侨和侨眷的正当权利或者合法权利。

《宪法》明确列举了上述公民的基本权利，还有一些基本权利未作出列举，例如，生命权、健康权等。2004年《宪法修正案》增加规定“国家尊重和保障人权”，由此可以推导出，我国宪法也包含这些重要的宪法权利。

▶ 70. 基本权利的主体有哪些？

根据基本权利的性质与范围，基本权利的主体可分为一般主体、特殊主体和特定主体。

第一，一般主体。基本权利的一般主体是指最具普遍性的，可以享有最为广泛的基本权利的主体。公民是我国宪法所规定的基本权利的一般主体。现行《宪法》第33条第1款规定：“凡具有中华人民共和国国籍的人都是中华人民共和国公民。”具有国籍是确定我国公民资格的唯一要件。

国籍，是指一个人属于某一个国家的国民或公民的法律资格，其取得与丧失一般由国家立法具体规定。从世界各国法律的规定来看，国籍的取得主要有两种方式：一是因出生而取得，二是因加入而取得。对因出生而取得国籍的方式，各国采取的原则各不相同，有血统主义、出生地主义以及二者相结合的混合主义等原则。一般而言，大陆法系国家多采用血统主义，英美法系国家倾向于采用出生地主义。我国采用以血统主义为主、出生地主义为辅的混合主义原则。

对主权的归属主体和基本权利的享有主体分别采用不同用语，是我国宪法的一个传统特色。在新中国成立以前的各部宪法和宪法性文件中，基本权利的享有主体一般采用“人民”一词，主权的归属主体多采用“国民全体”一词。新中国宪法放弃了“国民”的概念，使用“人民”一词作为主权的归属主体，基本权利的享有主体则采用“公民”一词。目前，“公民”是一个外延更为广泛并可用于表示个体的法律概念，而“人民”作为主权归属主体的整体概念,是具有政治意义的。

第二,特殊主体。特殊主体是具有特殊性质和地位,只能享有一部分基本权利而不能享有一般主体所享有的所有基本权利的权利主体。法人与外国人属于基本权利的特殊主体。

自然人是人权当然的主体,但在民事法律关系中,公司等法人组织也可以成为权利和义务的主体,因为法人也是一种“可明确界定的个体”。法人是否可以成为宪法上的基本权利主体取决于法人的性质,也取决于各种基本权利自身的特性。《德国基本法》第19条第3款规定:凡基本权利依其性质可适用于国内法人者,则法人亦可享受此种权利。一般而言,对于财产权或其他一些经济自由权,法人可以成为其主体,而像生命权、生存权等基本权利,其权利的自身特性决定了只有自然人才可以享有。法人也不能成为选举权和被选举权的主体。但是,在有些国家,法人也可行使某些特定权利。

外国人也可成为公民基本权利的特殊主体。例如,现行《宪法》第32条第1款规定:“中华人民共和国保护在中国境内的外国人的合法权利和利益……”保障外国人享有相应的基本权利,不仅有利于我国改革开放事业,而且符合人权国际保障趋势。宪法有关基本权利的规定原则上也适用于外国人,当然其适用范围需视各种基本权利的性质而定。一般而言,外国人可以享有人身自由、人格尊严等作为自由权的基本权利,而不完全享有劳动权、社会保障权和受教育权等社会经济权利。

第三,特定主体。特定主体是一般主体或特殊主体的转化形态,是既享有一般主体或特殊主体所应享有的基本权利,又基于其特别的身份或处境而享有某些特定基本权利的主体。

妇女、老人、儿童是我国宪法所规定的特定基本权利主体。《宪法》第48条第1款规定:“中华人民共和国妇女在政治的、经济的、文化的、社会的和家庭的生活等各方面享有同男子平等的权利。”第49条第1款规定:“婚姻、家庭、母亲和儿童受国家的保护。”第4款规定:“禁止破坏婚姻自由,禁止虐待老人、妇女和儿童。”根据这些规定,妇女、老人和儿童均可视为基本权利的特定主体。

此外,根据现行《宪法》第 45 条、第 50 条的规定,残疾人、华侨也是宪法上所确定的基本权利的特定主体。《宪法》第 32 条第 2 款规定:“中华人民共和国对于因为政治原因要求避难的外国人,可以给予受庇护的权利。”当外国人作为享有受庇护权的主体时,在学理上也可视为特定主体。

▶ 71. 什么是平等权? 平等权的内容是什么?

平等权是指公民平等地享有权利,不受任何差别对待,要求国家同等保护的权利。在我国,依据宪法规定,平等权既是公民行使其他权利的基础,也是获得利益的具体性权利。因此,当公民认为受到不平等对待或歧视的时候,可以将平等权作为请求权依据,主张自己的合法权利。例如,《就业促进法》第 62 条规定:“违反本法规定,实施就业歧视的,劳动者可以向人民法院提起诉讼”。而在国家生活中,平等原则是指导、规范法律制度的一项基本原则。例如,《选举法》等法律都将平等原则在法律文本中加以明确规定。

现行《宪法》第 33 条由 4 款构成:“凡具有中华人民共和国国籍的人都是中华人民共和国公民。”“中华人民共和国公民在法律面前一律平等。”“国家尊重和保障人权。”“任何公民享有宪法和法律规定的权利,同时必须履行宪法和法律规定的义务。”其中,第 1 款规定了公民的主体资格,第 2 款规定了平等权的基本内容,第 3 款是人权的概括性条款,第 4 款规定了权利与义务的相互关系。

第一,法律面前人人平等。在现代法治社会中,平等权首先体现为法律面前人人平等的宪法原则。从现行《宪法》第 33 条规定来看,法律面前平等意味着公民通过法律获得同等的待遇,行使权利和履行义务的平等,不允许因其性别、身份、职业等因素不同而享有特权。具体内容包括:

所有公民平等地享有权利和平等地履行义务;所有公民都要遵守法律,不允许有超越法律规定的任何特权;所有公民在司法上一律平等,即法律适用上的平等;法律规定公民权利能力的平等,同等条件下具有获得相同权利的资格,但不意味着行为能力的绝对平等。

第二,禁止不合理的差别对待。平等只是一个相对性的概念,而非绝对性的概念。在社会生活中,由于个人能力、社会环境、文化程度等方面的差别,不同个体之间客观上存在一定差异,宪法保护的平等权并不禁止,也不可能完全禁止差别,它承认并允许在一定范围内的合理差别。所谓“合理差别”,指的是具有合理理由的差别。平等权的相对性客观上允许合理差别措施的存在,在特定历史时期、在一定范围内存在的差别是具有合理性的。例如,2010 年修改前的《选举法》规定,城乡之间人大代表所代表的人口数并非 1∶1 的人口比例,而是 4∶1 的比例。这显然会导致投票价值上的不平等,但它在特定的历史时期具有一定的合理性。又如,宪法对全国人大代表的言论免责权作了特殊规定,这一权利是人民代表基于其取得的代表资格而享有的,其他公民不能享有。由此可见,不同主体在特定权利的行使方面并不相同,存在一种合理的差别,不能把它理解为一种特权。如果完全不承认现实生活中客观存在的合理差别,机械地、简单地以平等理念理解和处理各种宪法问题,就有可能导致平均主义,混淆自由与平等的界限。因此,在现实生活中,既不能把平等权泛化,也不能把平等理解为平均主义,要正确地区分合理差别与不合理差别的界限。

▶ 72. 什么是选举权与被选举权?

政治权利在我国主要体现为选举权与被选举权。现行《宪法》第 34 条规定:“中华人民共和国年满十八周岁的公民,不分民族、种族、性别、职业、家庭出身、宗教信仰、教育程度、财产状况、居住期限,都有选举权和被选举权;但是依照法律被剥夺政治权利的人除外。”

所谓选举权，是指选民依法选举代议机关代表的权利。所谓被选举权，是指选民依法被选举为代议机关代表的权利。选举权和被选举权的基本特征如下：

第一，享有选举权与被选举权必须具备法定资格，即宪法和法律具体规定公民选举权与被选举权的要件。

第二，选举权与被选举权的行使对象主要是选举或被选举为代议机关代表。

第三，选举权与被选举权的行使原则、方式和程序是法定的，具体由《选举法》规定。

▶ 73. 什么是言论自由？

言论自由，是指公民通过各种语言形式表达、传播自己的思想和观点的自由。言论自由是宪法规定的公民的基本权利之一，是公民参与国家管理、自由地表达思想的基本形式。

我国宪法规定的言论自由具有特定的范围与表现形式，主要包括：(1)公民作为基本权利主体，有以言论方式自由地表达思想和见解的权利；(2)通过言论自由表达的内容受法律保护，不受非法干涉，言论的内容既包括政治、经济方面的内容，也包括对社会、文化等各个领域公共政策的看法和见解；(3)言论自由的表现形式是多样化的，既可采取口头形式，也可采取书面形式，必要时可以利用广播、电视、网络等传播媒介。在信息化时代，言论自由的表现形式越来越多样化，内容也越来越丰富。

作为公民的一项基本权利，言论自由并不是绝对的，在客观上存在一定的界限，要受到法律的限制。例如，《世界人权宣言》和主要的国际人权公约一方面充分肯定言论自由的价值，另一方面又对言论自由的内容与行使程序作了必要的限制。《世界人权宣言》第 29 条第 1 项规定：“人人对社会负有义务，因为只有在社会中他的个性才可能得到自由和充分的发展。”《公民权利和政治权利国际公约》第 19 条也规定：人人有保持意见不受干预之权利。人人有发表自由之权利；此种权利包括以语言、文字或出版物、艺术或自己选择之其他方式，不分国界，寻求、接受及传播各种消息及思想之自由。本条第 2 项所载权利之行使，附有特别责任及义务，故得予以某种限制，但此种限制经法律规定，且为下列各项所必要者为限：(1) 尊重他人权利或名誉；(2) 保障国家安全或公共秩序，或公共卫生或风化。各国宪法都有言论自由界限方面的规定，如根据《德国基本法》第 5 条第 1 款的规定，公民有自由发表意见的权利，但该条第 2 款又规定：“对这些权利得依一般法律之规定和保护青少年或个人名誉的规定予以限制。”《韩国宪法》第 21 条第 4 款规定：“言论、出版不得侵害他人名誉、权利或公共道德与社会伦理。”

当前，通过法律形式管理互联网已经成为世界各国的通行做法。但是，对通过互联网等表达的言论自由进行限制时，也要合理地确定界限。例如，行政机关对互联网依法进行整治，关闭违法运行的不良视听网站，同时发布通知加强互联网视听节目内容管理，要求网站不得发布违反宪法、法律、行政法规和国家规定禁止的内容，抵制互联网视听节目领域的低俗之风，这种限制是必要的，但限制方式与措施必须依据宪法和法律的规定，使限制内容、程序、原则得到规范，以保障言论自由不受非法侵犯。

▶ 74. 什么是出版自由？

出版自由，是指公民可以通过公开发行的出版物，包括报纸、期刊、图书、音像制品、电子出版物等形式，自由地表达自己对国家事务、经济和文化事业、社会事务的见解和看法。

出版自由是公民的一项政治自由，是言论自由的延伸和具体化，旨在保护公民通过文字的方式表达自己的观点，并进行思想交流的自由。言论自由与出版自由既有联系，又有区别。言论自由侧重于口头上的思想表达与交流，而出版自由是通过出版物来表达思想和观点的自由。公民根据宪法规定，通过各种出版物，以文字的形式发表对国家事务与社会事务的看法，参与国家管理，扩大民主政治的基础。公民监督公权力运行过程，既需要口头的表达形式，也需要文字的表达形式。出版自由有助于形成政治监督多样化的格局，有利于公民充分表达各种利益主张，形成和谐而稳定的政治局面。

当然，出版自由与其他权利一样，并不是绝对的，也受到法律的限制。从出版自由的本质与功能来看，出版自由的保障与出版管理是相统一的，依法管理出版事业是实现出版自由的重要条件。出版管理必须遵循宪法确定的基本原则，保障公民依法行使出版自由的权利，促进社会文明的发展。为保障公民依法行使出版自由的权利，加强对出版活动的管理，国务院2001年公布并于2020年第五次修订了《出版管理条例》。《出版管理条例》第5条第2款规定："公民在行使出版自由的权利的时候，必须遵守宪法和法律，不得反对宪法确定的基本原则，不得损害国家的、社会的、集体的利益和其他公民的合法的自由和权利。"这是出版管理过程中必须遵循的基本原则，也是确定出版自由界限的重要依据。

▶ 75. 什么是结社自由？

结社自由，是指公民为了实现一定的目标而依法律规定的程序组织某种社会团体的自由。作为公民的一项基本自由，结社自由在国家生活中发挥着重要作用。社会团体的功能是代表某个群体的共同意愿和利益，并为其实现而开展活动，其社会定位是作为政府同社会相互沟通的重要桥梁和纽带。一方面，通过社会团体的活动，政府可以了解不同利益主体的要求；另一方面，社会团体可以向社会公众宣传、解释政府的政策、决定及其措施，扩大社会的共识。同时，社会团体在一些领域承担某些政府通过行政手段难以完成的行政性业务，如承担某些原来由经济行政主管部门所负责的经济管理职能，协助政府完成有关经济与社会管理方面的任务。大力发展社会团体有助于保证政府决策民主化、科学化，扩大决策的民意基础，有助于公民有序参与各项社会管理，推动社会管理领域各项制度的创新和发展。特别是在利益多元化的背景下，政府应及时听取社会不同阶层的意见，在充分考虑不同利益主体要求的基础上，按照民主化、科学化的程序作出决策。

根据我国宪法和法律的规定，公民一方面享有结社的权利，另一方面也要履行相应的义务。为了维护社会公共利益，在法律规定的范围内，国家可以依法对结社自由的行使作出必要的限制。公民组成社会团体应当依法登记。我国社会团体的登记管理机关是国务院民政部门和县级以上地方各级民政部门。成立全国性的社会团体，由国务院的登记管理机关负责登记管理；成立地方性的社会团体，由所在地人民政府的登记管理机关负责登记管理；成立跨行政区域的社会团体，向所跨行政区域的共同上一级人民政府的登记管理机关申请登记。

国务院2016年修订的《社会团体登记管理条例》第2条规定，社会团体是指“中国公民自愿组成，为实现会员共同意愿，按照其章程开展活动的非营利性社会组织”。第3条第1款规定：“成立社会团体，应当经其业务主管单位审查同意，并依照本条例的规定进行登记。”由此可见，在我国，公民享有结社自由的范围限于组织社会团体的自由。根据《社会团体登记管理条例》的规定，社会团体必须遵守宪法、法律、法规和国家政策，不得反对宪法确定的基本原则，不得危害国家的统一、安全和民族的团结，不得损害国家利益、社会公共利益以及其他组织和公民的合法权益，不得违背社会道德风尚。社会团体不得从事营利性经营活动。

76. 什么是集会、游行、示威自由？

集会、游行、示威是公民表达政治意愿的一种重要方式。根据《集会游行示威法》的规定,集会是指聚集于露天公共场所,发表意见、表达意愿的活动;游行是指在公共道路、露天公共场所列队行进、表达共同愿望的活动;示威是指在露天公共场所或者公共道路上以集会、游行、静坐等方式,表达要求、抗议或者支持、声援等共同意愿的活动。

集会、游行、示威自由的主体是公民。一般性的文娱、体育活动,正常的宗教活动和传统的民间习俗活动不属于集会、游行、示威的范畴。国家决定举行的庆典、纪念活动等,政党、社会团体等组织依章程规定举行的活动也不属于《集会游行示威法》调整的范围。作为公民表达意愿与思想的形式,集会、游行、示威体现了言论自由的价值,也是公民参与国家政治生活的一种具体形式。公民以集会、游行、示威的方式表达愿望、建议和利益诉求,促使决策者广泛听取意见,提高国家决策的民主化程度。因此,保障集会、游行、示威自由是维护公民权利、促进民主政治发展的重要条件,也是维护社会稳定的必要形式。

《集会游行示威法》具体规定了行使这一自由的内容、程序等,从法律上确定了保障与限制集会、游行、示威自由的合理界限。《集会游行示威法》第 4 条确定了公民行使集会、游行、示威自由的总体原则:"公民在行使集会、游行、示威的权利的时候,必须遵守宪法和法律,不得反对宪法所确定的基本原则,不得损害国家的、社会的、集体的利益和其他公民的合法的自由和权利。"具体的限制性规定包括:

首先,集会、游行、示威应当和平地进行,不得携带武器、管制刀具和爆炸物,不得使用暴力或者煽动使用暴力。

其次,不得妨碍社会公共秩序。为了保障公务活动不受影响,保持国家利益与公民权利之间的平衡,《集会游行示威法》规定:集会、游行、示威在国家机关、军事机关、广播电台、电视台、外国驻华使领馆等单位所在地举行或者经过的,主管机关为了维持秩序,可以在附近设置临时警戒线,未经人民警察许可,不得逾越等。

最后,举行集会、游行、示威,必须依法向主管机关提出申请并获得许可,同时须符合法律的相关规定。如未依法申请或者申请未获许可的,未按照主管机关许可的目的、方式、标语、口号、起止时间、地点、路线进行的,以及在集会、游行、示威进行中出现危害公共安全或严重破坏社会秩序情况时,人民警察应当予以制止,不听制止的,人民警察现场负责人有权命令解散。

77. 什么是宗教信仰自由?

所谓宗教信仰自由,是指公民依据内心的信念,自愿地信仰宗教的自由。具体内容包括:公民既有信仰宗教的自由,也有不信仰宗教的自由;有信仰这种宗教的自由,也有信仰那种宗教的自由;在同一宗教里,有信仰这个教派的自由,也有信仰那个教派的自由;有过去信教而现在不信教的自由,也有过去不信教而现在信教的自由。宗教信仰自由作为一种权利体系,主要由信教的自由、宗教活动自由、宗教仪式自由构成,有些国家法律规定还包括传教自由。

保障宗教信仰自由对于维护国家政治稳定、促进社会和谐具有重要意义。我国是多宗教国家,宗教在我国不仅具有悠久的历史,而且社会影响面广。宗教问题与民族问题有着密切的联系,如我国信仰伊斯兰教的少数民族就有10个,生活在不同区域,具有不同的宗教生活方式。在多民族国家,少数民族的宗教信仰问题具有长期性、民族性、复杂性与群众性特点。

我国宪法和法律对于保障公民宗教信仰自由作了原则性规定。现行《宪法》第36条规定:"中华人民共和国公民有宗教信仰自由。任何国家机关、社会团体和个人不得强制公民信仰宗教或者不信仰宗教,不得歧视信仰宗教的公民和不信仰宗教的公民。国家保护正常的宗教活动……"宪法的规定实际上确定了宗教信仰自由在基本权利体系中的地位,为宗教信仰自由的实现提供了宪法依据。除宪法的总体规定外,《刑法》《民法典》《选举法》《义务教育法》等法律具体规定了对宗教信仰自由的保障。国务院2004年公布并于2017年修订的《宗教事务条例》是现阶段调整宗教事务的重要依据，对宗教团体、宗教活动场所、宗教教职人员和宗教财产等方面进行了系统的规范，明确了违反规定的行为应承担的法律责任。

国家为宗教信仰自由提供一定的物质保障，积极创造物质方面的条件，提供良好的环境，如安排宗教活动场所，恢复、修缮、开放寺、观、教堂等。根据法律和有关规定，各宗教团体的房屋财产的产权，归宗教团体所有。

▶ 78. 什么是人身自由不受侵犯？

所谓人身自由不受侵犯，是指公民享有不受任何非法搜查、拘禁、逮捕、剥夺、限制的权利。这一概念表明：人身自由是公民宪法地位的直接体现；任何组织或个人不得非法剥夺或限制公民的人身自由；剥夺或限制公民的人身自由，必须按照法定程序进行。

公权力可以限制或剥夺公民的人身自由，但要严格遵循宪法规定的基本原则和法律规定的程序。在我国，限制或剥夺人身自由的法定程序主要包括：

第一，根据宪法和法律的规定，任何公民，非经人民检察院批准或决定或者人民法院决定，并由公安机关执行，不受逮捕。公安机关执行逮捕，必须出示逮捕证，逮捕后，应当立即将被逮捕人送看守所羁押。除无法通知的以外，应当在逮捕后24小时以内，通知被逮捕人的家属。公安机关执行拘留，必须出示拘留证。

第二，根据现行宪法的规定，禁止非法搜查公民的身体，禁止非法搜查或者非法侵入公民的住宅。为了收集犯罪证据、查获犯罪人，侦查人员可以对犯罪嫌疑人以及可能隐藏罪犯或者犯罪证据的人的身体、物品、住所和其他有关的地方进行搜查,但必须严格依照法定程序进行。进行搜查时,侦查人员必须向被搜查人出示搜查证,并且应当有被搜查人的家属、邻居或者其他见证人在场。搜查妇女的身体应当由女性工作人员进行。这些法定程序保证了公民人身自由不受非法侵犯,即使受限制或剥夺时也要依照法定程序进行。

现行《宪法》第130条规定:“人民法院审理案件,除法律规定的特别情况外,一律公开进行。被告人有权获得辩护。”公开审判制度本身就是对人身自由的一种法定程序的保障,法院在审判活动中坚持依法定程序全面地收集证据,只有被告人供述,没有其他证据的,不能认定被告人有罪和处以刑罚,没有被告人供述,而证据确实充分的,可以认定被告人有罪和处以刑罚。在刑罚的适用方面实行“罪刑相适应”原则,保护被告人的合法权益。根据《刑事诉讼法》的规定,犯罪嫌疑人、被告人除自己行使辩护权以外,还可以委托律师,人民团体或犯罪嫌疑人、被告人所在单位推荐的人,犯罪嫌疑人、被告人的监护人、亲友1~2人作为辩护人。犯罪嫌疑人自被侦查机关第一次讯问或者采取强制措施之日起,有权委托辩护人;在侦查期间,只能委托律师作为辩护人。被告人有权随时委托辩护人。严禁刑讯逼供是我国公安、司法机关的办案原则。刑讯逼供是对公民人身自由的严重侵犯。根据《刑事诉讼法》第52条的规定,严禁刑讯逼供和以威胁、引诱、欺骗以及其他非法的方法收集证据。根据《刑法》第247条的规定,司法工作人员对犯罪嫌疑人、被告人实行刑讯逼供或者使用暴力逼取证人证言的,处3年以下有期徒刑或者拘役。致人伤残、死亡的,依照《刑法》第234条、第232条的规定定罪从重处罚。严禁刑讯逼供是我国法治建设中必须坚持的原则,是保障公民人身自由的重要措施。按照中央关于深化司法体制改革的部署和要求,2010年最高人民法院、最高人民检察院、公安部、国家安全部、司法部印发了《关于办理死刑案件审查判断证据若干问题的规定》和《关于办理刑事案件排除非法证据若干问题的规定》,进一步明确了刑事诉讼各环节非法证据的认定标准和排除程序，对于保证刑事案件办案质量，保障诉讼参与人合法权益，促进司法公正，具有重要意义。

▶ 79. 什么是人格尊严不受侵犯？

所谓人格尊严，是指与人身有密切联系的名誉、姓名、肖像等不容侵犯的权利。人格尊严在法律层面主要表现为人格权，它是公民参加社会活动时应具有的资格。现行《宪法》第 38 条规定："中华人民共和国公民的人格尊严不受侵犯。禁止用任何方法对公民进行侮辱、诽谤和诬告陷害。"《民法典》第 990 条规定，人格权是民事主体享有的生命权、身体权、健康权、姓名权、名称权、肖像权、名誉权、荣誉权、隐私权等权利。除前款规定的人格权外，自然人享有基于人身自由、人格尊严产生的其他人格权益。第 991 条规定，民事主体的人格权受法律保护，任何组织或者个人不得侵害。第 992 条规定，人格权不得放弃、转让或者继承。从宪法和法律的规定来看，人格尊严的基本内容包括：

第一，公民享有姓名权。公民有权决定、使用和依照规定变更自己的姓名，禁止他人干涉、盗用、假冒。对公民姓名权的侵犯就是对公民人格尊严的侵犯。《民法典》第 1012 条规定，自然人享有姓名权，有权依法决定、使用、变更或者许可他人使用自己的姓名，但是不得违背公序良俗；第 1014 条规定，任何组织或者个人不得以干涉、盗用、假冒等方式侵害他人的姓名权或者名称权。

第二，公民享有肖像权。肖像是人的形象的客观记录，是公民人身的派生物。《民法典》第 1018 条规定，自然人享有肖像权，有权依法制作、使用、公开或者许可他人使用自己的肖像；第 1019 条规定，任何组织或者个人不得以丑化、污损，或者利用信息技术手段伪造等方式侵害他人的肖像权。未经肖像权人同意，不得制作、使用、公开肖像权人的肖像，但是法律另有规定的除外。

第三，公民享有名誉权。名誉权是公民人格权的重要组成部分，是公民要求社会和他人对自己的人格给予尊重的权利。《民法典》第 1024 条规定，民事主体享有名誉权。任何组织或者个人不得以侮辱、诽谤等方式侵害他人的名誉权；第 1025 条规定，行为人为公共利益实施新闻报道、舆论监督等行为，影响他人名誉的，不承担民事责任，但是有下列情形之一的除外：(1)捏造、歪曲事实；(2)对他人提供的严重失实内容未尽到合理核实义务；(3)使用侮辱性言辞等贬损他人名誉。

第四，公民享有荣誉权。荣誉权，是指公民对社会给予的褒扬享有的不可侵犯的权利，如因对社会做出贡献而得到的荣誉称号、奖章、奖品、奖金等。荣誉权一般不具有经济价值，它更多体现为精神价值，是在社会主义精神文明建设中，社会对特定人的贡献给予的肯定。《民法典》第 1031 条规定，民事主体享有荣誉权。任何组织或者个人不得非法剥夺他人的荣誉称号，不得诋毁、贬损他人的荣誉。

第五，公民享有隐私权。隐私权具有复合的性质，即隐私权是自由地享有私生活领域不被公开的权利，对国家权力而言具有防御性；隐私权通常是对特定人固有事项的保护，具有专属权利的性质；隐私权是对个人信息的管理与控制权，具有请求权的性质。与隐私权的权利性质相适应，宪法保护的隐私权主要包括个人私生活秘密不受侵犯、个人私生活自由不受侵犯等。《民法典》第 1032 条规定，自然人享有隐私权。任何组织或者个人不得以刺探、侵扰、泄露、公开等方式侵害他人的隐私权。

▶ 80. 什么是住宅不受侵犯？

住宅不受侵犯也可称为住宅安全权，包括如下内容：任何公民的住宅不得非法侵入，任何公民的住宅不得随意搜查，任何公民的住宅不得随意查封。这里的“住宅”是从广义上使用的，既包括固定居住的住宅，也包括宿舍、旅馆等临时性的住所。凡与公民私人生活有关的空间，都可以被纳入住宅的范围之内。住宅不受侵犯是对公民私生活的空间保护，其范围不限于公民生活用的住宅，特定的工作场所也可能纳入住宅不受侵犯的保障范围。凡不经住宅主人同意随意侵入公民住宅的行为都会构成对住宅安全权的侵犯。

我国现行《宪法》第39条规定："中华人民共和国公民的住宅不受侵犯。禁止非法搜查或者非法侵入公民的住宅。"宪法对非法搜查或者非法侵入住宅的行为规定了禁止性规范，为住宅安全权的保障提供了宪法依据。为了保障公民住宅不受非法侵犯，《刑法》第245条进一步规定："非法搜查他人身体、住宅，或者非法侵入他人住宅的，处三年以下有期徒刑或者拘役。司法工作人员滥用职权，犯前款罪的，从重处罚。"

为了维护公共利益，必要时可以对住宅安全权进行限制，但这种限制必须基于公正的法律程序，特别是在房屋拆迁等涉及私人财产权的问题上，更应该严格依照法律程序进行，切实保障公民的财产权。国家依法对公民住宅安全权进行限制不得侵犯住宅安全权的本质内容，因此，应通过法律程序防止公权力的滥用，使各种限制形式规范化、法治化。住宅安全权的合理限制表现在：法定的国家机关为刑事侦查的需要，可依法对公民住宅进行搜查；法定的国家机关可依法查封公民的住宅；在紧急状态下，特定国家机关和人员可在事先没有办理必要手续的情况下，强行进入公民住宅，但事后须办理必要手续。

▶ 81. 什么是通信自由与通信秘密受宪法保护？

通信自由与通信秘密，是指公民通过书信、电报、传真、电话及其他通信手段，根据自己的意愿进行通信，不受他人干涉的自由。现行《宪法》第40条规定："中华人民共和国公民的通信自由和通信秘密受法律的保护。除因国家安全或者追查刑事犯罪的需要，由公安机关或者检察机关依照法律规定的程序对通信进行检查外，任何组织或者个人不得以任何理由侵犯公民的通信自由和通信秘密。”

通信是公民参与社会生活、进行交流的必要手段,通信自由是公民不可缺少的基本自由。通信自由的主体具有广泛性,包括自然人与法人,外国人在一定条件下也可以成为通信自由的主体。通信自由的基本内容是,公民何时、何地,采取何种方式,与何人通信不受国家机关的非法干涉。其所保护的利益是私生活秘密与表达行为的自由。通信自由与隐私权的保护存在一定的交叉,但二者的侧重点与角度是不同的。通信自由主要侧重保护思想交流的途径和媒介,公民通过行使通信自由,可以自由地进行社会交往。而隐私权侧重于保护个人生活的私密性。

对通信秘密的保障,既包括通信的内容,也包括通信的形式。公民的通信包括书信、电话、电报、电子邮件等各种通信手段。通信秘密具体包括:公民的通信他人不得扣押、隐匿、毁弃,公民通信、通话的内容他人不得私阅或窃听。除因国家安全或者追查刑事犯罪的需要,由公安机关、国家安全机关或者检察机关依照法律规定的程序对通信进行检查外,任何组织或者个人不得以任何理由侵犯公民的通信自由和通信秘密。

宪法上有关保障通信自由和通信秘密的规定,为一般法律提供了立法原则和立法依据。为了进一步通过普通法律来保护公民的通信自由和通信秘密,2015 年修正的《邮政法》第 3 条规定:“公民的通信自由和通信秘密受法律保护。除因国家安全或者追查刑事犯罪的需要,由公安机关、国家安全机关或者检察机关依照法律规定的程序对通信进行检查外,任何组织或者个人不得以任何理由侵犯公民的通信自由和通信秘密。除法律另有规定外,任何组织或者个人不得检查、扣留邮件、汇款。”

宪法所保护的通信自由是一种合法的、正当的通信自由,任何危害宪法秩序与侵害他人权益的行为都不属于通信自由的范畴,通信自由如同其他自由一样具有相对性,为了国家安全与公共利益的需要,可以依法对通信自由进行必要的限制。

▶ 82. 什么是公民的财产权?

财产权,是指公民个人通过劳动或其他合法方式取得财产和占有、使用、处分财产的权利。财产权是公民基本权利的重要内容,是公民在社会生活中获得自由与实现经济利益的必要途径。根据宪法规定,公民的生活资料和生产资料都应受宪法保护,如公民的财产所有权、国有土地使用权、股权、土地承包经营权、债权以及专利和发明等知识产权。宪法规定的财产权主要是为防御公共权力而存在的,这一点不同于民法上的财产权。虽然其保障内容与民法财产权高度一致,但宪法上的财产权主要是相对于国家的一项基本权利。而且,作为宪法权利的财产权可为私法上的财产权保障提供宪法基础。

随着社会主义市场经济的发展、公民个人财富的积累,社会成员普遍要求国家加强对私人财产权的保护。2004 年《宪法修正案》第 22 条规定:公民的合法的私有财产不受侵犯。国家依照法律规定保护公民的私有财产权和继承权。“合法的私有财产不受侵犯”意味着国家有义务保护所有公民的财产权,并采取各种有效措施实现财产权价值。这一修正案进一步明确了私有财产权的宪法地位,为合法的私有财产权的保护提供了必要的宪法依据。

与其他社会经济权利一样,公民财产权的保护也不是绝对的。2004 年《宪法修正案》第 22 条规定:国家为了公共利益的需要,可以依照法律规定对公民的私有财产实行征收或者征用并给予补偿。宪法的这一规定有利于在公权力与私权利、公共财产与私有财产之间确定合理的界限,使受侵害的私有财产得到合理补偿。征收和征用是国家为了公共利益对公民的私有财产进行限制的形式,但二者的性质与功能是不同的。二者的主要区别是:征收是所有权的转移,征用是使用权的改变,一般在紧急状态下强制使用,一旦紧急状态结束,被征用的物品要返还给原权利人;适用征收和征用的条件和补偿标准也不同，因征收对权利人利益的损害大于征用，故补偿标准相对高一些。对公民财产权的限制必须基于公共利益，即社会整体利益，体现国防、外交等重大的国家利益。公共利益不同于团体、社会组织的利益或商业利益，应进行严格的限定。

83. 什么是劳动权？

所谓劳动权，是指一切有劳动能力的公民有劳动和取得劳动报酬的权利。劳动权是公民赖以生存的基础，是行使其他权利的物质上的前提。其内容主要包括劳动就业权和取得报酬权。现行《宪法》第 42 条第 1 款规定：“中华人民共和国公民有劳动的权利和义务。”劳动既是公民的一项基本权利，也是宪法规定的公民的一项基本义务。劳动是创造社会价值、实现个人价值的直接手段，是个人生存、发展的基础，因此公民有通过劳动获得生活资料、追求个人幸福的权利，劳动权利应受到法律保护。同时，在社会发展中，劳动体现了社会分工的要求，也是个人创造社会价值、创造生产资料、实现国家发展的基础手段。因此，劳动是为社会的存在和发展作贡献，对个人来说，劳动也是公民应负担的基本义务。

凡是具有劳动能力的公民，都有权平等地参加社会劳动，享有平等的就业机会；参加社会劳动的公民有权根据所提供的劳动数量和质量获得相应的报酬。劳动权的行使与报酬是相适应的。根据宪法的规定，劳动是一切有劳动能力的公民的光荣职责。公民有权根据自己的能力参加劳动，取得相应报酬，同时也有义务参加劳动。这种权利与义务的一致性反映了我国社会主义条件下劳动的性质。

84. 什么是休息权？

休息权，是指劳动者在付出一定的劳动以后消除疲劳、恢复劳动能力的权利,是劳动权存在和发展的基础。现行《宪法》第 43 条第 1 款规定:“中华人民共和国劳动者有休息的权利。”第 2 款规定:“国家发展劳动者休息和休养的设施,规定职工的工作时间和休假制度。”《劳动法》第 36 条规定:“国家实行劳动者每日工作时间不超过八小时、平均每周工作时间不超过四十四小时的工时制度。”国家还实行劳动者的休假制度,主要包括 3 项:公休日制度、法定节假日制度、带薪年休假制度。

85. 什么是社会保障权?

社会保障权,是指一般公民为了维持有尊严的生活而向国家要求给付的请求权。现行《宪法》第 44 条规定:“国家依照法律规定实行企业事业组织的职工和国家机关工作人员的退休制度。退休人员的生活受到国家和社会的保障。”2004 年《宪法修正案》第 23 条规定:国家建立健全同经济发展水平相适应的社会保障制度。这些规定提供了社会保障权的宪法依据。

社会保障权的基本特征是:社会保障权主体既包括全体公民,也包括特定主体;社会保障权体现公民权利对国家权力的依赖;社会保障权的义务主体是政府;社会保障权是公民行使其他权利的基础;社会保障权具有双重性,既是一种社会权利,又是一种经济权利,它是法治国家必须履行的国家义务,其实现过程需要国家的积极干预,体现了社会公正原则。

公民社会保障权的实现,不仅使弱者得到必要的社会救济,而且有助于实现社会公平与正义。社会保障权作为权利体系,由生育保障权、疾病保障权、伤残保障权、死亡保障权与退休保障权等具体权利构成。

社会保障权客观上有其界限,即社会保障不能超过经济社会发展所许可的限度。因此,国家需要投入必要的物质资源,既要防止提供的物质帮助过少,又要防止提供的物质帮助超过国家财力、物力可以承受的限度。应根据一个国家经济与文化发展具体情况,选择适当的社会保障方式,发挥社会保障制度的利益调整功能。

▶ 86. 什么是获得物质帮助权?

现行《宪法》第 45 条第 1 款规定:“中华人民共和国公民在年老、疾病或者丧失劳动能力的情况下,有从国家和社会获得物质帮助的权利。国家发展为公民享受这些权利所需要的社会保险、社会救济和医疗卫生事业。”除宪法外,有关法律、法规具体规定了物质帮助权的内容及其实现。在实现方式上,物质帮助权主要通过立法机关制定的相应社会立法以及国家建立的社会保障制度得以实现。

虽然物质帮助权与社会保障权的内容有一定的重叠与交叉,但无论从宪法规范内涵还是从权利实现方式上,都体现出物质帮助权是公民一项独立的基本权利。物质帮助权具有以下特点:(1)权利主体是特定公民,而非社会全体公民。这一点不同于社会保障权。根据现行《宪法》第 45 条的规定,有权获得物质帮助的只有年老、疾病或者丧失劳动能力的特定公民,不是“每个人”或“一切公民”。(2)该权利的内容是特定主体从国家和社会获得“物质帮助”。“物质帮助”和“生存”存在一定的差异,前者仅限于“物质”,后者则包括个人生活的各种需求。(3)该权利的义务主体是国家与社会。社会保障权的义务主体可以包括用人单位等,而物质帮助权的义务主体仅限于国家和社会。

▶ 87. 什么是受教育权?

受教育权是公民在教育领域享有的基本权利,是公民接受文化、科学等方面教育训练的权利。受教育权包括每个人按照其能力平等地接受教育的权利,同时也包括要求提供教育机会的请求权。根据宪法和有关法律的规定,公民受教育权的基本内容包括:

第一，按照能力受教育的权利。公民按照自己所具有的能力，接受相应的教育。国家可以采取必要的考试制度，使有一定能力的公民享受相应的教育。

第二，享受教育机会的平等。每个公民在宪法和法律所规定的范围内，享有平等的受教育权，不因除能力之外的性别、宗教、社会身份等原因而受不平等的待遇。特别是在招生政策方面应贯彻平等原则，以维护教育公平和社会正义。国家义务教育要逐步实现地区均衡发展，发展农村学前教育，完善家庭经济困难学生资助政策。对于农民工子女就学问题，逐步实现以全日制公办学校为主、以输入地为主保障农民工子女平等接受义务教育，并全面取消借读费。

我国已建立了较完善的公民受教育权保障体系，在实践中也取得了积极的进展，特别是《国家中长期教育改革和发展规划纲要(2010—2020年)》为发展教育、实现公民的受教育权提出了目标与措施。除宪法对受教育权作出原则性规定外，我国先后颁布了《义务教育法》《教育法》《职业教育法》《高等教育法》等法律，进一步完善了教育立法。

▶ 88. 什么是监督权？

监督权，主要是指公民依照宪法和法律规定监督国家机关及其工作人员活动的权利。现行《宪法》第41条第1款规定："中华人民共和国公民对于任何国家机关和国家工作人员，有提出批评和建议的权利；对于任何国家机关和国家工作人员的违法失职行为，有向有关国家机关提出申诉、控告或者检举的权利，但是不得捏造或者歪曲事实进行诬告陷害。"根据这一规定，监督权的内容具体包括：

第一，批评、建议权。批评，即公民在国家政治生活和社会生活中，有权对国家机关及其工作人员的缺点、错误提出批评意见，其形式是多样化的。建议，即公民通过一定的形式向国家机关及其工作人员提出合理化意见。由于信息掌握受限等方面的原因,公民在行使批评、建议权的时候,其内容也可能不正确。因此,国家机关及其工作人员,对公民的批评、建议应采取宽容的态度,不能滥用公权力打击报复提出批评意见的群众。

第二,控告、检举权。控告、检举权是指公民对于任何国家机关和工作人员的违法失职行为,有权向有关国家机关提出控告,揭发违法失职与犯罪行为,请求有关机关对违法失职者给予制裁。

第三,申诉权。当自己的合法权益受到侵犯时,公民有权向各级国家机关提出申诉。申诉权分为诉讼上的申诉权与非诉讼上的申诉权。诉讼上的申诉权是指当事人或其他公民认为人民法院已经发生法律效力的判决或裁定确有错误时,依法向司法机关提出申请要求重新审查处理的权利。非诉讼上的申诉权是指公民对行政机关的决定不服,向其上级机关提出申请,要求重新处理的权利。

2005 年 1 月 10 日,国务院修改后的《信访条例》将保护信访人权利确立为信访工作的基本原则。该条例所称信访,是指公民、法人或者其他组织采用书信、电子邮件、传真、电话、走访等形式,向各级人民政府、县级以上人民政府工作部门反映情况,提出建议、意见或者投诉请求,依法由有关行政机关处理的活动。《信访条例》细化了信访事项的提出、受理、办理和督办程序,全面规范各级政府机关信访工作;将畅通信访渠道作为各级政府及其工作部门处理信访事项的重要职责,规定国家信访工作机构充分利用现有政务信息网络资源,建立全国信访信息系统,为信访人在当地提出信访事项、查询信访事项办理情况提供便利;将信访工作绩效考核纳入公务员考核体系,使各级行政机关及其工作人员在办理信访事项时,切实履行应当承担的法定职责,保护信访人的合法权益。该条例还在总则中明确规定“任何组织和个人不得打击报复信访人”。

监督权作为公民的基本权利,对国家机关及其工作人员活动产生直接约束力。《宪法》第 41 条第 2 款规定:“对于公民的申诉、控告或者检举,有关国家机关必须查清事实,负责处理。任何人不得压制和打击报复。”法律对此作了严格的保护性规定，如《刑法》第 254 条规定：“国家机关工作人员滥用职权、假公济私，对控告人、申诉人、批评人、举报人实行报复陷害的，处二年以下有期徒刑或者拘役；情节严重的，处二年以上七年以下有期徒刑”。公民行使监督权时，客观上存在一定界限。此外，公民行使申诉、控告或者检举权利时，不得捏造或者歪曲事实进行诬告陷害，否则须承担相应的责任。

▶ 89. 公民的基本义务与基本权利是什么关系？

《宪法》第 33 条第 4 款规定，任何公民享有宪法和法律规定的权利，同时必须履行宪法和法律规定的义务；第 51 条规定，中华人民共和国公民在行使自由和权利的时候，不得损害国家的、社会的、集体的利益和其他公民的合法的自由和权利。根据权利义务相一致原理，享有权利必须履行一定的义务。作为宪法关系的体现，公民的基本义务也符合这一原理。为了实现对各种可能互相发生冲突的公民基本权利的调整以及增进社会公共利益，就不得不要求公民履行一定的义务。而且，公民基本义务既是公民应尽的责任，也是一种资格，表明公民在国家生活中的主体地位。例如，服兵役义务，并非所有人都能履行，具有公民资格的人才能履行这一义务。

由于基本义务的履行必须由公民予以金钱支付或者受到对身体等方面的某种强制，因此，义务必须由法律予以规定，即义务的规定是法律保留的事项。首先，它排除行政机关以行政法规或者命令的方式设定义务；其次，立法机关以法律方式规定义务必须符合宪法价值和法律程序；最后，设定义务的法律通常没有溯及力。一些国家明确规定税法没有溯及力，有的国家则根据义务的种类和性质规定涉及义务的法律的溯及力问题。

我国《宪法》将公民的基本义务与基本权利同时规定在第二章中，而且规定了一些既具有权利属性也具有义务属性的内容。根据马克思主义基本原理,权利和义务紧密相联,相辅相成,“没有无义务的权利,也没有无权利的义务”。在抽象角度和内在逻辑上,权利与义务统一于整体的法律制度之中。但在具体的法律关系中,却不能把权利与义务相统一的关系作简单化、庸俗化理解。享有权利,并不必然地、即时地、一对一地履行义务;反之亦然。从时间来看,现在享有权利,可能要到将来才履行义务,如从小受父母抚养,成年以后有赡养父母的义务;从空间来看,可能在一方面享受了权利,应当在其他方面履行相应义务;从主体来看,可能一方履行义务,另一方享有权利。

宪法规定的基本权利与义务也是辩证统一的关系,公民一方面行使宪法规定的权利,另一方面也要履行宪法规定的义务。从各国宪法规定及其政治实践来看,不同国家或者一国之内的公民只有享受权利与履行义务的多少之分,而绝不可能只享受权利不履行义务,或者只履行义务而不享受权利。公民履行基本义务的背后实际上存在基本权利的因素,也就是说,公民履行义务的过程同时也是公民享有基本权利的过程,二者并不是对立的关系。基本权利是公民对国家的权利,基本义务是公民对国家的义务,二者基本上都反映了公民对国家的关系。公民在日常生活中,应当把二者结合起来,不能把履行基本义务理解为被动、消极的行为。

▶ 90. 我国公民的基本义务有哪些?

现行《宪法》明确规定的公民的基本义务主要有:

第一,维护国家统一与民族团结的义务。国家统一与各民族团结是进行社会主义现代化建设的重要保证。我国现行《宪法》第 52 条规定:“中华人民共和国公民有维护国家统一和全国各民族团结的义务。”

第二,遵守宪法和法律的义务。遵守宪法义务是指忠于宪法,维护宪法尊严,保障宪法实施的义务。这一义务是基于宪法规范的最高性而产生的，是宪法保障制度正常运行的重要条件。现行《宪法》第 53 条规定了公民遵守宪法和法律的义务。该条还规定了保守国家秘密、爱护公共财产、遵守劳动纪律、遵守公共秩序、尊重社会公德的义务，这些都是遵守宪法和法律义务的具体化，是公民在不同的社会领域中应遵循的具体规则，也是其应当承担的责任。其中，遵守宪法的义务具有根本性。

第三，维护祖国安全、荣誉和利益的义务。现行《宪法》第 54 条规定，公民有维护祖国的安全、荣誉和利益的义务，不得有危害祖国的安全、荣誉和利益的行为。

第四，依法服兵役的义务。现行《宪法》第 55 条规定："保卫祖国、抵抗侵略是中华人民共和国每一个公民的神圣职责。依照法律服兵役和参加民兵组织是中华人民共和国公民的光荣义务。"

第五，依法纳税的义务。现行《宪法》第 56 条规定，公民有依照法律纳税的义务。纳税义务主体既包括自然人，也包括法人。此外，由于征税实际上是一种国家统治权的行使，因此外国人在我国拥有财产时，也应按照税法的有关规定纳税。

此外，除上述基本义务之外，宪法还规定了劳动的义务、受教育的义务、夫妻双方计划生育的义务、父母抚养教育未成年子女的义务、成年子女赡养扶助父母的义务。其中，劳动和受教育是同时作为一项基本权利被宪法所确认的。

第四篇
国家机构

▶ 91. 我国国家机构体系是怎样的？

我国现有的国家机构体系，可以从横向和纵向两个维度进行划分：

第一，中央国家机关与地方国家机关。中央国家机关包括全国人大及其常委会、国家主席、国务院及其部门、中央军委、国家监察委、最高人民法院、最高人民检察院。地方国家机关包括地方各级人大、县级以上地方各级人大常委会、地方各级人民政府及其部门、县级以上地方各级监察委、民族自治地方的自治机关、地方各级人民法院及专门法院、地方各级人民检察院及专门检察院。此外，香港特别行政区和澳门特别行政区还设立特别行政区行政长官、行政机关、立法机关和司法机关。

第二，不同性质的国家机关系统。国家主席、中央军事委员会是中央特有的国家机关。国家权力机关系统：全国人大及其常委会、地方各级人大、县级以上地方各级人大常委会。国家行政机关系统：国务院及其部门、县级以上人民政府及其部门、乡级人民政府。国家监察机关系统：国家监察委员会、县级以上地方各级监察委员会。国家审判机关系统：最高人民法院、县级以上地方各级人民法院、专门法院。国家法律监督机关系统：最高人民检察院、县级以上人民检察院、专门检察院。民族自治地方的自治机关：自治区人大和人民政府、自治州人大和人民政府、自治县人大和人民政府。此外，香港特别行政区和澳门特别行政区还设立特别行政区行政长官、行政机关、立法机关和司法机关。（见图 1）

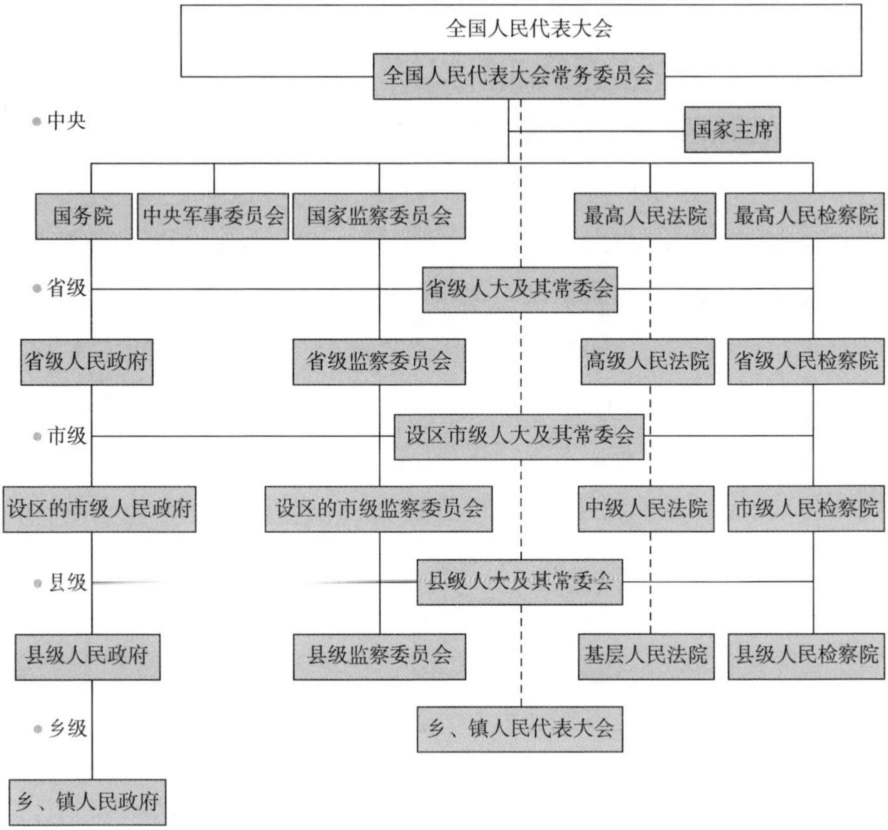

图 1　我国国家机构体系

92. 我国国家机构的组织和活动原则是什么？

根据《宪法》规定，我国国家机构的组织和活动原则主要是：

第一，党的领导原则。中国共产党领导是中国特色社会主义最本质的特征，是中国特色社会主义制度的最大优势，党是最高政治领导力量；党的全面领导是深化党和国家机构改革的根本保证。中国共产党按照总揽全局、协调各方的原则，在同级各种组织包括各级国家机关中发挥领导核心作用。深化党和国家机构改革，必须以加强党的全面领导为统领，同时，中国共产党在宪法和法律的范围内活动，并保证国家的立法、行政、监察、司法机关积极主动地、独立负责地、协调一致地工作。

第二，民主集中制原则。民主集中制原则是我国人民代表大会制度的组织原则，同时也是国家机构的组织和活动原则。一方面，国家机构建立在充分民主的基础上，对国家重大问题的立法和决定，对国家事务和社会、经济、文化事务的管理，必须符合广大人民的利益和要求；另一方面，国家机构又在民主基础上进行集中，各级人民代表大会统一行使国家权力，产生的其他国家机关对其负责，受其监督。

第三，为人民服务原则。根据宪法，国家的一切权力属于人民。人民通过人民代表大会行使国家权力，同时，人民依照法律规定，通过各种途径和形式，管理国家事务，管理经济和文化事业，管理社会事务。一切国家机关和国家机关工作人员必须依靠人民的支持，经常保持同人民的密切联系，倾听人民的意见和建议，自觉接受人民的监督，努力为人民服务。从本质上看，人民是国家的主人，而国家机关工作人员是人民的公仆。必须坚持人民主体地位，健全人民当家作主制度体系，完善体制机制，为人民依法管理国家事务、管理经济文化事业、管理社会事务提供更有力的保障。

第四，权责统一原则。我国国家机构行使宪法和法律规定的对国家、社会、经济、文化等事务的管理职权，同时，一切国家机关实行工作责任制。如果国家机关违法或不当行使职权，应承担相应的法律责任。要健全党和国家监督体系，完善对权力运行的监督制约机制；各级国家机关及其工作人员要带头尊法学法守法用法，不得有超越宪法法律的特权，绝不允许以言代法、以权压法、逐利违法、徇私枉法。

第五，精简和效率原则。根据宪法的规定，一切国家机关实行精简的原则，不断提高工作质量和效率。必须克服机构重叠、职责交叉、权责脱节、职责划分不够科学、职责缺位和效能不高、一些领域权力运行制约和监督机制不够完善、滥用职权、以权谋私等问题，深化国家机构改革，改革机构设置，优化职能配置，转变政府职能和管理方式，提高效率效能，不断提高国家机关的管理水平和服务质量，反对官僚主义。

第六，法治原则。宪法最主要的功能，是确认、规范和制约国家权力，保证国家机构按照宪法规定的原则、方式和程序行使权力、履行职责。要坚持依法治国、依法执政、依法行政共同推进，坚持法治国家、法治政府、法治社会一体建设，依法依规完善国家机构职能，依法履行职责，依法管理机构和编制，完善国家机构组织法，既发挥法治规范和保障作用，做到重大改革于法有据，又通过改革加强和完善法治。

▶ 93. 全国人民代表大会的性质和地位是什么？

根据《宪法》规定，全国人民代表大会是我国的最高国家权力机关。

第一，全国人民代表大会作为全国人民的代表机关，具有广泛的代表性。全国人民代表大会由省、自治区、直辖市、特别行政区和军队选出的代表组成。各少数民族都应当有适当名额的代表。宪法规定，国家的一切权力属于人民，而全国人民代表大会集中代表全国人民的根本利益和意志。

第二，全国人民代表大会代表全国人民统一行使国家权力。全国人民代表大会行使修改宪法、监督宪法的实施、制定和修改基本法律、选举或决定国家领导人、决定国家的重大事项以及应当由最高国家权力机关行使的其他职权。

第三，全国人民代表大会在整个国家机构体系中居于最高地位。全国人民代表大会居于国务院、中央军事委员会、国家监察委员会、最高人民法院和最高人民检察院等其他中央国家机关之上，既不和它们并列，也不受它们制约；其他中央国家机关都由全国人民代表大会产生，执行它制定的法律和通过的决议决定；所有地方国家机关都必须执行它制定和修改的法律和通过的决议决定。

▶ 94. 对全国人民代表大会的组成、任期和职权是怎么规定的?

根据《宪法》和《选举法》的规定,全国人民代表大会由省、自治区、直辖市、特别行政区和军队选出的代表组成。代表名额不超过3000人。全国人民代表大会每届任期5年。

现行《宪法》第62条具体规定了全国人民代表大会的16项职权,可以归纳为六个方面:

第一,修改宪法和监督宪法实施的权力。宪法的修改由全国人大常委会或1/5以上的全国人民代表大会代表提议,并由全国人民代表大会以全体代表的2/3以上的多数通过。为了维护宪法尊严、保障宪法实施,全国人民代表大会行使监督宪法实施的职权。

第二,制定和修改基本法律的权力。全国人民代表大会行使国家立法权,有权制定和修改刑事、民事、国家机构的和其他的基本法律。

第三,对中央国家机关组成人员选举、决定人选和罢免的权力。全国人民代表大会选举并有权罢免全国人大常委会的组成人员;选举并有权罢免国家主席、副主席;根据国家主席的提名,决定国务院总理的人选,根据国务院总理的提名,决定国务院副总理、国务委员、各部部长、各委员会主任、审计长和秘书长的人选,并有权罢免国务院总理和国务院其他组成人员;选举中央军事委员会主席,根据中央军事委员会主席的提名,决定中央军事委员会其他组成人员的人选,并有权罢免中央军事委员会主席和中央军事委员会其他组成人员;选举并有权罢免国家监察委员会主任,选举并有权罢免最高人民法院院长和最高人民检察院检察长。

第四,决定重大国家事项的权力。全国人民代表大会审查和批准国民经济和社会发展计划和计划执行情况的报告;审查和批准国家的预算和预算执行情况的报告;批准省、自治区和直辖市的建置;决定特别行政区的设立及其制度;决定战争和和平的问题。

第五，监督其他中央国家机关的权力。全国人大常委会对全国人民代表大会负责并报告工作，全国人民代表大会有权改变或者撤销全国人大常委会不适当的决定和法律；国务院对全国人民代表大会负责并报告工作；中央军事委员会主席对全国人民代表大会负责；国家监察委员会对全国人民代表大会负责；最高人民法院和最高人民检察院对全国人民代表大会负责。

第六，应当由最高国家权力机关行使的其他职权。

▶ 95. 对全国人民代表大会代表的权利义务是怎么规定的？

全国人民代表大会代表，简称“全国人大代表”，是按照法律规定选举产生的最高国家权力机关的组成人员，代表人民的利益和意志，依照宪法和法律赋予全国人大的各项职权，行使国家权力。

全国人大代表享有如下权利：出席会议，参加审议各项议案、报告和其他议题，发表意见，依法联名提出议案、质询案、罢免案等，提出对各方面工作的建议、批评和意见，参加选举、表决，获得依法执行代表职务所需的信息和各项保障等权利。人大代表享有言论免责权，在人大各种会议上的发言和表决，不受法律追究。人大代表享有身份保障权，非经人大主席团（闭会期间为人大常委会）的许可，不受逮捕或者刑事审判；如果因为是现行犯被拘留，执行拘留的机关应当立即向人大主席团或人大常委会报告。

全国人大代表应当履行如下义务：模范地遵守宪法和法律，保守国家秘密，协助宪法和法律的实施，按时出席会议，认真审议各项议案、报告和其他议题，发表意见，做好会议期间各项工作，与原选区选民或者原选举单位和人民群众保持密切联系等。

《全国人民代表大会和地方各级人民代表大会代表法》（以下简称《代表法》）还规定了包括全国人大代表在内的各级人大代表在人大会议

期间的工作、闭会期间的活动、执行代表职务的保障和对人大代表的监督等内容。

96. 对全国人民代表大会常务委员会的性质和地位是怎么规定的?

全国人大常委会是全国人民代表大会的常设机关,对全国人民代表大会负责并报告工作。

第一,全国人大常委会是全国人民代表大会的常设机关。全国人大常委会的组成人员由全国人民代表大会从其代表中选出;全国人大常委会与全国人民代表大会每届任期相同;全国人大常委会行使宪法和法律赋予的职权,包括在全国人民代表大会闭会期间部分行使最高国家权力;全国人大常委会行使全国人大授予的权力,例如,经全国人大授权,制定香港维护国家安全法。

第二,全国人大常委会是行使国家立法权的机关。根据1954年《宪法》的规定,全国人民代表大会是行使国家立法权的唯一机关,其他国家机关包括全国人大常委会在内,均不能行使国家立法权。根据1982年《宪法》的规定,全国人大常委会行使国家立法权,有权制定和修改除应当由全国人民代表大会制定的法律以外的其他法律,有权在全国人民代表大会闭会期间,对全国人民代表大会制定的法律进行部分补充和修改,但是不得同该法律的基本原则相抵触。因此,它也是行使国家立法权的机关。

第三,全国人大常委会产生于全国人民代表大会,但它不是一个独立于全国人大之外的最高国家权力机关。全国人大常委会要对全国人民代表大会负责并报告工作;全国人民代表大会有权改变或者撤销全国人大常委会不适当的决定,有权依照法定程序罢免全国人大常委会的组成人员。

97. 对全国人大常委会的组成、任期和职权是怎么规定的?

全国人大常委会由委员长、副委员长若干人、秘书长、委员若干人组成。全国人大常委会的组成人员不得担任国家行政机关、监察机关、审判机关和检察机关的职务;如果担任上述职务,必须向全国人大常委会辞去常务委员会的职务。

全国人大常委会每届任期同全国人民代表大会每届任期相同。委员长、副委员长连续任职不得超过两届。

根据现行《宪法》和有关法律的规定,全国人大常委会的职权主要是:

第一,全国人大常委会有权解释宪法,监督宪法的实施。

第二,立法权。全国人大常委会有权制定和修改除应当由全国人民代表大会制定的法律以外的其他法律;在全国人民代表大会闭会期间,对全国人民代表大会制定的法律进行部分补充和修改,但是不得同该法律的基本原则相抵触。

第三,法律解释权。法律有以下情况之一的,由全国人大常委会解释:法律的规定需要进一步明确具体含义的;法律制定后出现新的情况,需要明确适用法律依据的。

第四,监督权。主要包括听取和审议国务院、国家监察委员会、最高人民法院和最高人民检察院的专项工作报告;审查和批准决算,听取和审议国民经济和社会发展计划、预算的执行情况报告,听取和审议审计工作报告;法律实施情况的检查;撤销国务院制定的同宪法、法律相抵触的行政法规、决定和命令,撤销省、自治区、直辖市国家权力机关制定的同宪法、法律和行政法规相抵触的地方性法规和决议;询问和质询;特定问题调查。

第五,重大国家事项决定权。主要包括在全国人民代表大会闭会期间审查和批准国民经济和社会发展计划以及预算在执行过程中必须作出的部分调整方案；决定同外国缔结的条约和重要协定的批准和废除，决定战争状态的宣布，决定全国总动员或局部动员，决定全国或个别省、自治区、直辖市进入紧急状态；规定军人和外交人员的衔级制度和其他专门衔级制度；规定和决定授予国家的勋章和荣誉称号。

第六，人事任免权。主要包括在全国人民代表大会闭会期间，根据国务院总理的提名，决定部长、委员会主任、审计长、秘书长的人选；根据中央军事委员会主席的提名，决定中央军事委员会其他组成人员的人选；根据国家监察委员会主任的提名，任免国家监察委员会副主任和委员；根据最高人民法院院长的提请，任免最高人民法院副院长、审判员、审判委员会委员和军事法院院长；根据最高人民检察院检察长的提请，任免最高人民检察院副检察长、检察员、检察委员会委员和军事检察院检察长，并且批准省、自治区、直辖市人民检察院检察长的任免；决定驻外全权代表的任免。

第七，全国人民代表大会授予的其他职权。例如，第七届全国人大第二次会议审议了国务院提请授权深圳市人民代表大会及其常务委员会和深圳市人民政府分别制定深圳经济特区法规和深圳经济特区规章的议案，决定授权全国人民代表大会常务委员会在深圳市依法选举产生市人民代表大会及其常务委员会后，对国务院提出的上述议案进行审议，作出相应决定。

▶ 98. 对国家主席的产生和任期是怎么规定的？

根据 1982 年《宪法》的规定，国家主席、副主席由全国人民代表大会选举。有选举权和被选举权的年满 45 周岁的中华人民共和国公民可以被选为国家主席、副主席。国家副主席协助主席工作。国家副主席受主席的委托，可以代行主席的部分职权。

1982 年《宪法》规定国家主席、副主席每届任期同全国人民代表大会每届任期相同，连续任职不得超过两届。

2018年3月11日第十三届全国人大第一次会议通过的《宪法修正案》，删去“连续任职不得超过两届”的规定，主要考虑是，国家主席制度是党和国家领导体制的重要组成部分，我国实践中形成由党的总书记担任国家主席、兼任军委主席的体制，党章对党的中央委员会总书记、党的中央军事委员会主席，宪法对中华人民共和国中央军事委员会主席，都没有作出“连续任职不得超过两届”的规定。宪法对国家主席的相关规定也采取上述做法，有利于维护党中央权威和集中统一领导，有利于加强和完善国家领导体制。

国家主席、副主席行使职权到下届全国人民代表大会选出的主席、副主席就职为止。

国家主席缺位的时候，由副主席继任主席的职位。国家副主席缺位的时候，由全国人民代表大会补选。国家主席、副主席都缺位的时候，由全国人民代表大会补选；在补选以前，由全国人大常委会委员长暂时代理主席职位。

99. 国家主席的职权是什么？

根据宪法规定，国家主席的职权主要有：

第一，公布法律、发布命令。国家主席根据全国人大及其常委会的决定，公布法律，发布特赦令，宣布进入紧急状态，宣布战争状态，发布动员令。

第二，任免权。国家主席提名国务院总理人选，根据全国人大及其常委会的决定，任免国务院总理、副总理、国务委员、各部部长、各委员会主任、审计长、秘书长。

第三，外事权。国家主席代表中华人民共和国，进行国事活动，接受外国使节；根据全国人大常委会的决定，派遣和召回驻外全权代表，批准和废除同外国缔结的条约和重要协定。

第四，授予荣誉权。国家主席根据全国人大及其常委会的决定，授予国家的勋章和荣誉称号。

▶ 100. 国务院的性质和地位是什么?

根据现行《宪法》第 85 条、第 92 条的规定:“中华人民共和国国务院,即中央人民政府,是最高国家权力机关的执行机关,是最高国家行政机关。”“国务院对全国人民代表大会负责并报告工作;在全国人民代表大会闭会期间,对全国人民代表大会常务委员会负责并报告工作。”这些规定明确了国务院的性质和国务院在国家机构体系中的地位。

第一,国务院是中央人民政府。这是相对于地方各级人民政府而言的。我国的国家整体与部分的关系是中央与地方的关系。在全国,中央人民政府只有一个,即国务院,它对外以中国政府名义进行活动,对内则同地方各级人民政府组成国家行政机关体系。

第二,国务院是最高国家权力机关的执行机关。国务院是全国人民代表大会的执行机关。国务院处理国家行政事务不能违反最高国家权力机关制定的法律和通过的决议,也不能行使宪法和法律未作规定或授予的职权。

第三,国务院是最高国家行政机关。国务院统一领导各部、各委员会的工作以及全国地方各级国家行政机关的工作,规定中央和省、自治区、直辖市的国家行政机关职权的具体划分,在国家行政机关体系中具有最高地位。

▶ 101. 对国务院的组成和领导体制是怎么规定的?

国务院由总理、副总理若干人、国务委员若干人、各部部长、各委员会主任、审计长和秘书长组成。国务院总理的人选,由国家主席提名,全国人民代表大会决定,国家主席任免;国务院副总理、国务委员、各部部长、各委员会主任、审计长、秘书长的人选，由国务院总理提名，全国人民代表大会决定，国家主席任免；在全国人民代表大会闭会期间，根据国务院总理提名，全国人大常委会决定，国家主席可任免部长、委员会主任、审计长、秘书长。国务委员的职位相当于国务院副总理级，是国务院常务会议组成人员。秘书长在总理的领导下，负责处理国务院的日常工作。

国务院每届任期与全国人民代表大会每届任期相同。总理、副总理、国务委员连续任职不得超过两届。

国务院实行总理负责制；各部、各委员会实行部长、主任负责制。

总理负责制表现为：(1)国务院其他组成人员的人选，由总理提名，全国人民代表大会决定，在全国人民代表大会闭会期间，由全国人大常委会决定(副总理和国务委员除外)，国家主席任命。(2)国务院各部、各委员会的设立、撤销或者合并，经总理提出，由全国人民代表大会决定；在全国人民代表大会闭会期间，由全国人民代表大会常务委员会决定。(3)总理领导国务院的工作，副总理、国务委员协助总理工作。根据国务院组织法，副总理、国务委员按分工负责处理分管工作，受总理委托负责其他方面的工作或专项任务，并可代表国务院进行外事活动。(4)总理召集和主持国务院全体会议和国务院常务会议。(5)国务院发布的决定、命令和行政法规，向全国人民代表大会或全国人大常委会提出的议案，任免人员，由总理签署。

部长、主任负责制表现为：各部部长、各委员会主任领导本部门的工作，召集和主持部务会议或委员会会议、委务会议，签署上报国务院的重要请示、报告和下达的命令、指示；副部长、副主任协助部长、主任工作。

▶ 102. 国务院主要有哪些职权？

根据现行《宪法》规定，国务院的职权主要有：

第一，根据宪法和法律，规定行政措施，制定行政法规，发布决定和命令。行政法规的名称一般称“条例”，也可以称“规定”“办法”等。国务院根据全国人大及其常委会的授权决定制定的行政法规，称“暂行条例”或“暂行规定”。

第二，向全国人民代表大会或全国人大常委会提出议案。

第三，规定各部和各委员会的任务和职责，统一领导各部和各委员会的工作，并且领导不属于各部和各委员会的全国性的行政工作；统一领导全国地方各级国家行政机关的工作，规定中央和省、自治区、直辖市的国家行政机关的职权的具体划分；编制和执行国民经济和社会发展计划和国家预算；批准省、自治区、直辖市的区域划分，批准自治州、县、自治县、市的建置和区域划分；依照法律规定决定省、自治区、直辖市范围内部分地区进入紧急状态等。

第四，领导和管理经济、城乡建设、生态文明建设、教育、科学、文化、卫生、体育、计划生育、民政、公安、司法行政、国防建设事业和民族事务等工作，管理对外事务。

第五，保障少数民族的平等权利和民族自治地方的自治权利，保护华侨的正当的权利和利益，保护归侨和侨眷的合法的权利和利益。

第六，改变或撤销各部、各委员会发布的不适当的命令、指示和规章，改变或撤销地方各级国家行政机关的不适当的决定和命令。

第七，全国人大及其常委会授予国务院的其他职权。如根据《立法法》的规定，应当制定法律的事项尚未制定法律的，全国人大及其常委会有权作出决定，授权国务院可以根据实际需要，对其中的部分事项先制定行政法规，但是有关犯罪和刑罚、对公民政治权利的剥夺和限制人身自由的强制措施和处罚、司法制度等事项除外。

▶ 103. 对中央军事委员会的性质、地位是怎么规定的？

现行《宪法》第 93 条第 1 款规定：“中华人民共和国中央军事委员会

领导全国武装力量。”这一规定表明,中央军事委员会是国家最高军事指挥机关,领导全国武装力量。

现行《宪法》将“中央军事委员会”单列一节,规定中央军事委员会主席对全国人民代表大会及其常务委员会负责,中央军事委员会在国家机构体系中处于从属于最高国家权力机关的地位。

《宪法》规定,中央军事委员会由主席、副主席若干人、委员若干人组成。中央军事委员会主席由全国人民代表大会选举产生;中央军事委员会其他组成人员的人选,根据中央军事委员会主席的提名,由全国人民代表大会决定;在全国人民代表大会闭会期间,中央军事委员会其他组成人员的人选,根据中央军事委员会主席的提名,由全国人大常委会决定。全国人民代表大会有权罢免中央军事委员会主席和中央军事委员会其他组成人员。

中央军事委员会每届任期同全国人民代表大会每届任期相同。

中央军事委员会主席对全国人民代表大会和全国人民代表大会常务委员会负责。

▶ 104. 中央军事委员会的职权是什么?

现行《宪法》第 93 条规定,中华人民共和国中央军事委员会领导全国武装力量。根据《国防法》的规定,中华人民共和国武装力量由解放军现役部队和预备役部队、人民武装警察部队、民兵组成。宪法未具体规定中央军事委员会的职权。

根据《国防法》第 15 条的规定,中央军事委员会行使下列职权:(1)统一指挥全国武装力量;(2)决定军事战略和武装力量的作战方针;(3)领导和管理中国人民解放军、中国人民武装警察部队的建设,制定规划、计划并组织实施;(4)向全国人民代表大会或者全国人大常委会提出议案;(5)根据宪法和法律,制定军事法规,发布决定和命令;(6)决定中国人民解放军、中国人民武装警察部队的体制和编制，规定中央军事委员会机关部门、战区、军兵种和中国人民武装警察部队等单位的任务和职责；(7)依照法律、军事法规的规定，任免、培训、考核和奖惩武装力量成员；(8)决定武装力量的武器装备体制，制定武器装备发展规划、计划，协同国务院领导和管理国防科研生产；(9)会同国务院管理国防经费和国防资产；(10)领导和管理人民武装动员、预备役工作；(11)组织开展国际军事交流与合作；(12)法律规定的其他职权。

▶ 105. 监察委员会的性质和职能是什么？

根据《宪法》第123条和《监察法》第3条的规定，中华人民共和国各级监察委员会是与党的纪律检查机关合署办公的政治机关、国家的监察机关、行使国家监察职能的专责机关，依法对所有行使公权力的公职人员进行监察，调查职务违法和职务犯罪，开展廉政建设和反腐败工作，维护宪法和法律的尊严。

第一，监察委员会是国家的监察机关，是国家机构体系的组成部分。国家监察委员会由全国人民代表大会产生，地方各级监察委员会由本级人民代表大会产生。国家监察委员会对全国人民代表大会及其常务委员会负责，并接受其监督。地方各级监察委员会对本级人民代表大会及其常务委员会和上一级监察委员会负责，并接受其监督。宪法确立了监察委员会作为国家机构的宪法地位。各级监察委员会依照宪法和法律规定的职责、权限和程序行使监察权，实现国家监察全面覆盖，深入开展反腐败工作，推进国家治理体系和治理能力现代化。

第二，监察委员会是行使国家监察职能的专责机关，是国家监督体系的组成部分。专责机关不仅强调监察委员会的专业化特征、专门性职责，更加突出强调了监察委员会的责任，行使监察权不仅是监察委员会的职权，更重要的是职责和使命担当。监察委员会依照法律规定独立行使监察权,不受行政机关、社会团体和个人的干涉。明确“各级监察委员会是行使国家监察职能的专责机关”,与党章关于“党的各级纪律检查委员会是党内监督专责机关”相呼应,有利于构建党统一指挥、全面覆盖、权威高效的监督体系。

第三,监察委员会是实现党和国家自我监督的政治机关。监察委员会依法行使的监察权,不是行政监察、反贪反渎、预防腐败职能的简单叠加,而是人民代表大会制度下一项与行政权、审判权、检察权并列的国家权力。各级监察委员会,在党直接领导下,代表党和国家对所有行使公权力的公职人员进行监督,既调查职务违法行为,又调查职务犯罪行为。监察机关的性质、地位和职权既不同于行政机关,也有别于司法机关。

根据《监察法》的规定,监察委员会具有 3 项职能:对所有行使公权力的公职人员进行监察;调查职务违法和职务犯罪;开展廉政建设和反腐败工作,维护宪法和法律的尊严。

▶ 106. 对监察委员会的产生、组成和任期是怎么规定的?

根据《宪法》第 124 条、《监察法》第 8 条和第 9 条的规定,中华人民共和国设立国家监察委员会和地方各级监察委员会。根据宪法和监察法的规定,我国设立了国家、省、市和县四级监察委员会。

首先,国家监察委员会是最高国家监察机关,由全国人民代表大会产生,负责全国监察工作。国家监察委员会由主任、副主任若干人、委员若干人组成,主任由全国人民代表大会选举,副主任、委员由国家监察委员会主任提请全国人民代表大会常务委员会任免。国家监察委员会主任每届任期同全国人民代表大会每届任期相同,连续任职不得超过两届。

在我国四级监察机关中,国家监察委员会是中央一级的监察机关。国家监察委员会的最高地位主要体现在:第一,国家监察委员会的组成人员由全国人大选举或常委会任命。第二,国家监察委员会负责全国监察工作，领导地方各级监察委员会的工作。第三，国家监察委员会有权办理各级监察机关管辖范围内的监察事项。

其次，地方各级监察委员会。省、自治区、直辖市、自治州、县、自治县、市、市辖区设立监察委员会，由本级人民代表大会产生，负责本行政区域内的监察工作。

地方各级监察委员会由主任、副主任若干人、委员若干人组成，主任由本级人民代表大会选举，副主任、委员由监察委员会主任提请本级人民代表大会常务委员会任免。地方各级监察委员会主任每届任期同本级人民代表大会每届任期相同。

▶ 107. 监察委员会实行什么领导体制？

国家监察工作坚持中国共产党的领导，各级监察委员会在党的领导下，行使国家监察职能，依法对所有行使公权力的公职人员进行监察。根据宪法和监察法的规定，国家监察委员会对全国人民代表大会及其常务委员会负责，并接受其监督。地方各级监察委员会对本级人民代表大会及其常务委员会和上一级监察委员会负责，并接受其监督。

监察委员会体系实行“国家监察委员会领导地方各级监察委员会、上级监察委员会领导下级监察委员会”的领导体制。国家监察委员会是最高监察机关，领导地方各级监察委员会的工作，上级监察委员会领导下级监察委员会的工作。地方各级监察委员会对上一级监察委员会负责，并接受其监督。

▶ 108. 监察委员会的职责是什么？

监察委员会依照监察法和有关法律规定履行监督、调查、处置之职责。

第一,监督职责。监察委员会对公职人员开展廉政教育,对其依法履职、秉公用权、廉洁从政从业以及道德操守情况进行监督检查。监督是监察委员会的首要职责,监察委员会依照宪法、监察法和有关法律规定,监督所有公职人员行使公权力的行为是否符合法律规定,是否符合公正标准,是否符合清廉要求,以确保公权力不被滥用、不被用来谋取私利,将权力置于监察监督之下。

第二,调查职责。监察委员会对涉嫌贪污贿赂、滥用职权、玩忽职守、权力寻租、利益输送、徇私舞弊以及浪费国家资财等职务违法和职务犯罪行为进行调查。监察委员会的调查范围基本涵盖了公职人员的腐败行为类型。为保证监察机关有效履行调查职责,监察法赋予监察机关必要的权限。一是规定监察机关在调查职务违法和职务犯罪时,可以采取谈话、讯问、询问、查询、冻结、搜查、调取、查封、扣押、勘验检查、鉴定等措施。二是被调查人涉嫌贪污贿赂、失职渎职等严重职务违法或者职务犯罪,监察机关已经掌握其部分违法犯罪事实及证据,仍有重要问题需要进一步调查,并有涉及案情重大、复杂,可能逃跑、自杀,可能串供或者伪造、隐匿、毁灭证据等情形之一的,经监察机关依法审批,可以将其留置在特定场所。三是监察机关需要采取技术调查、通缉、限制出境措施的,经过严格的批准手续,按照规定交有关机关执行。

第三,处置职责。监察机关除对有职务违法行为但情节较轻的公职人员,按照管理权限,直接或委托有关机关、人员,进行谈话提醒、批评教育、责令检查,或予以诫勉外,主要处置职责有:(1)对违法的公职人员依法作出政务处分决定。监察委员会根据监督、调查结果,对违法的公职人员依照法定程序作出警告、记过、记大过、降级、撤职、开除等政务处分决定。(2)对履行职责不力、失职失责的领导人员进行问责。监察委员会对不履行或者不正确履行职责的,按照管理权限对负有管理责任的领导人员作出问责决定,或者向有权作出问责决定的机关提出问责建议。(3)对涉嫌职务犯罪的,将调查结果移送人民检察院依法审查、提起公诉。对被调查人涉嫌职务犯罪,监察机关经调查认为犯罪事实清楚,证据确实、充分的,制作起诉意见书,连同案卷材料、证据一并移送检察机关依法审查、提起公诉。(4)向监察对象所在单位提出监察建议。监察建议是监察委员会依照法定职权,根据监督、调查结果,对监察对象所在单位廉政建设和履行职责存在的问题等提出的建议。监察建议不同于一般的工作建议,它具有法律效力,被提出建议的有关单位无正当理由必须履行监察建议要求其履行的义务,否则,就要承担相应的法律责任。

▶ 109. 监察委员会的监察范围是什么?

监察委员会依法对所有行使公权力的公职人员进行监督,实现国家监察全面覆盖。根据监察法的规定,监察机关对下列公职人员和有关人员进行监察:

第一,公务员和参照公务员法管理的人员。其是监察对象中的关键和重点。根据公务员法的规定,公务员是指依法履行公职、纳入国家行政编制、由国家财政负担工资福利的工作人员。具体包括中国共产党机关、人民代表大会及其常务委员会机关、人民政府、监察委员会、人民法院、人民检察院、中国人民政治协商会议各级委员会机关、民主党派机关和工商业联合会机关的公务员。

参照公务员法管理的人员,包括法律、法规授权的具有公共事务管理职能的事业单位中除工勤人员以外的工作人员,经批准参照公务员法进行管理的人员以及使用行政编制的人民团体或群众团体的机关工作人员。

第二,法律、法规授权或者受国家机关依法委托管理公共事务的组织中从事公务的人员。主要是指除参照公务员法管理的人员以外的其他管理公共事务的事业单位的工作人员。

第三,国有企业管理人员。主要是国有独资企业、国有控股企业(含国有独资金融企业和国有控股金融企业）及其分支机构的领导班子成员。

第四,公办的教育、科研、文化、医疗卫生、体育等单位中从事管理的人员。主要是该单位及其分支机构的领导班子成员,以及该单位及其分支机构中的国家工作人员。

第五,基层群众性自治组织中从事管理的人员。包括村民委员会、居民委员会的主任、副主任和委员,以及其他受委托从事管理的人员。

第六,其他依法履行公职的人员。监察法设定了这个兜底条款,以防止出现对监察对象列举不全的情况,但对此不能无限制地扩大解释,判断一个"履行公职的人员"是否属于监察对象的标准,主要是其是否依法行使公权力,所涉嫌的职务违法或职务犯罪是否损害了公权力的廉洁性。

▶ 110. 监察委员会的工作原则是什么?

监察委员会是行使国家监察职能的专责机关,依法对所有行使公权力的公职人员进行监察,其在履行监察职责、行使监察职权的过程中,应当坚持以下原则。

第一,依法独立行使监察权。根据宪法和监察法的规定,监察委员会依照法律规定独立行使监察权,不受行政机关、社会团体和个人的干涉。监察委员会行使监察权,首先,要"依法"。监察委员会作为行使国家监察职能的专责机关,必须遵循法治原则,严格依照法定权限和程序进行活动,不能滥用或超越职权,也不能不担当、不作为,更不允许利用职权徇私枉法。其次,在我国宪法体制中,各级监察委员会是人民代表大会下与人民政府、人民法院和人民检察院并列的国家机构,与行政、审判、检察机关彼此分工负责、互不隶属;监察委员会独立行使监察权,排除行政机关、社会团体和个人利用职权、地位,或采取其他不正当手段进行干扰或影响。

第二，与审判机关、检察机关和执法部门互相配合、互相制约。根据宪法和监察法的规定，监察机关办理职务违法和职务犯罪案件，应当与审判机关、检察机关、执法部门互相配合、互相制约。“互相配合”，主要是指监察机关与审判机关、检察机关、执法部门在办理职务违法犯罪案件方面，要按照法律规定，在正确履行各自职责的基础上，互相支持，不能违反法律规定，各行其是，互不通气，甚至互相扯皮。“互相制约”，主要是指监察机关与审判机关、检察机关、执法部门在追究职务违法犯罪过程中，通过程序上的制约，防止和及时纠正错误，以保证案件质量，正确应用法律惩罚违法犯罪。

监察机关与司法机关、执法部门互相配合、互相制约，在具体程序上有所体现。例如，对于监察机关移送的案件，检察机关经审查后，认为需要补充核实的，应当退回监察机关补充调查，必要时可以自行补充侦查；对于有刑事诉讼法规定的不起诉情形的，经上一级检察机关批准，依法作出不起诉的决定等。

第三，严格遵照宪法和法律，以事实为根据，以法律为准绳。以事实为根据，要求监察机关对公职人员是否违法犯罪、罪轻还是罪重，都要以事实为根据，对事实情况既不夸大，也不缩小，做到客观公正；以法律为准绳，要求监察机关开展监察工作，包括案件线索处置、初核、立案、调查、作出处置决定等，都要以监察法等法律法规为标准。

第四，在适用法律上一律平等，保障当事人的合法权益。这一原则要求监察机关对所有监察对象，无论民族、职业、出身、性别、教育程度等都应一律平等地适用法律，不允许有任何特权；而且，监察机关要严格遵循相关法律规定，不得违法侵犯公民、法人和其他组织的合法权益。

第五，权责对等，严格监督。有权必有责，有责要担当，失职要问责，体现严管就是厚爱、信任不能代替监督的要求。《监察法》第 2 条明确规定，坚持中国共产党对国家监察工作的领导。党的领导本身就包含着监督。监察委员会与党的纪律检查委员会合署办公，在同级党委领导下开展工作。各级党委对同级监察机关的监督是第一位的监督，也是最有效的监督。为保证监察机关有效履行监察职能，《监察法》赋予监察机关必要的权限，同时，从以下几个方面加强对监察机关和监察人员的监督：一是监察机关应当接受本级人民代表大会及其常务委员会的监督；各级人民代表大会常务委员会听取和审议本级监察机关的专项工作报告，组织执法检查；人民代表大会代表或者常务委员会组成人员在本级人民代表大会及其常务委员会举行会议时，可以依照法律规定的程序，就监察工作中的有关问题提出询问或质询。二是强化自我监督。《监察法》规定了对打听案情、过问案件、说情干预的报告和登记备案，监察人员的回避，脱密期管理和对监察人员辞职、退休后从业限制等制度。同时，规定了对监察机关及其工作人员不当行为的申诉和责任追究制度，还明确规定监察机关应当依法公开监察工作信息，接受民主监督、社会监督、舆论监督。三是明确监察机关与审判机关、检察机关、执法部门互相配合、互相制约的机制；明确监察机关在收集、固定、审查、运用证据时，应当与刑事审判关于证据的要求和标准相一致。四是明确监察机关及其工作人员的法律责任。

第六，惩戒与教育相结合，宽严相济。这一原则是惩前毖后、治病救人方针在监察工作中的具体体现。反腐败斗争的政策性、政治性强。惩戒与教育相结合，宽严相济原则体现了党的十八大以来监督执纪“四种形态”的思想和理念，同时也是从反腐败斗争形势依然严峻复杂的实际出发而作出的规定。

▶ 111. 地方各级人民代表大会的性质和地位是什么？

根据《宪法》和《地方各级人民代表大会和地方各级人民政府组织法》（以下简称《地方组织法》）的规定，省、自治区、直辖市、自治州、县、自治县、市、市辖区、乡、民族乡、镇设立人民代表大会。地方各级人民代表大会都是地方国家权力机关。本级的地方国家行政机关、监察机关、审判机关和检察机关都由人民代表大会产生，在本行政区域内对它负责，受它监督。地方各级人民代表大会在本行政区域内处于重要地位。

地方各级人民代表大会由代表组成。省、自治区、直辖市、自治州、设区的市的人民代表大会代表由下一级的人民代表大会选举；县、自治县、不设区的市、市辖区、乡、民族乡、镇的人民代表大会代表由选民直接选举。地方各级人民代表大会每届任期5年。

▶ 112. 地方各级人民代表大会的职权是什么？

县级以上地方各级人民代表大会主要有以下职权：

第一，在本行政区域内，保证宪法、法律、行政法规和上级人大及其常委会决议的遵守和执行，保证国家计划和国家预算的执行。

第二，选举本级人大常委会的组成人员；选举本级人民政府正副职领导人员；选举本级监察委员会主任、本级人民法院院长和人民检察院检察长；选出的人民检察院检察长，须报经上一级人民检察院检察长提请该级人大常委会批准；选举上一级人民代表大会代表。

地方各级人民代表大会有权罢免本级人民政府的组成人员、本级人大常委会的组成人员、监察委员会主任和人民法院院长、人民检察院检察长。罢免人民检察院检察长，须报经上一级人民检察院检察长提请该级人大常委会批准。

第三，审查和批准本行政区域内的国民经济和社会发展计划、预算以及其执行情况的报告；讨论、决定本行政区域内的政治、经济、教育、科学、文化、卫生、环境和资源保护、民政、民族等工作的重大事项。

第四，听取和审查本级人大常委会、本级人民政府、监察委员会和人民法院、人民检察院的工作报告；改变或撤销本级人大常委会不适当的决议；撤销本级人民政府不适当的决定和命令。

第五，保护社会主义全民所有的财产和劳动群众集体所有的财产，保护公民私人所有的合法财产，维护社会秩序，保障公民的人身权利、民主权利和其他权利；保护各种经济组织的合法权益；保障少数民族的权利；保障宪法和法律赋予妇女的男女平等、同工同酬和婚姻自由等各项权利。

第六，省、自治区、直辖市的人民代表大会根据本行政区域的具体情况和实际需要，在不同宪法、法律、行政法规相抵触的前提下，可以制定地方性法规。

地方性法规可以就下列事项作出规定：(1)为执行法律、行政法规的规定，需要根据本行政区域的实际情况作具体规定的事项；(2)属于地方性事务需要制定地方性法规的事项。

除《立法法》第8条规定的法律保留事项外，其他事项国家尚未制定法律或行政法规的，省、自治区、直辖市和设区的市、自治州根据本地方的具体情况和实际需要，可以先制定地方性法规。在国家制定的法律或者行政法规生效后，地方性法规同法律或者行政法规相抵触的规定无效，制定机关应当及时予以修改或者废止。设区的市、自治州的人民代表大会根据本市的具体情况和实际需要，在不同宪法、法律、行政法规和本省、自治区的地方性法规相抵触的前提下，可以对城乡建设与管理、环境保护、历史文化保护等方面的事项制定地方性法规，法律对设区的市、自治州制定地方性法规的事项另有规定的，从其规定。设区的市、自治州的地方性法规须报省、自治区的人民代表大会常务委员会批准后施行。

《地方组织法》对乡、民族乡、镇的人民代表大会的职权，也作了列举性的规定。

▶ 113. 县级以上地方各级人大常委会的性质和地位是什么？

县和县以上的地方各级人民代表大会设立常务委员会，是本级人民代表大会的常设机关，对本级人民代表大会负责并报告工作。在人大闭会期间，行使《宪法》《地方组织法》等规定的作为地方国家权力机关常设机关的职权,监督本级其他国家机关。

省、自治区、直辖市、自治州、设区的市的人大常委会由本级人民代表大会在代表中选举主任、副主任若干人、秘书长、委员若干人组成。县、自治县、不设区的市、市辖区的人大常委会由本级人民代表大会在代表中选举主任、副主任若干人和委员若干人组成。常务委员会的组成人员不得担任国家行政机关、监察机关、审判机关和检察机关的职务;如果担任上述职务,必须向常务委员会辞去常务委员会的职务。

县级以上的地方各级人大常委会每届任期同本级人民代表大会每届任期相同。

▶ 114. 县级以上地方各级人大常委会的职权是什么?

县级以上地方各级人大常委会的职权主要有:

第一,在本行政区域内,保证宪法、法律、行政法规和上级人大及其常委会决议的遵守和执行。

第二,领导或主持本级人民代表大会代表的选举;召集本级人民代表大会会议。

第三,讨论、决定本行政区域内的政治、经济、教育、科学、文化、卫生、环境和资源保护、民政、民族等工作的重大事项;根据本级人民政府的建议,决定对本行政区域内的国民经济和社会发展计划、预算的部分变更;决定授予地方的荣誉称号。

第四,人事方面的职权,如在本级人民代表大会闭会期间,决定本级人民政府副职领导人员的个别任免;根据省长、自治区主席、市长、州长、县长、区长的提名,决定本级人民政府秘书长、厅长、局长、委员会主任的任免,报上一级人民政府备案;根据监察委员会主任的提请,任免本级监察委员会副主任、委员;任免人民法院副院长、庭长、副庭长、审判委员会委员、审判员,任免人民检察院副检察长、检察委员会委员、检察员,批准任免下一级人民检察院检察长；在本级人民代表大会闭会期间，决定撤销个别人民政府副职领导人员的职务等。

第五，撤销本级人民政府的不适当的决定、命令和规章以及下一级人大及其常委会的不适当的决议。

第六，监督本级人民政府、监察委员会、人民法院和人民检察院的工作，如听取和审议“一府一委两院”的专项工作报告；审查和批准决算，听取和审议国民经济和社会发展计划、预算的执行情况报告，听取和审议审计工作报告；法律法规实施情况的检查；审查规范性文件；询问和质询；特定问题调查以及撤职案的审议和决定。

除以上职权外，省、自治区、直辖市和设区的市、自治州的人大常委会可以制定和颁布地方性法规。

▶ 115. 地方各级人民政府的性质和地位是什么？

根据《宪法》和《地方组织法》的规定，省、自治区、直辖市、自治州、县、自治县、市、市辖区、乡、民族乡、镇分别设立人民政府。地方各级人民政府是地方各级人民代表大会的执行机关，是地方各级国家行政机关。

作为地方各级人民代表大会的执行机关，地方各级人民政府对本级人民代表大会负责并报告工作；县级以上的地方各级人民政府在本级人民代表大会闭会期间，对本级人大常委会负责并报告工作。

作为地方国家行政机关，地方各级人民政府对上一级国家行政机关负责并报告工作，接受和服从国务院的统一领导。

地方各级人民政府每届任期与本级人民代表大会每届任期相同。

▶ 116. 地方各级人民政府的组成和领导体制是什么？

省、自治区、直辖市、自治州、设区的市的人民政府分别由省长、副省长，自治区主席、副主席，市长、副市长，州长、副州长和秘书长、厅长、局长、委员会主任等组成；县、自治县、不设区的市、市辖区的人民政府分别由县长、副县长，市长、副市长，区长、副区长和局长等组成；乡、民族乡的人民政府设乡长、副乡长，民族乡的乡长由建立民族乡的少数民族公民担任；镇人民政府设镇长、副镇长。

地方各级人民政府分别实行省长、自治区主席、市长、州长、县长、区长、乡长、镇长负责制，他们分别主持地方各级人民政府的工作，召集和主持本级人民政府全体会议和常务会议。政府工作中的重大问题，须经常务会议或全体会议讨论决定。

▶ 117. 地方各级人民政府的职权是什么？

县级以上地方各级人民政府的职权主要有：

第一，执行本级人大及其常委会的决议以及上级国家行政机关的决定和命令，执行国民经济和社会发展计划、预算。

第二，规定行政措施，发布决定和命令。

第三，省、自治区、直辖市和设区的市、自治州的人民政府，可以根据法律、行政法规和本省、自治区、直辖市的地方性法规，制定规章。地方政府规章可以就下列事项作出规定：(1)为执行法律、行政法规、地方性法规的规定需要制定规章的事项；(2)属于本行政区域的具体行政管理事项。

设区的市、自治州的人民政府制定地方政府规章，限于城乡建设与管理、环境保护、历史文化保护等方面的事项。

应当制定地方性法规但条件尚不成熟的，因行政管理迫切需要，可以先制定地方政府规章。规章实施满2年需要继续实施规章所规定的行政措施的，应当提请本级人民代表大会或者其常务委员会制定地方性法规。

没有法律、行政法规、地方性法规的依据，地方政府规章不得设定减损公民、法人和其他组织权利或者增加其义务的规范。

第四，领导所属各工作部门和下级人民政府的工作；管理本行政区域内的经济、教育、科学、文化、卫生、体育事业、环境和资源保护、城乡建设事业和财政、民政、公安、民族事务、司法行政、计划生育等行政工作；依照法律的规定任免、培训、考核和奖惩国家行政机关工作人员。

第五，保护社会主义全民所有的财产和劳动群众集体所有的财产，保护公民私人所有的合法财产，维护社会秩序，保障公民的人身权利、民主权利和其他权利；保护各种经济组织的合法权益；保障少数民族的权利和尊重少数民族的风俗习惯；帮助本行政区域内各少数民族聚居的地方依照宪法和法律实行区域自治，帮助各少数民族发展政治、经济和文化的建设事业；保障宪法和法律赋予妇女的男女平等、同工同酬和婚姻自由等各项权利。

第六，改变或撤销所属各工作部门不适当的命令、指示和下级人民政府不适当的决定、命令。

第七，办理上级国家行政机关交办的其他事项。

《地方组织法》对乡、民族乡、镇的人民政府的职权也作了列举性的规定。

▶ 118. 民族自治地方的自治机关是什么？

民族自治地方的国家机关与其他地方的国家机关在设置上、组织和活动原则上是相同的。民族自治地方的自治机关是自治区、自治州、自治县的人大和人民政府，其他国家机关并不是自治机关。民族自治地方的人大是民族自治地方的国家权力机关。自治区、自治州的人大代表由下一级人大选出，自治县的人大代表由选民直接选出。自治区人大的代表名额由全国人大常委会依照选举法确定。自治州和自治县人大代表的名额由自治区人大常委会依照选举法确定，报全国人大常委会备案。我国选举法对民族自治地方权力机关的组成还作了一些特殊规定:第一,在民族自治地方的大会中,除实行自治区域的民族的代表外,其他居住在本行政区域内的民族也应有适当的名额的代表;第二,对实行区域自治的民族和其他少数民族的代表名额和比例,由自治区人大常委会根据法律作出规定;第三,有少数民族居住的地方,每一聚居的少数民族都应有代表参加当地的人大。散居的少数民族应选当地人大代表,每一代表所代表的人口数可以少于当地人大每一代表所带代表的人口数。

自治区、自治州、自治县的人大成立的常委会,是本级人大的常设机关,对本级人大负责并报告工作。自治区、自治州的人大常委会由本级人大在代表中选举主任、副主任若干人、秘书长、委员若干人。自治县的人大常委会由本级人大在代表中选举主任、副主任若干人和委员若干人组成。民族自治地方的人大常委会中应当有实行区域自治的民族的公民担任主任或者副主任。

自治区、自治州、自治县的人民政府是本级人民代表大会的执行机关,是民族自治地方的国家行政机关。民族自治地方的人民政府对本级人大和上一级国家行政机关负责并报告工作。根据《民族区域自治法》的规定,自治区主席、自治州州长、自治县县长、副县长的人选,由本级人大主席团或者代表联合提名,由本级人民代表选举产生。为了体现自治机关的性质,我国《民族区域自治法》规定,自治区主席、自治州州长、自治县县长由实行区域自治的民族的公民担任。民族自治地方人民政府的其他组成人员,要尽量配备实行区域自治的民族和其他少数民族的人员。自治机关所属工作部门的干部中,要尽量配备实行区域自治的民族和其他少数民族的人员。

▶ 119. 民族自治地方有哪些自治权?

民族自治机关行使自治权是我国民族区域自治制度的重要特点,也是我国少数民族当家作主的集中体现,同时是与一般地方行政区域相区别的标志。所谓民族自治地方的自治权是指民族自治地方的自治机关依法管理本民族地方内部事务的自治权。民族自治地方的自治机关在国家的统一领导下,在维护国家法制统一的前提下,从本民族的实际情况出发,照顾少数民族的特点和需要,贯彻执行国家的法律、政策。在不违背宪法和法律的原则下,自治机关有权采取特殊政策和灵活措施,加速民族自治地方经济、文化建设事业的发展。民族自治地方的自治机关除行使《宪法》第三章第五节规定的地方国家机关的职权,同时更重要的,还要依照《宪法》、《民族区域自治法》和其他法律规定的权限行使自治权。

民族自治地方的自治权具体表现为:(1)自主管理本民族、本地区的政治事务;(2)享有制定自治条例和单行条例的权力;(3)使用和发展本民族语言文字;(4)自主保持或者改革本民族风俗习惯;(5)自主管理地方财政;(6)自主安排、管理、发展经济建设事业;(7)自主发展教育、科技、文化等社会事业;(8)组织维护社会治安的公安部队。

▶ 120. 人民法院的性质和任务是什么?

人民法院是国家的审判机关,是我国国家机构的重要组成部分。《宪法》第128条规定:"中华人民共和国人民法院是国家的审判机关。"这一规定的含义有三:其一,人民法院是审判机关,而不是其他性质的国家机关。人们通常将人民法院与人民检察院、公安机关的刑事侦查部门和司法行政机关的刑罚执行部门合称为司法机关。其二,地方各级人民法院是国家设在地方的国家审判机关,而不是地方设立的国家审判机关。其三,人民法院的法定职责是审理刑事案件、民商事案件、行政案件和法律规定的其他案件,并依法作出裁判。另外,根据有关法律规定,人民法院还负责民商事和行政生效裁判的强制执行、刑事附带民事诉讼生效裁判的强制执行、刑事裁判中的死刑和财产刑的执行等。

根据宪法和法律规定,各级人民法院由本级人民代表大会产生,享有独立的宪法地位,同时接受本级人民代表大会及其常委会的监督。人民法院接受人民代表大会及其常务委员会的监督主要表现在:

第一,各级人民法院对本级人民代表大会负责并报告工作。人民代表大会每年召开会议时,本级人民法院院长要向大会作工作报告,请代表审议并投票表决。

第二,选举、罢免或者任免人民法院的审判工作人员。其中,最高人民法院院长由全国人民代表大会选举,副院长、审判委员会委员、庭长、副庭长和审判员,由院长提请全国人民代表大会常务委员会任免。地方各级人民法院院长由本级人民代表大会选举和罢免,副院长、审判委员会委员、庭长、副庭长和审判员,由院长提请本级人民代表大会常务委员会任免。在省、自治区内按地区设立和在直辖市内设立的中级人民法院院长,由省、自治区、直辖市人民代表大会常务委员会根据主任会议的提名决定任免,副院长、审判委员会委员、庭长、副庭长和审判员由高级人民法院院长提请省、自治区、直辖市人民代表大会常务委员会任免。在新疆生产建设兵团设立的人民法院的法官任免,依照全国人民代表大会常务委员会的有关规定。专门人民法院的法官任免,亦由全国人民代表大会常务委员会规定。人民法院院长任期与产生它的人民代表大会每届任期相同。各级人民代表大会有权罢免由其选出的人民法院院长。在地方人民代表大会闭会期间,本级人民代表大会常务委员会认为人民法院院长需要撤换的,应当报请上级人民代表大会常务委员会批准。

第三,接受本级人大常委会对法律法规实施情况的检查,向人大常委会作专项工作报告,接受有关质询、询问和邀请人大代表视察法院工作等。

人民法院的任务由宪法和有关法律规定,主要有:通过审判刑事案件,惩罚犯罪,保障人权,维护国家安全和社会稳定;通过审判民商事案件,化解社会矛盾纠纷,实现定分止争,平等保护当事人合法权益;通过审判行政案件,监督行政机关依法行政,促进法治政府建设,保护行政相对人合法权益;通过审判申请再审案件、申诉案件和国家赔偿案件,加强对审判工作的监督,为相关当事人提供司法救济,让人民群众在每一个司法案件中感受到公平正义,进而维护国家法制的统一和尊严,维护宪法法律权威,保障宪法法律实施,保障中国特色社会主义建设的顺利进行。

▶ 121. 人民法院的组织体系是什么?

人民法院的组织由法律规定,人民法院依照《人民法院组织法》的规定设立,《人民法院组织法》没有规定的,根据全国人民代表大会常务委员会的决定设立。人民法院的组织体系包括:最高人民法院、地方各级人民法院、专门人民法院,以及应司法改革而生的跨行政区划法院等。

根据党中央司法改革部署和全国人大常委会的决定,最高人民法院可以设立巡回法庭,审理最高人民法院依法确定的案件。最高人民法院于 2015 年 1 月和 2016 年年底分两批在深圳市、沈阳市、南京市、郑州市、重庆市、西安市设立了第一、第二、第三、第四、第五、第六巡回法庭。作为最高人民法院的派出审判机构,巡回法庭的判决和裁定即最高人民法院的判决和裁定。最高人民法院设立巡回法庭,是我国司法体制的重大改革,对于方便群众诉讼,维护法律统一适用,加强对下级法院审判工作的指导和监督,促进司法公正,具有重要意义。

地方各级人民法院包括高级人民法院、中级人民法院、基层人民法院。高级人民法院包括省、自治区和直辖市高级人民法院。中级人民法院包括省、自治区辖市的中级人民法院;在直辖市内设立的中级人民法院;自治州中级人民法院;在省、自治区内按地区设立的中级人民法院。另外,知识产权法院、金融法院属于中级人民法院级别。基层人民法院包括县、自治县人民法院,不设区的市人民法院和市辖区人民法院。基层人民法院根据地区、人口和案件情况,可以设立若干人民法庭。人民法庭是基层人民法院的组成部分,它的判决和裁定即基层人民法院的判决和裁定。

专门人民法院包括军事法院和海事法院、知识产权法院、金融法院等。随着司法体制改革不断推进,专门人民法院设置不断拓展,新的专门人民法院应运而生。2017 年 8 月 18 日,杭州市互联网法院经批准正式成立。2018 年 4 月 27 日,第十三届全国人大常委会第二次会议通过了关于设立上海金融法院的决定,8 月 20 日,上海金融法院正式挂牌成立。2018 年 9 月 9 日,北京互联网法院挂牌成立。随着国家经济社会与法治发展的需要,今后还可能设置更多的专门人民法院,推动形成普通案件在地方人民法院审理、特殊案件在专门人民法院审理的格局。

▶ 122. 人民法院的基本职权是什么?

党的十八届四中全会通过的《中共中央关于全面推进依法治国若干重大问题的决定》提出:"推进以审判为中心的诉讼制度改革,确保侦查、审查起诉的案件事实证据经得起法律的检验。全面贯彻证据裁判规则,严格依法收集、固定、保存、审查、运用证据,完善证人、鉴定人出庭制度,保证庭审在查明事实、认定证据、保护诉权、公正裁判中发挥决定性作用。"2017 年 2 月,最高人民法院发布了《关于全面推进以审判为中心的刑事诉讼制度改革的实施意见》,提出要坚持严格司法原则,树立依法裁判理念;规范庭前准备程序,确保法庭集中审理;规范普通审理程序,确保依法公正审判;完善证据认定规则,切实防范冤假错案;完善繁简分流机制,优化司法资源配置。推进以审判为中心的诉讼制度改革,必须尊重司法规律,确保庭审在保护诉权、认定证据、查明事实、公正裁判中发挥决定性作用,实现诉讼证据质证在法庭、案件事实查明在法庭、诉辩意见发表在法庭、裁判理由形成在法庭。

根据《人民法院组织法》的规定,人民法院拥有依法审判刑事、民商事、行政案件和法律规定的其他案件等职权。

最高人民法院的职权是:第一,审判案件权。最高人民法院审理下列案件:法律规定由其管辖和其认为应当由自己管辖的第一审案件;对高级人民法院判决和裁定提起上诉、抗诉的案件;按照全国人民代表大会常务委员会的规定提起的上诉、抗诉案件;按照审判监督程序提起的再审案件;高级人民法院报请核准的死刑案件;高级人民法院报请复核的在法定刑以下量刑的案件等。第二,制定司法解释和发布指导性案例权。对属于审判工作中具体应用法律的问题,有权进行解释;对于有普遍指导意义的案例,有权确定为指导性案例予以发布,要求各级法院审理同类案件时参照。第三,审判监督权。最高人民法院监督地方各级人民法院和专门人民法院的审判工作。第四,法律规定的其他职权。

高级人民法院的职权是:第一,审判案件权。高级人民法院审理下列案件:法律规定由其管辖的第一审案件;下级人民法院报请审理的第一审案件;最高人民法院指定管辖的第一审案件;对中级人民法院判决和裁定提起上诉、抗诉的案件;对海事法院、知识产权法院判决和裁定提起上诉、抗诉的案件;按照审判监督程序提起的再审案件;中级人民法院报请复核的死刑案件等。第二,审判监督权。高级人民法院监督下级人民法院的审判工作。第三,法律规定的其他职权。

中级人民法院的职权是:第一,审判案件权。中级人民法院审理下列案件:法律规定由其管辖的第一审案件;基层人民法院报请审理的第一审案件;上级人民法院指定管辖的第一审案件;对基层人民法院判决和裁定提起上诉、抗诉的案件;按照审判监督程序提起的再审案件等。第二,审判监督权。中级人民法院监督下级人民法院的审判工作。第三,法律规定的其他职权。

基层人民法院的职权是:第一,审判案件权。基层人民法院审理法律规定由其管辖的第一审案件和上级人民法院指定管辖的第一审案件。第二,业务指导权。基层人民法院对人民调解委员会的调解工作进行业务指导。第三,法律规定的其他职权。

▶ 123. 人民法院的审判工作原则是什么?

根据《宪法》和《人民法院组织法》的规定,人民法院的审判工作原则主要有:依法独立行使审判权、平等适用法律、司法公正、司法民主、公开审判、司法责任制、使用本民族语言文字进行诉讼和当事人有权获得辩护等原则。

第一,依法独立行使审判权原则。根据《宪法》第131条的规定,人民法院依照法律规定独立行使审判权,不受行政机关、社会团体和个人的干涉。这与一些国家规定法官而不是法院独立审判有所不同。人民法院依照法律规定独立行使审判权,是指人民法院的独任法官、合议庭或者审判委员会等审判组织审判案件时,既要坚持"让审理者裁判,由裁判者负责"的司法责任制,又要代表人民法院,以人民法院的名义行使审判权。对于特定案件的审判,还要依法坚持由合议庭、专业法官会议、审判委员会等集体讨论决策,集中法院的智慧,以保证法律统一适用,实现案件公正裁判。同时,为了保证全国法院裁判标准的统一,维护司法公正,《宪法》第132条第2款规定,最高人民法院监督地方各级人民法院和专门人民法院的审判工作,上级人民法院监督下级人民法院的审判工作。这里的监督,包括制定司法解释和司法政策文件,发布指导性和参考性案例,依照法律程序纠正下级法院的错误裁判等。为防止人民法院之外的机关和个人干预人民法院依法独立行使审判权,国家建立了领导干部等干预司法活动、插手具体案件处理的记录、通报和责任追究制度,以确保人民法院依法独立行使审判权的规定得到落实。

第二,平等适用法律原则。平等是公正的重要内容,也是司法的价值追求。人民法院审判案件,对于一切公民,不分民族、种族、性别、职业、社会出身、宗教信仰、教育程度、财产状况、居住期限等,在适用法律上一律平等，不允许任何组织和个人有超越法律的特权，禁止任何形式的歧视。

第三，司法公正原则。公正是法治的生命线，更是审判工作的生命线。人民法院审理案件，以事实为根据，以法律为准绳，坚持实体公正和程序公正相统一，依法保护各个主体的诉讼权利和其他合法权益，尊重和保障人权。

第四，司法民主原则。司法民主本质上是指保障人民参与司法的权利。包括让公民担任人民陪审员参与审理案件，保障人民群众对审判活动的知情权和监督权，司法裁判要符合人民群众的公平正义观念，要让人民群众有更多的获得感和安全感等。

第五，公开审判原则。公开审判是指人民法院在审理案件时，除涉及国家秘密、个人隐私、商业秘密等情形或者涉及未成年人等特殊利益保护外，一律公开进行。近年来，人民法院司法公开力度不断加大，建成了庭审公开、审判流程公开、执行信息公开和裁判文书公开四大平台，落实了《宪法》第130条关于人民法院审理案件，除法律规定的特别情况外，一律公开进行的规定。

第六，司法责任制原则。人民法院实行司法责任制，建立健全权责统一的司法权力运行机制。2015年9月，最高人民法院发布《关于完善人民法院司法责任制的若干意见》，“让审理者裁判，由裁判者负责”的司法责任制改革正式落地。2018年12月，最高人民法院发布《关于进一步全面落实司法责任制的实施意见》。根据这两个文件的规定，法官在审判工作中，独立行使职权，承担责任。故意违反法律规定的，或者因重大过失导致裁判错误并造成严重后果的，依法应当承担违法审判责任且终身追责。院长、副院长、庭长对下述案件的审理过程或者评议结果有异议的，可以决定将案件提交专业法官会议、审判委员会进行讨论，但不得强令独任法官、合议庭接受自己意见或者直接改变独任法官、合议庭意见：涉及群体性纠纷，可能影响社会稳定的案件；疑难、复杂且在社会上有重大影响的案件；与本院或者上级法院的类案判决可能发生冲突的案件；有关单位或者个人反映法官有违法审判行为的案件。全面落实司法责任制,对促进司法效能和司法公信力整体提升,推进审判体系和审判能力现代化具有重大意义。司法责任制契合了司法的基本规律,落实了司法审判的直接性和亲历性;司法责任制体现了法官员额制改革、法官职业化改革、审判权运行机制改革的价值,赋予这些改革以实际意义。

第七,使用本民族语言文字进行诉讼原则。为了保障少数民族公民在诉讼中更好地维护自己合法和正当的权益,《宪法》第 139 条规定,各民族公民都有用本民族语言文字进行诉讼的权利。人民法院对于不通晓当地通用的语言文字的诉讼参与人,应当为他们翻译;在少数民族聚居或者多民族共同居住的地区,应当用当地通用的语言进行审理;判决书、布告和其他文书应当根据实际需要使用当地通用的一种或者几种文字。

第八,当事人有权获得辩护原则。辩护权是重要的人权。《宪法》第 130 条规定,被告人有权获得辩护。人民法院有义务保证被告人获得辩护。犯罪嫌疑人、被告人除自己行使辩护权以外,还可以委托律师,人民团体或犯罪嫌疑人、被告人所在单位推荐的人,以及犯罪嫌疑人、被告人的监护人、亲友 1 ~2 人作为辩护人。人民法院认为必要的时候,可以指定承担法律援助任务的律师为其辩护。近年来,随着司法改革深入推进,法律援助范围不断扩大,刑事案件律师辩护全覆盖已经逐步推开,司法人权保障不断加强。

▶ 124. 人民检察院的性质和任务是什么?

人民检察院是国家的法律监督机关,是我国国家机构的重要组成部分。《宪法》第 134 条规定:“中华人民共和国人民检察院是国家的法律监督机关。”这一规定的含义有三:(1)人民检察院是法律监督机关。即人民检察院不是行使立法权或者行政权、审判权的国家机关,而是专门行使检察权的检察机关。(2)人民检察院是国家的法律监督机关。即人民检察院代表国家行使检察权，以国家的名义进行法律监督，以保障法律统一正确实施。(3)人民检察院通过行使检察权进行法律监督，区别于其他形式的监督。法律监督，是指人民检察院通过检察活动，依法对有关机关和人员的行为是否合法进行监督。

根据宪法和有关法律规定，各级人民检察院由同级人民代表大会产生，并接受同级人民代表大会及其常务委员会的监督。人民代表大会及其常务委员会对人民检察院的监督主要体现在：

第一，作为国家的法律监督机关，各级检察机关检察长由本级人民代表大会选举产生。各级检察机关对本级人民代表大会负责并报告工作，接受其监督。根据《人民检察院组织法》的规定，最高人民检察院对全国人民代表大会及其常务委员会负责并报告工作。地方各级人民检察院对本级人民代表大会及其常务委员会负责并报告工作。

第二，全国人民代表大会有权罢免最高人民检察院检察长，县级以上地方各级人民代表大会有权罢免由它选出的人民检察院检察长，并须报经上一级人民检察院检察长提请该级人民代表大会常务委员会批准。

第三，人民检察院实行双重领导体制。地方各级人民检察院接受上级人民检察院的领导，对上级人民检察院负责，同时对本级人民代表大会及其常务委员会负责并报告工作。《宪法》第 137 条规定："最高人民检察院是最高检察机关。最高人民检察院领导地方各级人民检察院和专门人民检察院的工作，上级人民检察院领导下级人民检察院的工作。"第 138 条规定："最高人民检察院对全国人民代表大会和全国人民代表大会常务委员会负责。地方各级人民检察院对产生它的国家权力机关和上级人民检察院负责。"

在国家机构体系中，人民检察院具有独立的宪法地位，但上级人民检察院领导下级人民检察院的工作。

人民检察院的独立性表现在以下方面：首先，检察机关与行政机关、监察机关、审判机关和军事领导机关等其他国家机关是分别设立的。其次，检察官不得兼任人民代表大会常务委员会的组成人员，不得兼任行政机关、监察机关、审判机关以及企业、事业单位的职务。最后，人民检察院依照法律规定独立行使检察权，不受行政机关、社会团体和个人的干涉。各级党政机关和领导干部应支持人民检察院依法独立公正行使职权。国家建立了领导干部等干预司法活动、插手具体案件处理的记录、通报和责任追究制度，以确保人民检察院依法独立行使检察权。

人民检察院是国家的法律监督机关，依法行使检察权。人民检察院的主要职责是维护宪法法律权威，保障宪法法律实施，保护宪法法律赋予公民的基本权利等。具体而言，人民检察院通过行使检察权，追诉犯罪，保障人权，维护国家安全和社会秩序，保障法律正确实施，维护社会公平正义，维护国家法制统一、尊严、权威，保障中国特色社会主义建设的顺利进行。

▶ 125. 人民检察院的组织体系是什么？

根据《人民检察院组织法》第 3 条的规定，人民检察院依照宪法、法律和全国人民代表大会常务委员会的决定设置。人民检察院的组织体系包括：最高人民检察院、地方各级人民检察院以及军事检察院等专门人民检察院。

地方各级人民检察院包括：省级人民检察院、设区的市级人民检察院、基层人民检察院。省级人民检察院包括省、自治区、直辖市人民检察院；设区的市级人民检察院包括省、自治区辖市人民检察院，自治州人民检察院，省、自治区、直辖市人民检察院分院；基层人民检察院包括县、自治县、不设区的市、市辖区人民检察院。新疆生产建设兵团各级人民检察院的设立和案件管辖范围，依照全国人民代表大会常务委员会的有关规定。

经全国人民代表大会常务委员会决定，可以设立跨行政区划人民检察院，办理跨地区案件。省级人民检察院和设区的市级人民检察院根据检察工作需要，经最高人民检察院和省级有关部门同意，并提请本级人民代表大会常务委员会批准，可以在辖区内特定区域设立人民检察院，作为派出机构。

最高人民检察院领导地方各级人民检察院和专门人民检察院的工作，上级人民检察院领导下级人民检察院的工作。人民检察院检察长任期与产生它的人民代表大会每届任期相同。全国人民代表大会常务委员会和省、自治区、直辖市人民代表大会常务委员会根据本级人民检察院检察长的建议，可以撤换下级人民检察院检察长、副检察长和检察委员会委员。

126. 人民检察院的基本职权是什么？

为了深化司法体制改革，并与深化国家监察体制改革相衔接，规范人民检察院的设置和职权，保障人民检察院依法履行职责，为建设公正高效权威的社会主义司法制度提供法律保障，人民检察院“依照法律规定对有关刑事案件行使侦查权”。人民检察院行使侦查权的具体情形，应当“依照法律规定”，主要是指依照《刑事诉讼法》《监察法》《人民检察院组织法》的规定。根据《刑事诉讼法》第 3 条的规定，检察、批准逮捕、检察机关直接受理的案件的侦查、提起公诉，由人民检察院负责。第 19 条第 2 款规定，人民检察院在对诉讼活动实行法律监督中发现的司法工作人员利用职权实施的非法拘禁、刑讯逼供、非法搜查等侵犯公民权利、损害司法公正的犯罪，可以由人民检察院立案侦查。对于公安机关管辖的国家机关工作人员利用职权实施的重大犯罪案件，需要由人民检察院直接受理的时候，经省级以上人民检察院决定，可以由人民检察院立案侦查。

人民检察院除了对依照法律规定由其办理的有关刑事案件行使侦查权之外，还行使下列职权：对刑事案件进行审查，批准或者决定是否逮捕犯罪嫌疑人；对刑事案件进行审查，决定是否提起公诉，对决定提起公诉的案件支持公诉；依照法律规定提起公益诉讼；对诉讼活动实行法律监督；对判决、裁定等生效法律文书的执行工作实行法律监督；对监狱、看守所的执法活动实行法律监督；法律规定的其他职权。人民检察院行使上述法律监督职权，可以进行调查核实，并依法提出抗诉、纠正意见、检察建议。抗诉、纠正意见、检察建议的适用范围及其程序，依照法律有关规定。最高人民检察院是国家最高检察机关，其可以行使下列职权：对最高人民法院的死刑复核活动实行监督；对报请核准追诉的案件进行审查，决定是否追诉；对属于检察工作中具体应用法律的问题进行解释；发布指导性案例供全国检察机关办案参考；法律规定的其他职权。

上级人民检察院对下级人民检察院行使下列职权：认为下级人民检察院的决定错误的，指令下级人民检察院纠正，或者依法撤销、变更；可以对下级人民检察院管辖的案件指定管辖；可以办理下级人民检察院管辖的案件；可以统一调用辖区的检察人员办理案件。

▶ 127. 人民检察院的检察工作原则是什么？

根据《宪法》和《人民检察院组织法》的规定，人民检察院的检察工作原则主要有：依法独立行使检察权、平等适用法律、司法公正、司法民主、检务公开、司法责任制和使用本民族语言文字进行诉讼等原则。

第一，依法独立行使检察权原则。《宪法》第 136 条规定："人民检察院依照法律规定独立行使检察权，不受行政机关、社会团体和个人的干涉。"检察权独立不是指检察官个人独立，而是指人民检察院独立行使检察权，同时不得排除上级人民检察院的领导和本级人民代表大会及其常务委员会的监督。

第二，平等适用法律原则。人民检察院在办理案件过程中，坚持在适用法律上人人平等，不允许有任何特权和歧视。

第三,司法公正原则。人民检察院坚持司法公正,以事实为根据,以法律为准绳,遵守法定程序,尊重和保障人权。人民检察院在行使检察权的过程中必须坚持实事求是,重事实、重证据,不轻信口供,严禁刑讯逼供。各级人民检察院的工作人员,必须忠实于事实真相,忠实于法律,忠实于社会主义事业,全心全意地为人民服务。

第四,司法民主原则。该原则亦称“专门工作与群众路线相结合原则”。人民检察院坚持司法民主,人民群众对检察工作依法享有知情权、参与权和监督权。人民检察院办理案件,必须坚持执法为民的宗旨,必须深入调查研究,准确地查明案件事实,正确运用法律,惩罚犯罪,保护人民。

第五,检务公开原则。人民检察院坚持检务公开,但法律规定不宜公开的除外。

第六,司法责任制原则。人民检察院实行司法责任制,建立健全权责统一的司法权力运行机制。2015 年 9 月,最高人民检察院下发《关于完善人民检察院司法责任制的若干意见》,规定检察人员应当对其履行检察职责的行为承担司法责任,在职责范围内对办案质量终身负责。司法责任包括故意违反法律法规责任、重大过失责任和监督管理责任。检察人员与司法办案活动无关的其他违纪违法行为,依照法律及检察人员纪律处分条例等有关规定处理。与人民法院实行的司法责任制有所不同的是,人民检察院的检察长(分管副检察长)有权对独任检察官、检察官办案组承办的案件进行审核。检察长(分管副检察长)不同意检察官处理意见,可以要求检察官复核或提请检察委员会讨论决定,也可以直接作出决定。检察官执行检察长(分管副检察长)决定时,认为决定错误的,可以提出异议;检察长(分管副检察长)不改变该决定,或要求立即执行的,检察官应当执行,执行的后果由检察长(分管副检察长)负责,检察官不承担司法责任。检察官执行检察长(分管副检察长)明显违法的决定的,应当承担相应的司法责任。不过,对于错案的发生,只要检察人员尽到了必要的注意义务,没有故意或重大过失的,就不承担司法责任。实行司法责任制,既要依法追责,又要保留一定的容错空间,充分尊重司法规律。

第七,使用本民族语言文字进行诉讼原则。人民检察院对于不通晓当地通用语言文字的当事人,应当为其翻译。在少数民族聚居或多民族共同居住的地区,人民检察院应当用当地通用的语言进行讯问,起诉书、布告和其他文件应当根据实际需要使用当地通用的一种或几种文字。

▶ 128. 人民法院、人民检察院和公安机关在办理刑事案件中是什么关系?

我国《宪法》规定,人民法院、人民检察院和公安机关办理刑事案件,应当分工负责,互相配合,互相制约,以保证准确有效地执行法律。这是一项重要的宪法原则。

人民法院、人民检察院和公安机关在办理刑事案件中的分工负责主要表现在:除人民检察院依法自行侦查的案件及当事人自诉案件外,在办理刑事案件时,公安机关负责对案件的侦查、预审、执行逮捕、依法执行判决;人民检察院负责批准逮捕、审查起诉和出庭公诉、抗诉;人民法院负责审判。

人民法院、人民检察院和公安机关在办理刑事案件中的互相配合主要表现在:公安机关依照法律规定完成自己的职责后及时移交人民检察院,人民检察院完成自己的职责后依法及时向人民法院提起公诉,由人民法院对该案件进行审判。同时,一个机关在工作上需要另一机关协助时,该机关应依法在职权范围内协助。互相配合是为了保证国家权力运行的有效性,要求把三机关的工作看成一个整体,经过各自工作而完成共同的打击刑事犯罪、预防犯罪、减少犯罪的任务。

人民法院、人民检察院和公安机关在办理刑事案件中的互相制约是指三机关通过各自的工作发现另外机关工作中存在的问题,可提出建议要求其纠正;通过下一阶段的工作审查前一阶段工作是否存在问题,并作出相应的处理。具体表现在:公安机关在侦查过程中,需要逮捕犯罪嫌疑人时要经过人民检察院审查批准,对不予批准的,公安机关认为有错误的可以要求复议以及向上级人民检察院要求复核。人民检察院对公安机关侦查终结移送起诉的案件,进行审查,决定是否起诉。犯罪事实不清、证据不足的,人民检察院可以退回公安机关补充侦查或自行侦查。在办理案件中发现公安机关有违法情况,人民检察院通知公安机关予以纠正。公安机关对人民检察院的决定认为有错误的,可以要求复议,以及要求上一级检察机关复核。人民法院对人民检察院提起公诉的案件,经审判,根据具体情况和法律作出有罪、无罪的判决。人民检察院认为判决有错误的,可以提出抗诉。对发生法律效力的判决,人民检察院认为有错误的,可以依照审判监督程序通过抗诉引起再审。

分工负责、互相配合和互相制约三者密切相关,分工负责是前提,互相配合是基础,互相制约是核心。只有分工负责,才能互相配合,互相制约;只有互相制约才能保证办案质量。只有在办理刑事案件中实行分工负责、互相配合、互相制约,才能发挥三机关的整体功能,既达到打击犯罪、预防犯罪和减少犯罪的目的,又防止主观片面和滥用权力,保证准确有效地适用法律,保护公民的基本权利。

▶ 129. 特别行政区行政长官的地位和任职资格是什么?

香港特别行政区、澳门特别行政区基本法规定,行政长官具有双重法律地位,既是特别行政区的首长,代表特别行政区,又是特别行政区政府的首长,对中央人民政府和特别行政区负责。行政长官在当地通过选举或协商产生,由中央人民政府任命。行政长官任期 5 年,可连任一次。

香港特别行政区行政长官由年满 40 周岁,在香港通常居住连续满 20 年并在外国无居留权的香港特别行政区永久性居民中的中国公民担任。澳门特别行政区行政长官由年满40周岁,在澳门通常居住连续满20年的澳门特别行政区永久性居民中的中国公民担任。澳门特别行政区行政长官在任职期内不得具有外国居留权。

▶ 130. 特别行政区行政长官的职权是什么?

香港特别行政区、澳门特别行政区行政长官拥有广泛职权,主要有:(1)领导特别行政区政府。(2)负责执行基本法和依照基本法适用于特别行政区的其他法律。(3)签署立法会通过的法案,公布法律;签署立法会通过的财政预算案,将财政预算、决算报中央人民政府备案。(4)决定政府政策和发布行政命令。(5)提名并报请中央人民政府任命主要官员并可建议中央人民政府免除主要官员职务。(6)任免行政会议的成员或行政会委员。(7)依照法定程序任免各级法院法官和公职人员。(8)执行中央人民政府就基本法规定的有关事务发出的指令。(9)代表特别行政区政府处理中央授权的对外事务和其他事务。(10)批准向立法会提出有关财政收入或支出的动议。(11)根据安全或重大公共利益的考虑,决定政府官员或其他负责政府公务的人员是否向立法会或其所属的委员会作证和提供证据。(12)赦免或减轻刑事罪犯的刑罚。(13)处理请愿、申诉事项。

除上述职权外,《澳门特别行政区基本法》还规定澳门特别行政区行政长官行使下列职权:(1)制定行政法规并颁布执行;(2)委任部分立法会议员;(3)依照法定程序任免检察官;(4)依照法定程序提名并报请中央人民政府任命检察长,建议中央人民政府免除检察长的职务;(5)依法颁授澳门特别行政区奖章和荣誉称号。

此外,香港特别行政区设立行政会议,澳门特别行政区设立行政会,协助行政长官决策。行政会议成员或行政会委员由行政长官从政府主要官员、立法会议员和社会人士中委任。两个特别行政区还设立廉政公署和审计署，独立工作，对行政长官负责。

▶ 131. 对特别行政区的行政机关是怎么规定的?

香港特别行政区、澳门特别行政区政府是香港特别行政区、澳门特别行政区的行政机关。行政长官是特别行政区政府的首长。香港特别行政区政府设政务司、财政司、律政司和各局、处、署；澳门特别行政区政府设司、局、厅、处。

香港特别行政区的主要官员由在香港通常居住连续满 15 年并在外国无居留权的香港特别行政区永久性居民中的中国公民担任。澳门特别行政区政府的主要官员由在澳门通常居住连续满 15 年的澳门特别行政区永久性居民中的中国公民担任。

香港特别行政区、澳门特别行政区政府行使的职权主要有：(1)制定并执行政策。(2)管理各项行政事务。(3)办理基本法规定的中央人民政府授权的对外事务。(4)编制并提出财政预算、决算。(5)香港特别行政区政府拟定并提出法案、议案、附属法规；澳门特别行政区政府拟定法案、议案，草拟行政法规。(6)委派官员列席立法会会议听取意见或代表政府发言。

香港特别行政区、澳门特别行政区政府必须遵守法律，对特别行政区立法会负责：执行立法会通过并已生效的法律；定期向立法会作施政报告；答复立法会议员的质询。香港特别行政区基本法还规定征税和公共开支须经立法会批准。

▶ 132. 对特别行政区的立法机关是怎么规定的?

立法会是特别行政区的立法机关。香港特别行政区立法会由在外国无居留权的香港特别行政区永久性居民中的中国公民组成，但非中国籍的香港特别行政区永久性居民和在外国有居留权的香港特别行政区永久性居民也可以当选为香港特别行政区立法会议员,其所占比例不得超过立法会全体议员的20%。澳门特别行政区立法会议员由澳门特别行政区永久性居民组成。

香港特别行政区立法会由选举产生;澳门特别行政区立法会多数议员由选举产生。香港特别行政区立法会除第一届任期为2年外,每届任期4年;澳门特别行政区立法会除第一届另有规定外,每届任期4年。目前,香港特别行政区立法会共有70名议员,其中分区直接选举的议员35名,功能团体选举的议员35名。澳门特别行政区立法会共有33名议员,其中直接选举的议员14名,间接选举的议员12名,行政长官委任的议员7名。

香港特别行政区立法会主席由立法会议员互选产生,由年满40周岁,在香港通常居住连续满20年并在外国无居留权的香港特别行政区永久性居民中的中国公民担任。澳门特别行政区立法会设立主席、副主席各1人,由在澳门通常居住连续满15年的澳门特别行政区永久性居民中的中国公民担任,由立法会议员互选产生。

立法会主席行使下列职权:(1)主持会议。(2)决定议程,政府提出的议案须优先列入议程(香港特别行政区);应行政长官的要求将政府提出的议案优先列入议程(澳门特别行政区)。(3)决定开会日期。(4)在休会期间可召开特别会议。(5)应行政长官的要求召开紧急会议(香港特别行政区);召开紧急会议或应行政长官的要求召开紧急会议(澳门特别行政区)。(6)立法会议事规则所规定的其他职权。

香港特别行政区立法会行使下列职权:(1)根据基本法规定并依照法定程序制定、修改和废除法律。(2)根据政府的提案,审核、通过财政预算。(3)批准税收和公共开支。(4)听取行政长官的施政报告并进行辩论。(5)对政府的工作提出质询。(6)就任何有关公共利益问题进行辩论。(7)同意终审法院法官和高等法院首席法官的任免。(8)接受香港居民申诉并作出处理。(9)如立法会全体议员的1/4联合动议,指控行政长官有严重违法或渎职行为而不辞职,经立法会通过进行调查,立法会可委托终审法院首席法官负责组成独立的调查委员会,并担任主席。调查委员会负责进行调查,并向立法会提出报告。如该调查委员会认为有足够证据构成上述指控,立法会以全体议员2/3多数通过,可提出弹劾案,报请中央人民政府决定。(10)在行使上述各项职权时,如有需要,可传召有关人士出席作证和提供证据。

澳门特别行政区立法会行使下列职权:(1)依照基本法规定和法定程序制定、修改、暂停实施和废除法律。(2)审核、通过政府提出的财政预算案。(3)审议政府提出的预算执行情况报告。(4)根据政府提案决定税收,批准由政府承担的债务。(5)听取行政长官的施政报告并进行辩论。(6)就公共利益问题进行辩论。(7)接受澳门居民申诉并作出处理。(8)如立法会全体议员1/3联合动议,指控行政长官有严重违法或渎职行为而不辞职,经立法会通过决议,可委托终审法院院长负责组成独立的调查委员会进行调查。调查委员会如认为有足够证据构成上述指控,立法会以全体议员2/3多数通过,可提出弹劾案,报请中央人民政府决定。(9)在行使上述各项职权时,如有需要,可传召和要求有关人士作证和提供证据。立法会议员有权依照基本法规定和法定程序提出议案,有权依照法定程序对政府的工作提出质询。

▶ 133. 对特别行政区的司法机关是怎么规定的?

香港特别行政区设立终审法院、高等法院、区域法院、裁判署法庭和其他专门法庭。高等法院设上诉法庭和原讼法庭。香港特别行政区法院的法官,根据当地法官和法律界及其他方面知名人士组成的独立委员会推荐,由行政长官任命。香港特别行政区终审法院和高等法院的首席法官,应由在外国无居留权的香港特别行政区永久性居民中的中国公民担任。终审法院的法官和高等法院的首席法官的任命或免职,还必须由行政长官征得立法会同意,并报全国人大常委会备案。

香港特别行政区的终审权属于香港特别行政区终审法院。香港特别行政区法院依照《香港特别行政区基本法》第 18 条所规定的适用于香港特别行政区的法律审判案件,其他普通法适用地区的司法判例可作参考。香港特别行政区法院独立进行审判,不受任何干涉,司法人员履行审判职责的行为不受法律追究。

澳门特别行政区设立初级法院、中级法院和终审法院。澳门特别行政区初级法院可根据需要设立若干专门法庭。澳门特别行政区设立行政法院,管辖行政诉讼和税务诉讼。不服行政法院裁决者,可向中级法院上诉。澳门特别行政区各级法院的法官,根据当地法官、律师和知名人士组成的独立委员会的推荐,由行政长官任命。澳门特别行政区各级法院的院长由行政长官从法官中选任,终审法院院长由澳门特别行政区永久性居民中的中国公民担任。澳门特别行政区终审法院法官和院长的任命或免职,须报全国人大常委会备案。澳门特别行政区终审权属于澳门特别行政区终审法院。澳门特别行政区法院独立进行审判,只服从法律,不受任何干涉。

澳门特别行政区还设有检察院。澳门特别行政区司法机关包括法院和检察院,香港特别行政区司法机关中没有检察院,其主管刑事检察工作的律政司属于行政机关。澳门特别行政区检察院独立行使法律赋予的检察职能,不受任何干涉。澳门特别行政区检察长由澳门特别行政区永久性居民中的中国公民担任,由行政长官提名,报中央人民政府任命。检察官经检察长提名,由行政长官任命。

第五篇
宪法实施、宪法监督与合宪性审查

▶ 134. 什么是宪法实施？

习近平总书记指出，宪法的生命在于实施，宪法的权威也在于实施。维护宪法权威，就是维护党和人民共同意志的权威。捍卫宪法尊严，就是捍卫党和人民共同意志的尊严。保证宪法实施，就是保证人民根本利益的实现。决胜全面建成小康社会、开启全面建设社会主义现代化国家新征程、实现中华民族伟大复兴的中国梦，推进国家治理体系和治理能力现代化、提高党长期执政能力，必须更加注重发挥宪法的重要作用。加强宪法实施和监督，把国家各项事业和各项工作全面纳入依法治国、依宪治国的轨道，把实施宪法提高到新的水平。

党的十九届四中全会通过的《中共中央关于坚持和完善中国特色社会主义制度 推进国家治理体系和治理能力现代化若干重大问题的决定》要求，健全保证宪法全面实施的体制机制。依法治国首先要坚持依宪治国，依法执政首先要坚持依宪执政。加强宪法实施和监督，落实宪法解释程序机制，推进合宪性审查工作，加强备案审查制度和能力建设，依法撤销和纠正违宪违法的规范性文件。坚持宪法法律至上，健全法律面前人人平等保障机制，维护国家法制统一、尊严、权威，一切违反宪法法律的行为都必须予以追究。

宪法实施一般是指宪法规范在社会实际生活中的贯彻落实。宪法是国家的根本法。宪法实施是宪法本身的基本要求，也是宪法确立的重要目标。制定宪法的目的，是通过实施宪法，实现宪法的价值和功能。

我国现行《宪法》在多处对宪法实施作了明确规定。《宪法》序言载明，全国各族人民、一切国家机关和武装力量、各政党和各社会团体、各企业事业组织，都必须以宪法为根本的活动准则，并且负有维护宪法尊严、保证宪法实施的职责。第5条规定，一切法律、行政法规和地方性法规都不得同宪法相抵触。一切国家机关和武装力量、各政党和各社会团体、各企业事业组织都必须遵守宪法和法律。一切违反宪法和法律的行为,必须予以追究。任何组织或者个人都不得有超越宪法和法律的特权。第53条规定,中华人民共和国公民必须遵守宪法和法律,保守国家秘密,爱护公共财产,遵守劳动纪律,遵守公共秩序,尊重社会公德。第99条规定,地方各级人民代表大会在本行政区域内,保证宪法、法律、行政法规的遵守和执行。

为了保证宪法的全面有效实施,我国现行宪法明确规定,全国人大及其常委会监督宪法的实施。

▶ 135. 习近平总书记关于宪法实施的重要论述是什么?

习近平总书记在2012年12月4日举行的首都各界纪念现行宪法公布施行30周年大会上发表的重要讲话中,对宪法实施作出了全面的论述。

党的十八大强调,依法治国是党领导人民治理国家的基本方略,法治是治国理政的基本方式,要更加注重发挥法治在国家治理和社会管理中的重要作用,全面推进依法治国,加快建设社会主义法治国家。实现这个目标要求,必须全面贯彻实施宪法。

全面贯彻实施宪法,是建设社会主义法治国家的首要任务和基础性工作。宪法是国家的根本法,是治国安邦的总章程,具有最高的法律地位、法律权威、法律效力,具有根本性、全局性、稳定性、长期性。全国各族人民、一切国家机关和武装力量、各政党和各社会团体、各企业事业组织,都必须以宪法为根本的活动准则,并且负有维护宪法尊严、保证宪法实施的职责。任何组织或者个人,都不得有超越宪法和法律的特权。一切违反宪法和法律的行为,都必须予以追究。

宪法的生命在于实施,宪法的权威也在于实施。我们要坚持不懈抓好宪法实施工作,把全面贯彻实施宪法提高到一个新水平。

第一,坚持正确政治方向,坚定不移走中国特色社会主义政治发展道路。改革开放以来，我们党团结带领人民在发展社会主义民主政治方面取得了重大进展，成功开辟和坚持了中国特色社会主义政治发展道路，为实现最广泛的人民民主确立了正确方向。这一政治发展道路的核心思想、主体内容、基本要求，都在宪法中得到了确认和体现，其精神实质是紧密联系、相互贯通、相互促进的。国家的根本制度和根本任务，国家的领导核心和指导思想，工人阶级领导的、以工农联盟为基础的人民民主专政的国体，人民代表大会制度的政体，中国共产党领导的多党合作和政治协商制度、民族区域自治制度以及基层群众自治制度，爱国统一战线，社会主义法制原则，民主集中制原则，尊重和保障人权原则，等等，这些宪法确立的制度和原则，我们必须长期坚持、全面贯彻、不断发展。

坚持中国特色社会主义政治发展道路，关键是要坚持党的领导、人民当家作主、依法治国有机统一，以保证人民当家作主为根本，以增强党和国家活力、调动人民积极性为目标，扩大社会主义民主，发展社会主义政治文明。我们要坚持国家一切权力属于人民的宪法理念，最广泛地动员和组织人民依照宪法和法律规定，通过各级人民代表大会行使国家权力，通过各种途径和形式管理国家和社会事务、管理经济和文化事业，共同建设，共同享有，共同发展，成为国家、社会和自己命运的主人。我们要按照宪法确立的民主集中制原则、国家政权体制和活动准则，实行人民代表大会统一行使国家权力，实行决策权、执行权、监督权既有合理分工又有相互协调，保证国家机关依照法定权限和程序行使职权、履行职责，保证国家机关统一有效组织各项事业。我们要根据宪法确立的体制和原则，正确处理中央和地方关系，正确处理民族关系，正确处理各方面利益关系，调动一切积极因素，巩固和发展民主团结、生动活泼、安定和谐的政治局面。我们要适应扩大人民民主、促进经济社会发展的新要求，积极稳妥推进政治体制改革，发展更加广泛、更加充分、更加健全的人民民主，充分发挥我国社会主义政治制度优越性，不断推进社会主义政治制度自我完善和发展。

第二，落实依法治国基本方略，加快建设社会主义法治国家。宪法确立了社会主义法制的基本原则，明确规定中华人民共和国实行依法治国，建设社会主义法治国家，国家维护社会主义法制的统一和尊严。落实依法治国基本方略，加快建设社会主义法治国家，必须全面推进科学立法、严格执法、公正司法、全民守法进程。

我们要以宪法为最高法律规范，继续完善以宪法为统帅的中国特色社会主义法律体系，把国家各项事业和各项工作纳入法制轨道，实行有法可依、有法必依、执法必严、违法必究，维护社会公平正义，实现国家和社会生活制度化、法制化。全国人大及其常委会要加强重点领域立法，拓展人民有序参与立法途径，通过完备的法律推动宪法实施，保证宪法确立的制度和原则得到落实。国务院和有立法权的地方人大及其常委会要抓紧制定和修改与法律相配套的行政法规和地方性法规，保证宪法和法律得到有效实施。各级国家行政机关、审判机关、检察机关要坚持依法行政、公正司法，加快推进法治政府建设，不断提高司法公信力。国务院和地方各级人民政府作为国家权力机关的执行机关，作为国家行政机关，负有严格贯彻实施宪法和法律的重要职责，要规范政府行为，切实做到严格规范公正文明执法。我们要深化司法体制改革，保证依法独立公正行使审判权、检察权。全国人大及其常委会和国家有关监督机关要担负起宪法和法律监督职责，加强对宪法和法律实施情况的监督检查，健全监督机制和程序，坚决纠正违宪违法行为。地方各级人大及其常委会要依法行使职权，保证宪法和法律在本行政区域内得到遵守和执行。

第三，坚持人民主体地位，切实保障公民享有权利和履行义务。公民的基本权利和义务是宪法的核心内容，宪法是每个公民享有权利、履行义务的根本保证。宪法的根基在于人民发自内心的拥护，宪法的伟力在于人民出自真诚的信仰。只有保证公民在法律面前一律平等，尊重和保障人权，保证人民依法享有广泛的权利和自由，宪法才能深入人心，走入人民群众，宪法实施才能真正成为全体人民的自觉行动。

我们要依法保障全体公民享有广泛的权利，保障公民的人身权、财产权、基本政治权利等各项权利不受侵犯,保证公民的经济、文化、社会等各方面权利得到落实,努力维护最广大人民根本利益,保障人民群众对美好生活的向往和追求。我们要依法公正对待人民群众的诉求,努力让人民群众在每一个司法案件中都能感受到公平正义,决不能让不公正的审判伤害人民群众感情、损害人民群众权益。我们要在全社会加强宪法宣传教育,提高全体人民特别是各级领导干部和国家机关工作人员的宪法意识和法制观念,弘扬社会主义法治精神,努力培育社会主义法治文化,让宪法家喻户晓,在全社会形成学法尊法守法用法的良好氛围。我们要通过不懈努力,在全社会牢固树立宪法和法律的权威,让广大人民群众充分相信法律、自觉运用法律,使广大人民群众认识到宪法不仅是全体公民必须遵循的行为规范,而且是保障公民权利的法律武器。我们要把宪法教育作为党员干部教育的重要内容,使各级领导干部和国家机关工作人员掌握宪法的基本知识,树立忠于宪法、遵守宪法、维护宪法的自觉意识。法律是成文的道德,道德是内心的法律。我们要坚持把依法治国和以德治国结合起来,高度重视道德对公民行为的规范作用,引导公民既依法维护合法权益,又自觉履行法定义务,做到享有权利和履行义务相一致。

第四,坚持党的领导,更加注重改进党的领导方式和执政方式。依法治国,首先是依宪治国;依法执政,关键是依宪执政。新形势下,我们党要履行好执政兴国的重大职责,必须依据党章从严治党、依据宪法治国理政。党领导人民制定宪法和法律,党领导人民执行宪法和法律,党自身必须在宪法和法律范围内活动,真正做到党领导立法、保证执法、带头守法。

我们要坚持党总揽全局、协调各方的领导核心作用,坚持依法治国基本方略和依法执政基本方式,善于使党的主张通过法定程序成为国家意志,善于使党组织推荐的人选成为国家政权机关的领导人员,善于通过国家政权机关实施党对国家和社会的领导,支持国家权力机关、行政机关、审判机关、检察机关依照宪法和法律独立负责、协调一致地开展工作。各级党组织和党员领导干部要带头厉行法治,不断提高依法执政能力和水平,不断推进各项治国理政活动的制度化、法律化。各级领导干部要提高运用法治思维和法治方式深化改革、推动发展、化解矛盾、维护稳定能力,努力推动形成办事依法、遇事找法、解决问题用法、化解矛盾靠法的良好法治环境,在法治轨道上推动各项工作。我们要健全权力运行制约和监督体系,有权必有责,用权受监督,失职要问责,违法要追究,保证人民赋予的权力始终用来为人民谋利益。

第五,全国人大及其常委会要完善宪法相关法律制度,保证宪法确立的制度、原则、规则得到全面实施,要加强对宪法法律实施情况的监督检查。地方各级人大及其常委会要依法行使职权,保证宪法法律在本行政区域内得到遵守和执行,自觉维护国家法治统一。

136. 宪法实施有什么特点?

宪法实施具有法律实施的一般共性,但宪法的特点,决定了宪法实施有与其他法律实施不同的地方。

第一,宪法实施内容的广泛性。宪法的内容不同于一般法律。一般法律的内容只涉及国家生活和社会生活的某一个方面、某一个领域,而宪法主要规定一个国家的根本制度、政权组织形式、国家结构形式、公民的基本权利与基本义务、宪法实施的保障等内容,反映了一个国家政治、经济、文化和社会等生活的各个方面,宪法实施的范围十分广泛。

第二,宪法实施主体的普遍性。一切国家机关、组织和公民,都是宪法实施的主体,都必须以宪法为根本的活动准则。宪法实施从主体上主要有立法机关实施宪法、行政机关实施宪法、司法机关实施宪法和其他社会主体包括全体公民实施宪法。立法机关依据宪法制定法律及其他规范性法律文件,行政机关依据宪法行使行政权,司法机关依据宪法行使审判权和法律监督权,其他社会主体依据宪法行使和履行各自的权利和义务。

第三,宪法实施方式的多样性。宪法是国家的根本法,宪法规范具有直接的法律效力，但宪法实施还通过国家机关的立法、执法、司法等活动以及其他组织和公民的遵守得以实现。宪法实施从方式上可以分为宪法执行、宪法适用和宪法遵守。宪法执行是指依据宪法行使权力（权利）、履行职责（义务）；宪法适用是指通过适用宪法解决争议；宪法遵守是指在国家生活和社会生活中严格遵守宪法。

▶ 137. 宪法实施的条件是什么？

宪法实施的条件，是指影响和制约宪法实施的各种内外在因素，包括政治、思想意识和宪法自身等方面。

第一，宪法实施的政治保证。宪法规定了国家的根本政治制度和国家政治生活的基本准则，调整国家政治组织及其作用。通过宪法实施，确立国家的根本政治制度和国家权力属于人民等基本原则。宪法保障民主政治的实现，同时，宪法本质上是国内各种政治力量实际对比关系的集中反映。宪法确立的制度和原则，对宪法实施具有重要的影响。我国宪法坚持党的领导、人民当家作主、依法治国有机统一，以保证人民当家作主为根本，以增强党和国家活力、调动人民积极性为目标，扩大社会主义民主，发展社会主义政治文明，特别是我国宪法确认了中国共产党的执政权和在国家政权结构中总揽全局、协调各方的核心地位，为宪法实施提供了根本的政治保证。

第二，宪法实施的思想基础。思想是行动的指南。宪法实施的活动是人们在一定思想意识支配下进行的，思想意识对宪法实施有直接的影响。公民尊崇宪法、信仰宪法、遵守宪法和维护宪法，是宪法实施的必要思想条件和社会心理条件。2014 年 11 月 1 日第十二届全国人大常委会第十一次会议通过决定，将每年的 12 月 4 日即现行《宪法》颁行之日确定为“国家宪法日”，“国家宪法日”所在的一周被确定为“宪法宣传周”，在全国范围内举行各种纪念宪法及学习宣传宪法知识的活动，以增强民众的宪法观念和宪法意识。各级国家工作人员的宪法意识对宪法实施至关重要。党的十八届四中全会《中共中央关于全面推进依法治国若干重大问题的决定》要求建立国家工作人员宪法宣誓制度，第十二届全国人大常委会第十五次会议于2015年7月1日作出了《关于实行宪法宣誓制度的决定》，以立法方式具体规定了国家工作人员进行宪法宣誓的范围、宪法宣誓的程序及誓词。2018年2月24日，第十二届全国人大常委会第三十三次会议通过了修订后的《关于实行宪法宣誓制度的决定》。2018年《宪法修正案》将宪法宣誓制度在宪法中确认下来，这有利于促使国家工作人员树立宪法意识、恪守宪法原则、弘扬宪法精神、履行宪法使命，也有利于彰显宪法权威，激励和教育全体公民，形成尊崇宪法、遵守宪法、维护宪法的社会氛围，有利于加强宪法实施。

第二，宪法自身的完善程度。良法是善治的前提，宪法自身的完善程度是宪法实施的基本条件。要正确认识和处理宪法规范和社会现实的关系。为了维护宪法的权威和尊严，需要保持宪法的稳定性，这是保障宪法实施和国家稳定的重要保证。但是，保持宪法稳定，并不意味着宪法一成不变。宪法只有不断适应新形势、吸纳新经验、确认新成果、作出新规范，才能具有持久生命力。现行《宪法》颁行以来，随着我国经济社会的发展、变化和进步，全国人大以修正案的方式对1982年《宪法》进行了5次修改，在保持宪法的连续性、稳定性、权威性基础上，实现宪法与时俱进，既遵循宪法发展规律，又反映社会现实的客观要求，也为宪法实施奠定了基本前提。特别是将习近平新时代中国特色社会主义思想载入宪法，对推进依宪治国、依宪执政，将产生重要影响。

▶ 138. 宪法实施的功能是什么？

宪法实施的功能在于，通过实施宪法，将宪法的理念、基本原则、精神及规范内涵付诸实践，发挥宪法确立基本政治制度和原则、保障基本人权、规范国家权力和推进依法治国等作用。

第一,确立国家的根本制度和基本原则。宪法规定了国家的根本制度和国家政治生活的基本原则,调整国家政治组织及其作用。通过宪法实施,确立国家的根本制度和基本原则,是宪法实施的基本功能。

第二,保证人权作为宪法核心价值的实现。公民的基本权利是宪法的核心内容和价值,宪法是公民权利的保障书。通过宪法实施,保证人权作为宪法核心价值的实现,是宪法实施的最重要功能。只有保障宪法实施,使宪法中的权利规范在实际生活中得到实现,公民的基本权利才能成为现实的权利。

第三,确保国家机构依据宪法行使权力、履行职责。宪法规范国家权力的配置,规定国家机构的组织和活动原则。只有宪法得到实施,才能构建完整的国家机构体系,并确保国家机构依据宪法行使权力、履行职责。通过实施宪法,可以确保国家权力机关、行政机关和司法机关,在宪法设定的轨道上有序运行。

第四,推动形成以宪法为核心的统一的法律体系。宪法是所有法律中最重要的法律,是整个法律体系的核心。法律是依据宪法制定的,是对宪法精神、原则和制度的具体化。因此,宪法实施不仅是法治的必然要求,而且是法治国家的基本标志。通过实施宪法,才能形成以宪法为核心的统一的法律体系,并以此为基础形成统一的宪法秩序。

第五,传导宪法所承载的社会核心价值观。宪法调整国家最重要的社会关系,与社会核心价值观有着密切关系。通过宪法实施,传达宪法所承载的社会核心价值观,有助于奠定社会文明建设的制度基础,为宪法实施提供社会环境。同时,宪法是人民意志的集中表现,是政治社会中人们基于利益关系而达成的协议。在社会生活中,每个人、每个团体的利益诉求,只有在宪法秩序内达成才能凝聚社会共识;将社会变革中产生的新的要求和社会矛盾,纳入宪法框架中予以解决,才能从根本上协调各种利益关系,化解矛盾纠纷,维护社会稳定和国家长治久安。

▶ 139. 宪法实施的方式是什么？

广义的宪法实施，除了宪法的执行、适用和遵守外，还包括宪法实施的保障和监督。

第一，宪法的执行和适用。宪法执行是指宪法执行的主体即国家机关，直接依据宪法行使公共管理职能，如国家权力机关或立法机关制定法律，监督行政机关等；行政机关依照宪法行使行政权，管理社会公共事务；监察机关依据宪法行使监察权；司法机关按照宪法规定独立行使审判权，适用宪法处理公民权利案件或国家机关权限争议案件或其他案件，这一般称为宪法适用。宪法的执行和适用，是宪法实施的最主要方式。

第二，宪法的遵守。宪法的遵守是指一切国家机关、政党、社会组织和个人遵循宪法规定从事各种行为。国家机关不仅执行宪法，其本身也有遵守宪法的职责；政党要在宪法范围内活动，其他社会组织要遵守宪法。对公民个人而言，公民的基本权利和义务是宪法的核心内容，宪法是每个公民享有权利、履行义务的根本保证。宪法遵守是宪法实施的内在要求，也是宪法实施的重要形式。

第三，宪法实施的保障和监督。由于宪法实施过程中可能符合宪法的规定或精神，也可能违反宪法的规定或精神，因此需要建立对宪法实施的监督和保障机制，以维护宪法尊严和权威，保障宪法实施。

宪法实施的保障和监督，简称“宪法保障”和“宪法监督”。宪法保障是指保证宪法实施的一系列制度和措施的总和；宪法监督是特定国家机关对宪法实施的监督，是宪法实施的最重要的制度保证。宪法监督的重要方式是合宪性审查。

▶ 140. 党的十八大以来党中央采取了哪些措施保证宪法全面实施?

党的十八大以来,以习近平同志为核心的党中央把全面贯彻实施宪法作为全面依法治国、建设社会主义法治国家的首要任务和基础性工作,在习近平法治思想的引领和推动下,我国宪法实施的实践不断丰富,体制机制不断健全。

通过宪法修正案,完善以宪法为核心的中国特色社会主义法律体系,用科学有效、系统完备的制度体系保证宪法实施。

实施宪法规定的特赦制度,依法颁授国家勋章和国家荣誉称号,设立“国家宪法日”,实施宪法宣誓制度,完善国旗法、国徽法、国歌法等国家标志法律制度。

推进合宪性审查工作,加强和改进备案审查工作,确保法律法规、制度政策符合宪法规定、原则和精神,维护国家法治统一。

依据宪法作出关于香港特别行政区维护国家安全的法律制度和执行机制的决定、制定香港国安法,维护宪法权威和香港特别行政区的宪制秩序。

习近平总书记在多个重要会议、重要活动上发表重要讲话,就我国宪法发展历程、性质特点、地位作用、宪法实施和监督、宪法宣传教育等作出一系列重要论述,丰富和发展了中国特色社会主义宪法理论。

习近平总书记关于宪法的重要论述,是习近平法治思想的重要组成部分,引领着新时代依宪治国、依宪执政新实践。我们要深入学习领会习近平法治思想,深刻认识我国宪法的深厚底蕴、实践根基、优势功效,切实尊崇宪法,严格实施宪法,把全面贯彻实施宪法提高到一个新水平,更好发挥宪法在治国理政中的重要作用。

▶ 141. 什么是宪法监督?

宪法监督,是指监督宪法实施的各项制度的总称,是我国宪法上"监督宪法的实施"规定的简称,也是"法律监督"的对应概念。我国现行宪法在规定全国人大和全国人大常委会职权时明确规定,监督宪法的实施。宪法监督是我国特定的政治概念和宪法学上的概念。在其他国家,通常称为"违宪审查""宪法审查",也有的按照其实行的审查体制直接称为"司法审查""宪法法院审查""宪法委员会审查"。

宪法监督与法律监督既存在相互衔接关系,又存在性质上的区别。宪法监督是监督宪法的实施,法律监督是监督法律的实施。法律是宪法的具体化,监督了法律的实施,在一定意义上也就监督了宪法的实施。在直接依据宪法实施的行为的合宪性存在争议时,宪法监督机关依据宪法作出判断就是非常必要的。例如,如果依据有争议的法律文件作出法律上的判断,该判断就难以被接受,在这种情况下,就需要先依据宪法对法律文件的合宪性作出判断。

为了维护宪法权威和尊严,监督宪法的全面准确实施,保证宪法的最高法律效力、宪法上的国家权力配置,捍卫宪法所确认的核心价值观,各国根据本国国情,建立了不同的宪法监督体制。英美法系国家通常建立的是美国式的司法审查制,大陆法系国家以德国为代表建立了宪法法院审查制、以法国为代表建立了宪法委员会审查制。

我国为了保证人民主权原则的实现,采用人民代表大会制度这一国家政权组织形式。人民代表大会制度的组织原则为民主集中制。根据这一组织原则,人民通过全国人大及地方各级人大行使管理国家的权力,人民代表大会是代表人民行使国家权力的机关,其他国家机关由人民代表大会产生、受其监督、对其负责。人民代表大会与其他国家机关之间不存在相互制约、相互监督的关系,其在国家机构体系中处于绝对的授权者、监督者地位。在各级人民代表大会中,全国人大是最高国家权力机关,代表全国人民行使管理国家的最高权力,全国人大常委会是全国人大的常设机关,在全国人大闭会期间实际上是最高国家权力机关。在我国的人民主权原则及由该原则决定的人民代表大会制度下,我国的宪法监督体制实行由最高国家权力机关监督制,即由作为最高国家权力机关的全国人大和全国人大常委会监督宪法的实施。

习近平总书记要求,全国人大及其常委会和国家有关监督机关要担负起宪法和法律监督职责,加强对宪法和法律实施情况的监督检查,健全监督机制和程序,坚决纠正违宪违法行为。地方各级人大及其常委会要依法行使职权,保证宪法和法律在本行政区域内得到遵守和执行。

▶ 142. 什么是合宪性审查?

党的十九大报告要求,加强宪法实施和监督,推进合宪性审查工作,维护宪法权威。习近平总书记提出,要完善宪法监督制度,积极稳妥推进合宪性审查工作,加强备案审查制度和能力建设。这是在我国第一次提出"合宪性审查"这一表述,这也使"合宪性审查"成为我国特有的表述。

合宪性审查与宪法监督的关系。为了保证宪法的权威和尊严,我国建立了宪法监督制度,根据我国的具体国情,我国采用由最高国家权力机关行使宪法监督权的体制。在这一体制下,监督规范性文件的合宪性采用合宪性审查这一机制。因此,合宪性审查是专门指在我国的宪法监督体制下监督规范性文件合宪性的机制。

合宪性审查与合法性审查的关系。两者存在衔接关系:依据公权力的公定力原理,对规范性文件穷尽合法性审查再进行合宪性审查,是各国的通例,也是宪法和法律关系的正确反映。两者存在区别:(1)审查基准不同。合宪性审查即依据宪法对规范性文件的合宪性进行审查;合法性审查即依据法律等对规范性文件的合法性进行审查。(2)审查主体不同。我国合宪性审查的主体是全国人大及其常委会;而合法性审查的主体包括行政复议机关、人民法院、备案审查机关。(3)审查对象不同。合宪性审查手段对象包括法律、法规、司法解释等所有规范性文件;而合法性审查的对象限于法律以下的规范性文件,不同审查主体有权审查的对象也存在差异。(4)审查程序不同。合宪性审查程序分为两大部分,即协助机构的审查程序和拥有实质性审查权的全国人大和全国人大常委会的审查程序;合法性审查程序需依据不同的审查主体而确定。

合宪性审查与备案审查的关系。备案审查是指制定规范性文件的机关将规范性文件提交有关机关备案,接收备案的机关对交来备案的规范性文件可以依职权主动进行审查的机制。就审查内容而言,备案审查包括合宪性审查、合法性审查和适当性审查。可见,合宪性审查是备案审查的内容之一。合宪性审查主体对规范性文件的合宪性进行审查的来源除备案审查外,还包括依"要求"和依"建议"对规范性文件进行合宪性审查。因此,备案审查是启动合宪性审查的来源之一。

▶ 143. 什么是规范性文件的备案审查?

备案审查,是指制定规范性文件的机关将规范性文件提交有关机关备案,接收备案的机关对交来备案的规范性文件可以依职权主动进行审查的机制。党的十八届四中全会决定要求,加强备案审查制度和能力建设,把所有规范性文件纳入备案审查范围,依法撤销和纠正违宪违法的规范性文件,禁止地方制发带有立法性质的文件。

依据规范性文件的性质和层级,我国建立了6套规范性文件的备案审查机制:

第一,全国人大常委会对规范性文件的备案审查。纳入全国人大常委会备案审查范围的规范性文件包括国务院的行政法规、国家监察委的监察法规、民族自治机关的自治条例和单行条例、设区的市以上人大及其常委会制定的地方性法规、经济特区授权法规及最高人民法院和最高人民检察院的司法解释。

第二，全国人大常委会对特别行政区立法机关法律的备案审查。依据香港特别行政区基本法和澳门特别行政区基本法的规定，特别行政区立法机关制定的法律必须提交全国人大常委会备案；全国人大常委会对该等法律有权进行审查。

第三，国务院对规范性文件的备案审查。依据立法法及法规规章备案条例的规定，地方性法规、自治条例和单行条例、经济特区授权法规、规章必须提交国务院备案；国务院有权对这些规范性文件进行审查。

第四，地方各级人大常委会的备案审查。依据地方组织法的规定，本行政区域的其他国家机关、下级人大及其常委会制定的规范性文件必须提交人大常委会备案；地方人大常委会有权对这些规范性文件进行审查。

第五，党组(党委)的备案审查。依据《中国共产党党内法规和规范性文件备案审查规定》的规定，党组织制定的党内法规和规范性文件应当向上级党组织报备。多个党组织联合制定的党内法规和规范性文件，由牵头党组织向共同的上级党组织报备。中央纪律检查委员会、党中央(决策)议事协调机构以及党中央工作机关、党中央直属事业单位，党中央批准设立的党组(党委)，各省、自治区、直辖市党委应当向党中央报备党内法规和规范性文件。审查机关对符合审查要求的报备党内法规和规范性文件进行政治性审查、合法合规性审查、合理性审查及规范性审查。

第六，中央军委法制局对军事法规和规范性文件的备案审查。

除上述第二套备案审查机制外，其他 5 套之间建立了衔接联动机制。据 2017 年全国人大常委会法工委备案审查工作情况的报告，法工委积极建立健全与中央办公厅、国务院法制办公室、中央军委法制局之间的备案审查衔接联动机制，推动形成互联互通互动的工作格局。在审查建议移交、研究意见沟通、信息共享、培训研讨等方面形成了常态化的工作联系机制，为实现规范性文件备案审查全覆盖提供了制度保障。通过备案审查衔接联动机制,2017 年,法工委共向有关机关转送规范性文件审查建议 37 件。据 2018 年的报告,该年度法工委向有关方面转送审查建议 14 件。同时,积极探索建立与最高人民法院、最高人民检察院、地方人大常委会之间的备案审查工作联系机制,充分有效运用备案审查衔接联动机制,通过座谈会、共同调研等方式推动纠正存在问题的规范性文件。督促有关方面加强对规章、行政规范性文件以及地方"两院"规范性文件进行监督,确保实现规范性文件备案审查全覆盖。据 2019 年的报告,该年度司法部通过备案审查衔接联动机制先后移送地方性法规 200 件。据 2020 年的报告,该年度法工委收到司法部通过备案审查衔接联动机制移送的 58 件地方性法规。

▶ 144. 我国为什么要推进合宪性审查工作?

党的十八届四中全会《中共中央关于全面推进依法治国若干重大问题的决定》、十九大报告及十九届四中全会《中共中央关于坚持和完善中国特色社会主义制度　推进国家治理体系和治理能力现代化若干重大问题的决定》一再提出要求,加强宪法实施和监督,推进合宪性审查工作,维护宪法权威。习近平总书记在 2018 年中共中央政治局第四次集体学习会上提出,要完善宪法监督制度,积极稳妥推进合宪性审查工作,加强备案审查制度和能力建设。

推进合宪性审查工作的总体功能是维护宪法权威和尊严。习近平总书记指出,宪法与国家前途、人民命运息息相关。维护宪法权威,就是维护党和人民共同意志的权威。捍卫宪法尊严,就是捍卫党和人民共同意志的尊严。推进合宪性审查工作的具体功能主要如下:

第一,确保党中央的集中统一、全面领导的实现。宪法是治国理政、治国安邦的总章程。同时,宪法是党和人民共同意志的载体。我国法治建设的根本原则是党的领导、人民当家作主、依法治国三者有机统一,党的领导是人民当家作主和依法治国的根本保证。党依法执政、依宪执政，党的领导通过宪法和法律制度化、法定化。通过合宪性审查，保证宪法的全面准确实施，就是保证党的全面领导的实现。

第二，保证依法治国关键是依宪治国的实现。宪法是国家的根本法，具有最高法律效力。依法治国的内涵是规则之治和良法之治，无论是规则之治还是良法之治，都必须维护宪法的至上地位和权威。

第三，保证国家治理规则的统一性。党的十八届四中全会《中共中央关于全面推进依法治国若干重大问题的决定》、党的十九大报告及十九届四中全会《中共中央关于坚持和完善中国特色社会主义制度　推进国家治理体系和治理能力现代化若干重大问题的决定》都要求维护国家法制统一、尊严、权威，树立宪法法律至上，形成以宪法为核心的社会主义法律体系。国家治理现代化实质上就是国家制度和治理体系现代化，而首要标志是国家治理规则的统一性。合宪性审查就是保证所有的国家治理规则符合宪法，形成以宪法为核心的统一规则体系，进而形成统一的宪法秩序。

第四，捍卫社会主义核心价值观。党的十八大报告确定的社会主义核心价值观是富强、民主、文明、和谐、自由、平等、公正、法治、爱国、敬业、诚信、友善。这一核心价值观就是社会共识、社会最大公约数。社会主义核心价值观首先由宪法确认，再由法律在某一个领域里具体化，实施宪法就是社会主义核心价值观的实现。合宪性审查就是在危害社会主义核心价值观的行为出现以后，依据宪法制裁这一行为，从而捍卫、维护社会主义核心价值观。

第五，协调国家机关之间的宪法关系。《各级人民代表大会常务委员会监督法》第32条规定，国务院、中央军事委员会和省、自治区、直辖市的人大常委会认为最高人民法院、最高人民检察院作出的具体应用法律的解释同法律规定相抵触的，最高人民法院、最高人民检察院之间认为对方作出的具体应用法律的解释同法律规定相抵触的，可以向全国人大常委会书面提出进行审查的要求，由常务委员会工作机构送有关专门委员会进行审查、提出意见。

第六，保证司法机关能够彻底完成司法功能。司法的步骤是，在查明案件事实的基础上，选择适当的法律规范作为裁判依据。在选择适当的法律规范时，可能出现法律文件与宪法不一致的情形，而在此种情形下，我国法院无权审查法律文件的合宪性。赋予最高人民法院及地方人民法院请求全国人大常委会审查法律文件的合宪性的资格，能够保证法院彻底解决社会矛盾和纠纷。

第七，制度纠错。制定法律文件的机关因各种原因，或者因超越职权、滥用职权，或者因社会发展、情势变迁、没有上位法依据、上位法修改而下位法未及时修改等情形，难免出现制定制度错误。如果缺乏纠错机制，错误制度会造成更大的侵害；反之，如果有成熟的纠错机制，就能够及时纠正错误。

第八，提供宪法权利救济。有权利必须要有救济，没有救济的权利是真正的权利。当法律文件与宪法相一致时，法律权利受到侵害，其宪法权利也就受到侵害，法律权利获得救济，其宪法权利也就获得救济。而当法律文件与宪法不相一致时，法律权利获得救济，其宪法权利则可能受到侵害，此时就需要专门的宪法救济途径。合宪性审查机制就是有效的宪法救济程序。

▶ 145. 我国是如何推进合宪性审查工作的？

我国现行宪法、监督法、立法法等明确规定了具有中国特色的合宪性审查机制，但这一机制长期以来处于虚置化状态，不太具有实效性。

习近平总书记于2012年上任伊始，即要求全国人大及其常委会和国家有关监督机关要担负起宪法和法律监督职责，加强对宪法和法律实施情况的监督检查，健全监督机制和程序，坚决纠正违宪违法行为。

党的十九大报告第一次提出，加强宪法实施和监督，推进合宪性审查工作,维护宪法权威。习近平总书记也指出,要完善宪法监督制度,积极稳妥推进合宪性审查工作,加强备案审查制度和能力建设。

党的十九大召开以后,我国合宪性审查工作主要从以下方面积极推进:

第一,在组织法意义上推进。1982年《宪法》在1954年《宪法》规定由全国人大行使宪法监督权的基础上,将行使宪法监督权的主体扩大为全国人大和全国人大常委会。根据全国人大2000年通过的《立法法》的规定,作为全国人大的常设机关,全国人大常委会是主要行使合宪性审查的主体。2004年,在全国人大常委会法工委内设立"法规备案审查室"。2018年,全国人大为了落实中共中央《关于深化党和国家机构改革方案》,通过宪法修正案,将全国人大法律委员会更名为"宪法和法律委员会"。2018年,全国人大常委会通过《关于全国人民代表大会宪法和法律委员会职责问题的决定》,明确其负有推进合宪性审查的职责。2021年,修改《全国人民代表大会组织法》,确定宪法和法律委员会的职责包括推进合宪性审查。

第二,在程序法意义上推进。关于合宪性审查程序,《立法法》第99条、第100条,《各级人民代表大会常务委员会监督法》第31条、第32条、第33条作出了规定,但缺乏体系性。2000年,全国人大常委会委员长会议通过《行政法规、地方性法规、自治条例和单行条例、经济特区法规备案审查工作程序》(2005年修改);2005年,委员长会议又通过了《司法解释备案审查工作程序》;2019年,委员长会议在前两个工作程序的基础上,通过了统一的《法规、司法解释备案审查工作办法》,系统地规定了我国的合宪性审查程序。

第三,在实践中推进。2017年,全国人大常委会首次听取法工委备案审查工作情况的报告。2018年、2019年、2020年,全国人大常委会法工委连续向全国人大常委会报告备案审查工作情况。在2019年以前的报告中,虽然也披露过一些涉及合宪性审查内容的案例,但是没有在报告中直接、正面地对合宪性审查的内容给予突出强调,合宪性问题在过去的报告中只是“隐现”“闪现”。2020年报告则集中披露了3件对法规、司法解释中涉及的合宪性、涉宪性问题进行研究并稳妥处理的案例，并将这3件案例在报告第四部分第一个小标题“积极稳妥处理合宪性、涉宪性问题”下单独列举。

全国人大常委会法工委积极对法律文件的合宪性进行审查，发布了相关具体案例：(1)责令两省人大常委会修改有关交警查阅、复制司机通信记录规定；(2)废止收容教育制度；(3)认定城乡居民同命不同价规定不符合宪法精神；(4)认定各级各类民族学校应当使用本民族语言文字或者本民族通用的语言文字进行教学与《宪法》第19条第5款关于国家推广全国通用的普通话的规定不一致。

同时，宪法学界结合具体宪法案例，积极研究有关宪法原理，回应实践的需要，从理论上推进合宪性审查工作。

▶ 146. 我国合宪性审查的对象是什么？

根据《立法法》第97条的规定，全国人民代表大会有权改变或者撤销全国人大常委会制定的不适当的法律，有权撤销全国人大常委会批准的违背宪法和《立法法》第75条第2款规定的自治条例和单行条例。

《立法法》第99条规定，有权启动合宪性审查程序的主体可以提出要求或者建议的对象是行政法规、地方性法规、自治条例和单行条例。

《各级人民代表大会常务委员会监督法》和《法规、司法解释备案审查工作办法》将合宪性审查的对象扩大到最高人民法院和最高人民检察院的司法解释、经济特区法规。《法规、司法解释备案审查工作办法》还将合宪性审查的对象扩大到“其他有关规范性文件”。

全国人大常委会《关于国家监察委员会制定监察法规的决定》将合宪性审查的对象扩大到“监察法规”。

综合宪法和有关法律的规定，我国合宪性审查的对象包括全国人大常委会的法律、国务院的行政法规、国家监察委员会的监察法规、设区的市级以上的人大及其常委会的地方性法规、民族自治地方的自治条例和单行条例、经济特区法规、最高人民法院和最高人民检察院的司法解释及其他有关规范性文件等。

▶ 147. 我国启动合宪性审查的主体有哪些?

在我国,以下主体有权依据《立法法》及有关法律文件的规定,向全国人大常委会提出请求,启动合宪性审查程序:

第一,全国人大宪法和法律委员会、全国人大常委会法工委可以主动启动合宪性审查。具体分为两种情况:(1)备案审查。《法规、司法解释备案审查工作办法》第20条规定,对法规、司法解释及其他有关规范性文件中涉及宪法的问题,宪法和法律委员会、法制工作委员会应当主动进行合宪性审查研究,提出书面审查研究意见,并及时反馈制定机关。(2)批准审查。《宪法》第116条规定,自治区的自治条例和单行条例,报全国人大常委会批准后生效。全国人大常委会审查报请批准的自治区的自治条例和单行条例的合宪性,而这一审查任务实际上由全国人大专门委员会或者全国人大常委会法工委进行。

第二,经"五大主体"要求启动合宪性审查。国务院、中央军事委员会、最高人民法院、最高人民检察院和各省、自治区、直辖市的人大常委会认为行政法规、监察法规、地方性法规、自治条例和单行条例、经济特区法规、司法解释同宪法相抵触,有权向全国人大常委会书面提出审查要求,由全国人大常委会办公厅报秘书长批转有关的全国人大专门委员会进行审查。

第三,经其他主体建议启动合宪性审查。上述机关之外的其他国家机关和社会团体、企业事业组织以及公民认为行政法规、监察法规、地方性法规、自治条例和单行条例、经济特区法规、司法解释同宪法相抵触,有权向全国人大常委会书面提出审查建议，由全国人大常委会工作机构先行组织有关人员进行研究，必要时，送有关的专门委员会进行审查，提出意见。

第四，经全国政协委员、全国人大代表提案启动合宪性审查。例如，废止收容教育制度，就是由 1 名政协委员、30 名全国人大代表分别提出提案，建议对收容教育制度进行合宪性审查。又如，2020 年全国“两会”期间，有全国政协委员提出提案，建议对民航发展基金的征收进行合宪性审查。

第五，衔接联动机制启动合宪性审查。除全国人大常委会以外的其他备案审查主体均没有宪法解释权，因此，它们事实上是无法进行合宪性审查的。在备案审查中，遇到有合宪性审查必要时，必须通过衔接联动机制移送全国人大常委会审查。

需要说明的是，“五大主体”要求审查与其他主体建议审查的区别在于：一旦“五大主体”提出审查要求，协助审查机关必须立即启动合宪性审查程序；其他主体提出审查建议后，协助审查机关需要先对建议进行初步审查，对有价值的建议才进入实质审查阶段，对没有价值的建议则直接回复建议人。

▶ 148. 法律文件违反宪法需要承担什么宪法责任？

我国合宪性审查的对象主要是法律文件，因此，合宪性审查的责任形式主要是针对法律文件。依据宪法及有关法律的规定，全国人大或者全国人大常委会针对违反宪法的法律文件，可以追究以下宪法责任：

第一，不予批准。全国人大常委会对于报请批准的自治区人大制定的自治条例和单行条例，认为违反宪法的，有权作出不予批准的决定。全国人大常委会对于报请批准的自治区人大制定的自治条例和单行条例，认为违反宪法但可以作出适当修改后再予以批准的，有权作出不予批准并责令修改的决定。

第二,责令修改。全国人大宪法和法律委员会、全国人大常委会法工委认为行政法规、监察法规、地方性法规、自治条例和单行条例、经济特区法规、司法解释同宪法相抵触的,应向制定机关提出书面审查意见,并责令修改。责令修改包括立即修改和限期修改。

第三,撤销。全国人大有权撤销全国人大常委会制定的不适当的法律及具有法律效力的决定、决议,有权撤销全国人大常委会批准的违背宪法的自治条例和单行条例。全国人大常委会有权撤销同宪法相抵触的行政法规、监察法规、地方性法规、自治条例和单行条例、经济特区法规、司法解释和其他有关规范性文件。《立法法》第 100 条第 3 款规定,全国人民代表大会法律委员会(现更名为全国人民代表大会宪法和法律委员会)、有关的专门委员会、常务委员会工作机构经审查、研究认为行政法规、地方性法规、自治条例和单行条例同宪法或者法律相抵触而制定机关不予修改的,应当向委员长会议提出予以撤销的议案、建议,由委员长会议决定提请常务委员会会议审议决定。

第四,改变。全国人大有权改变全国人大常委会制定的不适当的法律及具有法律效力的决定、决议。

附录　我国典型合宪性、涉宪性案例

▶ 1. 公安机关交通管理部门可以查阅、复制当事人通信记录的规定是否违反宪法？

案例

有的地方性法规规定，公安机关交通管理部门调查交通事故时可以查阅、复制当事人通讯记录。经审查认为，该规定不符合保护公民通信自由和通信秘密的原则和精神；对公民通信自由和通信秘密保护的例外只能是在特定情形下由法律作出规定，有关地方性法规所作的规定已超越立法权限。经向制定机关指出后，有关规定已经修改。

——摘自《全国人民代表大会常务委员会法制工作委员会关于2019年备案审查工作情况的报告》

宪法规定

第四十条　中华人民共和国公民的通信自由和通信秘密受法律的保护。除因国家安全或者追查刑事犯罪的需要，由公安机关或者检察机关依照法律规定的程序对通信进行检查外，任何组织或者个人不得以任何理由侵犯公民的通信自由和通信秘密。

▶ 2. 人大常委会主任会议许可对人大代表进行逮捕的规定是否违反宪法？

案例

有的地方性法规规定，人大常委会闭会期间可以由主任会议许可对人大代表进行逮捕。经审查认为，该规定与代表法关于县级以上人大代表在本级人大闭会期间非经本级人大常委会许可不受逮捕的规定，存在抵触情形。经向制定机关指出后，有关规定已经修改或者停止执行。

——摘自《全国人民代表大会常务委员会法制工作委员会关于2019年备案审查工作情况的报告》

宪法规定

第七十四条 全国人民代表大会代表，非经全国人民代表大会会议主席团许可，在全国人民代表大会闭会期间非经全国人民代表大会常务委员会许可，不受逮捕或者刑事审判。

法律规定

《地方各级人民代表大会和地方各级人民政府组织法》

第三十五条 县级以上的地方各级人民代表大会代表，非经本级人民代表大会主席团许可，在大会闭会期间，非经本级人民代表大会常务委员会许可，不受逮捕或者刑事审判。如果因为是现行犯被拘留，执行拘留的公安机关应当立即向该级人民代表大会主席团或者常务委员会报告。

▶ 3. 收容教育制度是否违反宪法法律？

案例

我们去年对全国政协委员提出的关于对收容教育制度进行合宪性审查的提案进行了研究，在当年备案审查工作情况报告中提出了适时废止收容教育制度的建议。在今年十三届全国人大二次会议期间，有30名全国人大代表联名提出了关于废止收容教育制度的议案。结合议案办理，我们继续推动废止有关法律规定的工作，并就工作进展情况与领衔代表进行当面沟通。今年11月27日，国务院已经向全国人大常委会提出《国务院关于提请废止收容教育制度的议案》。该议案已列入本次常委会会议议程。

——摘自《全国人民代表大会常务委员会法制工作委员会关于2019年备案审查工作情况的报告》

背景

1991年《全国人民代表大会常务委员会关于严禁卖淫嫖娼的决定》："对卖淫、嫖娼的，可以由公安机关会同有关部门强制集中进行法律、道德教育和生产劳动，使之改掉恶习。期限为六个月至二年。具体办法由国务院规定。"

国务院1993年颁发的《卖淫嫖娼人员收容教育办法》。

2019年12月28日，第十三届全国人大常委会第十五次会议通过了《全国人民代表大会常务委员会关于废止有关收容教育法律规定和制度的决定》，自2019年12月29日起施行。

2020年3月27日，李克强总理签署国务院令，公布《国务院关于修改和废止部分行政法规的决定》，包括《卖淫嫖娼人员收容教育办法》在内的10部行政法规从即日起被废止。

宪法规定

第三十七条　中华人民共和国公民的人身自由不受侵犯。

任何公民,非经人民检察院批准或者决定或者人民法院决定,并由公安机关执行,不受逮捕。

禁止非法拘禁和以其他方法非法剥夺或者限制公民的人身自由,禁止非法搜查公民的身体。

法律规定

《立法法》

第八条　下列事项只能制定法律:

(一)国家主权的事项;

(二)各级人民代表大会、人民政府、人民法院和人民检察院的产生、组织和职权;

(三)民族区域自治制度、特别行政区制度、基层群众自治制度;

(四)犯罪和刑罚;

(五)对公民政治权利的剥夺、限制人身自由的强制措施和处罚;

(六)税种的设立、税率的确定和税收征收管理等税收基本制度;

(七)对非国有财产的征收、征用;

(八)民事基本制度;

(九)基本经济制度以及财政、海关、金融和外贸的基本制度;

(十)诉讼和仲裁制度;

(十一)必须由全国人民代表大会及其常务委员会制定法律的其他事项。

第九条　本法第八条规定的事项尚未制定法律的,全国人民代表大会及其常务委员会有权作出决定,授权国务院可以根据实际需要,对其中的部分事项先制定行政法规,但是有关犯罪和刑罚、对公民政治权利的剥夺和限制人身自由的强制措施和处罚、司法制度等事项除外。

▶ 4. 征收民航发展基金是否违反宪法？

案例

2020年全国“两会”期间，有全国政协委员提出提案，建议对民航发展基金的征收进行合宪性审查。我们审查认为，征收民航发展基金不属于宪法第十三条第三款规定的对私有财产的征收或者征用，不存在与宪法相抵触的问题。但是，征收民航发展基金依据的是国务院文件和有关部门规章，与2014年修改后的预算法第九条第一款关于政府性基金依照法律、行政法规的规定征收的规定不符。我们已向司法部提出，如果需要继续征收民航发展基金，应当及时完善相关法律或者行政法规依据。

——摘自《全国人民代表大会常务委员会法制工作委员会关于2020年备案审查工作情况的报告》

宪法规定

第十三条　公民的合法的私有财产不受侵犯。

国家依照法律规定保护公民的私有财产权和继承权。

国家为了公共利益的需要，可以依照法律规定对公民的私有财产实行征收或者征用并给予补偿。

▶ 5. 各级各类民族学校应当使用本民族语言文字或者本民族通用的语言文字进行教学是否违反宪法法律？

案例

有的地方性法规规定，各级各类民族学校应当使用本民族语言文字或者本民族通用的语言文字进行教学；有的规定，经本地教育行政部门同意，有条件的民族学校部分课程可以用汉语言文字授课。我们审查认为，上述规定与宪法第十九条第五款关于国家推广全国通用的普通话的规定和国家通用语言文字法、教育法等有关法律的规定不一致，已要求制定机关作出修改。

——摘自《全国人民代表大会常务委员会法制工作委员会关于2020年备案审查工作情况的报告》

宪法规定

第十九条第五款　国家推广全国通用的普通话。

法律规定

《国家通用语言文字法》

第三条　国家推广普通话，推行规范汉字。

第四条　公民有学习和使用国家通用语言文字的权利。

国家为公民学习和使用国家通用语言文字提供条件。

地方各级人民政府及其有关部门应当采取措施，推广普通话和推行规范汉字。

第五条　国家通用语言文字的使用应当有利于维护国家主权和民族尊严，有利于国家统一和民族团结，有利于社会主义物质文明建设和精神文明建设。

第八条　各民族都有使用和发展自己的语言文字的自由。

少数民族语言文字的使用依据宪法、民族区域自治法及其他法律的有关规定。

《教育法》

第十二条　国家通用语言文字为学校及其他教育机构的基本教育教学语言文字，学校及其他教育机构应当使用国家通用语言文字进行教育教学。

民族自治地方以少数民族学生为主的学校及其他教育机构，从实际出发，使用国家通用语言文字和本民族或者当地民族通用的语言文字实施双语教育。

国家采取措施，为少数民族学生为主的学校及其他教育机构实施双语教育提供条件和支持。

▶ 6. 最高人民法院关于在人身损害赔偿案件中城乡居民同命不同价的规定是否违反宪法？

案例

最高人民法院司法解释规定，人身损害赔偿案件中，对城镇居民和农村居民分别以城镇居民人均可支配收入和农村居民人均纯收入为标准计算残疾赔偿金和死亡赔偿金。有公民对此提出合宪性审查建议，认为因计算标准不一致导致司法审判实践中出现不公平现象，与宪法有关精神不一致。我们审查认为，随着社会发展进步，国家提出城乡融合发展，城乡发展差距和居民生活水平差距将逐步缩小，城乡居民人身损害赔偿计算标准的差异也应当随之取消。2019 年 9 月，最高人民法院授权各省、自治区、直辖市高级人民法院、新疆生产建设兵团分院开展统一城乡人身损害赔偿标准试点工作。我们与最高人民法院沟通，建议在总结试点经验的基础上，适时修改完善人身损害赔偿制度，统一城乡居民人身损害赔偿标准。

——摘自《全国人民代表大会常务委员会法制工作委员会关于 2020 年备案审查工作情况的报告》

根据北京市高级人民法院通知，北京市法院受理的侵权行为发生于 2021 年 10 月 1 日（含本日）后的全部人身损害赔偿类民事纠纷案件、交通肇事刑事案件的附带民事诉讼案件，不区分城镇居民与农村居民，试行按统一赔偿标准计算残疾赔偿金、死亡赔偿金及被扶养人生活费：残疾赔偿金、死亡赔偿金按照北京市上一年度城镇居民人均可支配收入标准计算；被扶养人生活费按照北京市上一年度城镇居民人均消费性支出标准计算。国家统计局数据显示，2020 年北京市城镇居民人均可支配收入为 75, 602 元，人均消费性支出为 41, 726 元。

宪法规定

第三十三条　凡具有中华人民共和国国籍的人都是中华人民共和国公民。

中华人民共和国公民在法律面前一律平等。

……

主要参考文献

1. 习近平:《在首都各界纪念现行宪法公布施行30周年大会上的讲话(2012年12月4日)》,人民出版社2012年版。

2. 习近平:《在庆祝全国人民代表大会成立60周年大会上的讲话(2014年9月5日)》,人民出版社2014年版。

3.《习近平谈治国理政》,外文出版社2014年版。

4.《习近平谈治国理政》(第2卷),外文出版社2017年版。

5.《习近平谈治国理政》(第3卷),外文出版社2020年版。

6. 中共中央宣传部:《习近平总书记系列重要讲话读本(2016年版)》,学习出版社、人民出版社2016年版。

7. 中共中央宣传部:《习近平新时代中国特色社会主义思想学习问答》,学习出版社、人民出版社2021年版。

8. 彭真:《关于中华人民共和国宪法修改草案的报告(一九八二年十一月二十六日)》,载彭真:《论新时期的社会主义民主与法制建设》,中央文献出版社1989年版。

9.《宪法学》编写组编:《宪法学》(第2版),高等教育出版社、人民出版社2020年版。